ÍNDEX

EL LLIBRE

Aquest llibre té 12 unitats que segueixen aquesta estructura:

Entrada

Recorda el que ja saps i prepara't per a començar la unitat.

Dimensió comunicativa i literària

Llegiràs i comprendràs un text literari que et servirà per a treballar també la comunicació i la llengua.

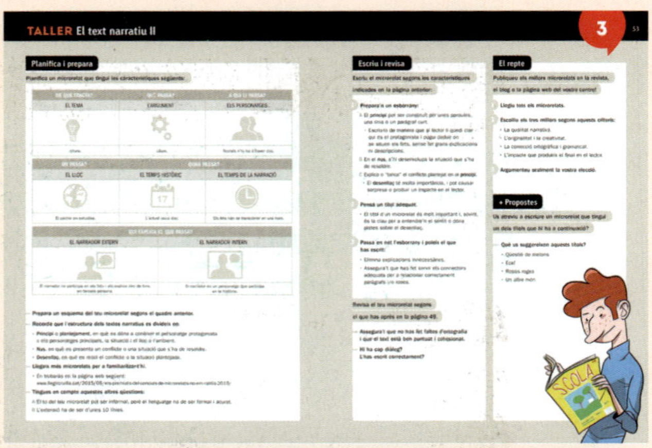

Dimensió comunicativa i literària

En el taller, tens les eines per a aprendre a crear els teus textos.

Coneixement de la llengua

La informació sistematitzada i les activitats de comprovació, d'aprenentatge, de consolidació... t'ajudaran a escriure amb correcció.

EL QUADERN INTERACTIU

És el complement ideal del llibre amb què podràs treballar digitalment molts dels continguts.

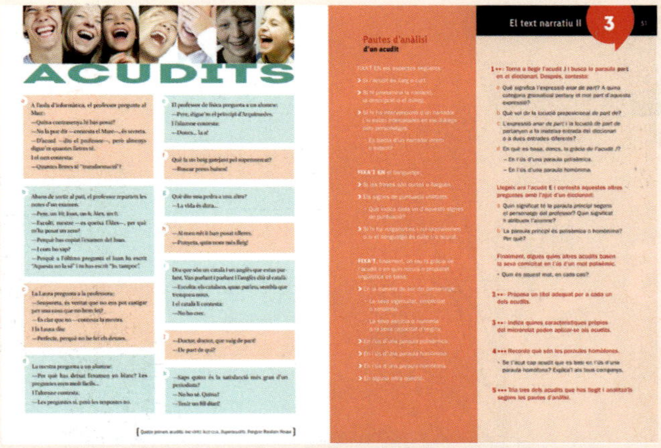
ACUDITS

Pautes d'anàlisi d'un acudit

El text narratiu II 3

Dimensió comunicativa i literària

Analitzaràs un text model no literari i veuràs què té en comú amb el text literari.

- ACTIVITATS INICIALS
- MINIREPTES
- ÀUDIOS
- DOCUMENTS
- ENLLAÇOS
- ACTIVITATS INTERACTIVES
- AUTOAVALUACIONS

I a més... sala de lectura, tècniques de treball, diccionari en línia...

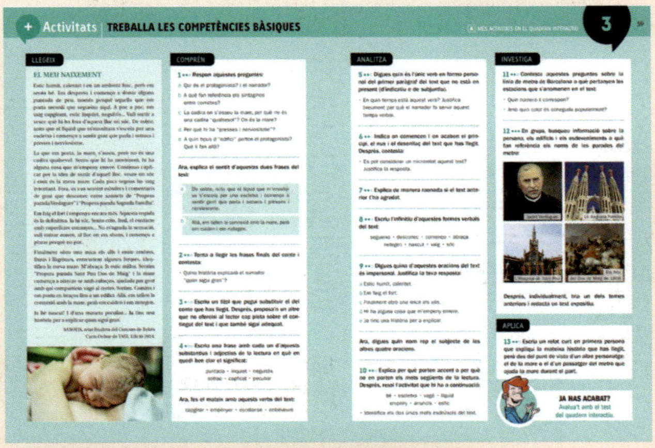
Activitats TREBALLA LES COMPETÈNCIES BÀSIQUES 3

LLEGEIX

EL MEU NAIXEMENT

COMPRÈN

ANALITZA

INVESTIGA

APLICA

JA HAS ACABAT?

Activitats competencials

Disposes de moltes activitats per a treballar habilitats diferents que t'ajudaran a consolidar les competències bàsiques.

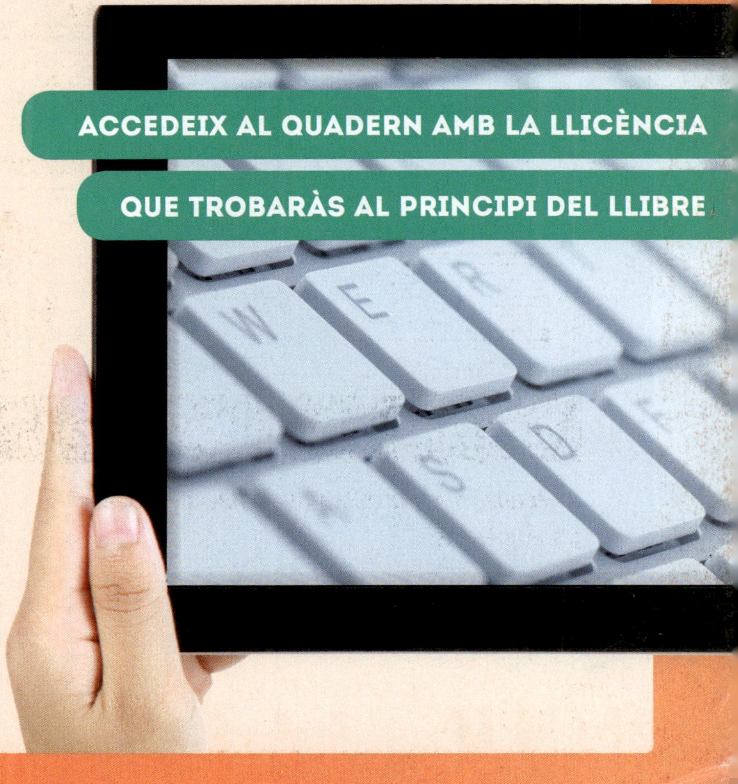

ACCEDEIX AL QUADERN AMB LA LLICÈNCIA QUE TROBARÀS AL PRINCIPI DEL LLIBRE

1

NI CABÒRIES NI HISTÒRIES... MEMÒRIES

El text narratiu I

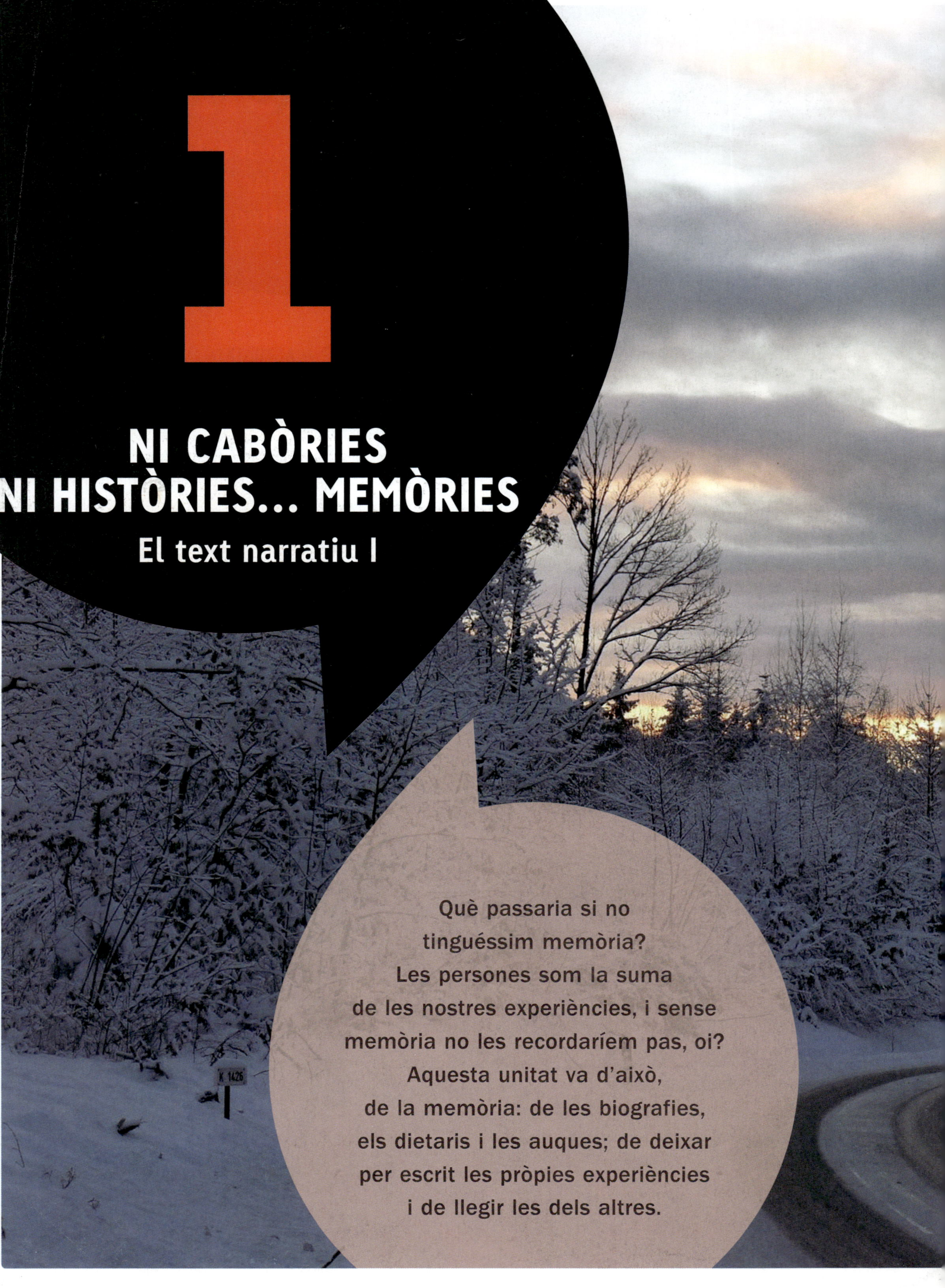

Què passaria si no tinguéssim memòria? Les persones som la suma de les nostres experiències, i sense memòria no les recordaríem pas, oi? Aquesta unitat va d'això, de la memòria: de les biografies, els dietaris i les auques; de deixar per escrit les pròpies experiències i de llegir les dels altres.

EN EL QUADERN INTERACTIU

COMENÇA
Activitat inicial.

POTS FER-HO
Minirepte sobre els continguts de la unitat.

INFORMA'T
Recursos digitals per a treballar els continguts.

PRACTICA
Activitats interactives.

AVALUA'T
Test de la unitat.

Lluís Sempre és més divertit poder inventar-se la història.

Genís Jo prefereixo buscar la inspiració en les redaccions dels companys.

Andrea Sí, home! Això és fer trampes!

Lola Compartir és viure, Andrea.

Recordes si algun dia no vas anar a l'escola per culpa del mal temps? Què va passar?

Has escrit mai un diari personal? Coneixes algú que hagi escrit les seves memòries?

Has llegit cap llibre de Dolors Garcia i Cornellà? Quin?

S'ACOSTA UN FRONT FRED QUE DEIXARÀ NEU A COTES BAIXES...

Dolors Garcia i Cornellà

Soc la Gisbet de can Carrera. Tinc quinze anys i avui és dilluns vuit de març. Són dos quarts de dues del migdia. Soc al mig de la carretera, al costat de l'autobús que no tira ni que el matin.

Neva una barbaritat. Seria bonic, si no fos perquè em penso que tinc molls fins i tot els sostenidors. L'autobús ha patinat i té una roda enfonsada en el marge de la cuneta. En Ramon ens ha fet baixar a tots, mentre intenta desencallar-lo. Però ho veig malament: com més accelera, més s'enfonsa la roda. Hi ha cotxes aturats per tota la carretera. No sé pas com sortirem d'aquí. Aquest matí l'àvia ja deia que mai no havia vist nevar com avui a principis de març i que això no podia ser bo de cap de les maneres. Assegurava que passaria una desgràcia i ha insistit perquè no anés a l'institut. Però a mi més aviat em feia gràcia aquella neu tova i silenciosa que ho deixava tot ben emblanquinat. Així que he agafat l'anorac gruixut, les botes de pell i el barret de llana, he dit adeu a l'àvia i he baixat corrents fins a la carretera, gaudint de l'aire gèlid i de l'enfarinada* d'aquella primera hora del matí. La mare havia anat fins al poble a comprar pa i unes quantes coses més, en previsió de la neu que podia caure i per si ens havíem de quedar a casa uns quants dies. M'ha semblat una mica exagerada, la veritat. El pare, en canvi, malgrat els avisos de l'àvia i de la mare —"mira que han dit que nevaria molt..."—, havia marxat molt aviat cap a Vic, que avui havia quedat amb uns gallinaires que ho volen deixar i havia de mirar si li venien la instal·lació a bon preu. I la Fiona encara era a casa, decidint si es posava l'anorac vermell o el negre. Ara potser me'n penedeixo, de no haver fet cas a l'àvia Angelina i haver volgut anar a l'institut tant sí com no, perquè no sé pas si podré tornar a casa, avui. De moment, va nevant i semblo una gallina molla. Les botes estan xopes i el barret, també. Com que no sé quanta estona haurem d'estar aquí aguantant la neu, que no para de caure, he tret la gravadora i he començat a enfilar el treball de llengua que ens va posar la setmana passada la Pons. Les meves memòries! Quina collonada! Com si, als quinze anys, tinguéssim gaires memòries per explicar. Però almenys m'entretindré. "Agafeu una gravadora i, quan us vingui una idea al cap, graveu-la", ens va dir la de català, "i després esporgueu,* poliu i escriviu."

D'escriure, avui no escriuré pas, ja ho veig. Però puc començar a guardar idees. Sort que la Fiona tenia aquesta gravadora! "Te la deixo, però pobra de tu que me la facis malbé!", ha bramat aquest matí la meva germana gran, mentre s'emprovava els anoracs. La Fiona és mestra i treballa a l'escola del poble, i fa servir la gravadora per gravar contes que després escenifica amb

Qui és en Ramon?

*Què és l'"enfarinada"?

Qui havia anat a Vic? Què hi havia anat a fer?

A què diries que es dedica el pare de la Gisbet? Què t'ho fa pensar?

En què consisteix el treball de llengua que ha de fer la Gisbet?

*Què vol dir el verb *esporgar*? És usat en sentit literal o figurat?

els seus alumnes. Les meves memòries! Uf. I si començo per avui i vaig reculant? No deu pas estar escrit enlloc que les memòries s'hagin de començar pel començament. Comencem per avui, doncs. Vinga, Gisbet, que tu pots!

Relato: «Aquest matí, tan bon punt hem arribat a l'institut de Santa Coloma, han anul·lat les classes a causa de la neu que començava a caure. Ens han tornat a fer pujar al bus, i cap a casa falta gent! La carretera gairebé ni es veia i el conductor havia d'anar molt a poc a poc. En un revolt, ha perdut una mica el control i li ha quedat una roda penjada al buit. No era un buit de penya-segat, per entendre'ns, sinó un buit de cuneta, però ens hem espantat. En Sigfrid, que avui s'havia assegut al meu costat encara no sé ben bé per què, m'ha agafat la mà, em penso que sense ser-ne gaire conscient, i m'ha dit: "Tranquil·la, que no passa res." Aquest "tranquil·la, que no passa res" m'ha entrat al cor per la porta gran. I que m'agafés la mà m'ha fet tremolar més que tota la neu que hi havia a l'altra banda de les finestres del bus. L'he mirat als ulls directament, em penso que amb un somriure de bleda que no s'aguantava, i he notat que es reforçava la pressió de la seva mà. "Segur?", li he preguntat amb una veu que m'ha sortit aguda a més no poder. Senyor, quin ridícul més espantós! M'hauria d'haver fet la forta, jo, en aquell moment, per demostrar-li que fa falta alguna cosa més que una mica de neu per espantar-me. No sé pas què deu haver pensat de mi. La Samanta, que era a l'altre costat del passadís i ho ha sentit tot, ens ha mirat com si ens volgués fondre. El conductor ens ha fet baixar a tots i, de rebot,* ha trencat la màgia del moment. No nevava tan fort com ho fa ara, però allà al mig de la carretera feia un fred de mil dimonis i ens hem quedat amb els peus ben molls. El conductor ha redreçat el bus com ha pogut i ens ha manat que tornéssim a pujar. Per la carretera ja hi havia algun cotxe a la cuneta, però el nostre bus s'obria pas amb empenta. En Sigfrid no m'ha agafat més la mà, entre altres coses perquè la burra de la Samanta, quan hem tornat a pujar, ha fet mans i mànigues per seure al seu costat.»

Per a què necessita la gravadora, la Gisbet?

Què són unes memòries? Quin et sembla que seria el "començament" lògic d'unes memòries?

Qui diries que és la Samanta?

Per què el conductor "ha trencat la màgia del moment"?

* Què significa la locució adverbial *de rebot*?

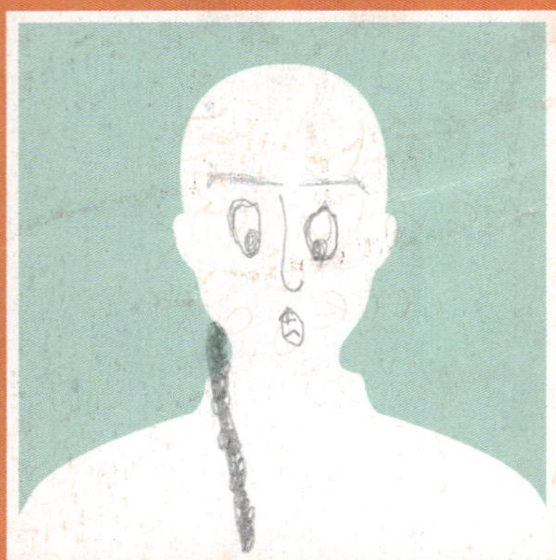

Investiga

sobre l'autora i fes-ne la fitxa!

- Lloc i any de naixement.
- Gèneres que ha conreat.
- Títol del primer llibre que ha escrit.
- Títol del darrer llibre que ha escrit.
- Premis o reconeixements que ha obtingut.
- Altres aspectes de l'autora que vulguis destacar.

COMPRENSIÓ

1 ●○○ Indica si les afirmacions següents sobre el text anterior són certes o falses:

a La Gisbet és la narradora.

b La Gisbet ha de fer un treball de socials.

c La Gisbet té catorze anys.

d A la Gisbet li agrada un noi que es diu Sigfrid.

e La gravadora és de la Gisbet.

f La Gisbet viu a Santa Coloma.

g L'àvia no volia que la Gisbet anés a l'institut aquell dia.

2 ●●○ Respon les preguntes següents sobre el text:

a Quins personatges hi apareixen?

b On tenen lloc, principalment, els fets de la història? Quan tenen lloc?

c A quin institut va la Gisbet?

d La professora, què ha manat fer als seus alumnes? Quins consells els ha donat per a fer-ho?

e La Gisbet, què ha demanat a la seva germana? Per a què ho vol?

3 ●○○ Relaciona:

Sigfrid · Fiona · Ramon · Angelina · Samanta

a ☐ àvia de la Gisbet

b ☐ amic de la Gisbet

c ☐ conductor de l'autobús

d ☐ germana de la Gisbet

e ☐ companya d'en Sigfrid i la Gisbet

4 ●●○ Ordena cronològicament aquests fets de la lectura:

a ☐ L'autobús ha patinat.

b ☐ Han anul·lat les classes.

c ☐ Els alumnes han arribat a l'institut.

d ☐ La Samanta ha mirat en Sigfrid i la Gisbet com si els volgués fondre.

e ☐ La roda de l'autobús ha quedat penjada a la cuneta.

f ☐ El conductor de l'autobús els ha fet baixar a tots.

g ☐ En Sigfrid ha agafat la mà de la Gisbet per tranquil·litzar-la.

h ☐ L'àvia insisteix perquè la Gisbet no vagi a l'institut.

5 ●●○ Troba la paraula de la lectura que correspon a cada una de les definicions següents:

- ✓ En excés, en quantitat excessiva.
- ✓ L'ase i altres animals, fer brams; les persones, cridar fort.
- ✓ Referir o contar de paraula o per escrit.
- ✓ Tornar a posar dret allò que s'havia torçat, inclinat o ajagut.

ANÀLISI

6 ●●○ Contesta aquestes preguntes:

a En quin temps verbal és escrit el text principalment?

b Quants paràgrafs hi ha? Per què et sembla que el primer paràgraf és escrit en cursiva?

c Hi ha frases interrogatives i exclamatives? Amb quins signes de puntuació acaben?

d Quin signe de puntuació obre i tanca cada una de les intervencions dels personatges?

7 ●●● Torna a llegir el text i resol les qüestions:

a Com comença? Què ha passat? On són la Gisbet i els seus companys?

b La narradora, quina informació repeteix cap al final del text?

c Com arriben a sortir de la carretera?

d Entre la narració del moment en què l'autobús s'encalla a la cuneta i la del moment en què el conductor redreça el vehicle, quins fets i/o converses narra la Gisbet? Anota'ls breument.

e Quins fets i converses que has anotat tenen lloc abans que l'autobús patini?

f Els fets de la lectura, doncs, estan narrats seguint un ordre cronològic?

8 ●●○ Explica amb les teves paraules el significat d'aquestes frases de la lectura:

a I si començo per avui i vaig reculant? No deu pas estar escrit enlloc que les memòries s'hagin de començar pel començament.

b Aquest "tranquil·la, que no passa res" **m'ha entrat al cor per la porta gran**.

c La Samanta, que era a l'altre costat del passadís i ho ha sentit tot, **ens ha mirat com si ens volgués fondre**.

CERT O FALS?

- ☐ Un llibre de memòries és un text autobiogràfic.
- ☐ Una biografia és la narració de la vida d'una persona feta per ella mateixa.
- ☐ Les biografies, com les memòries, són textos narratius.

ACTIVITATS

El text narratiu I

1

Quina paraula de la lectura comença amb el prefix *-auto*? Aquest prefix té el mateix significat que el del mot *autobiografia*?

2

Quin mot compost de la lectura s'escriu amb un guionet?

3

Quina paraula del text és un vulgarisme que significa "fet o dita extravagant, enutjosa o poc important"?

9 ●●○ **Busca a internet quin any va nevar el dilluns 8 de març a Catalunya i contesta.**

- Quin any tenen lloc, doncs, els fets de la lectura? És a dir, quin és el temps històric del fragment que has llegit?

ESTUDI DE LA LLENGUA

10 ●●○ **Separa en síl·labes aquests mots de la lectura i indica'n el nombre. Tingues en compte els dígrafs:**

baixat · llana · barret · emblanquinat · accelera
vaig · tranquil·la · tinguéssim

11 ●○○ **Identifica la síl·laba tònica dels mots següents i classifica'ls en aguts, plans i esdrúixols:**

ridícul · àvia · finestres · idea · gravadora · anorac · carretera
memòries · esporgueu · espantós · passadís · conductor
tornéssim · pujar · dimonis

12 ●●○ **Separa en síl·labes les paraules següents i indica quines tenen un diftong i quines tenen un hiat:**

desgràcia · previsió · àvia · quants · haurem · memòries · avui
aguantava · somriure · graveu · caure · gallinaire · escriviu
buit · gairebé · autobús · idea · màgia · hauria

Ara, explica per què porten accent o no en porten.

13 ●●○ **Separa en síl·labes els mots següents i indica si les grafies destacades corresponen al so de la essa sorda o de la essa sonora:**

quin**z**e · enfon**s**ada · a**ss**egurava · cau**s**a · cla**ss**es
mar**ç** · a**ss**egut · con**sc**ient · comen**ç**ava · pa**ss**ada
silen**c**io**s**a · penya-**s**egat · de**s**encallar-lo
e**sc**enifica · avi**s**os · redre**ç**ar

14 ●○○ **Busca en el text paraules que tinguin les característiques següents:**

- ✓ Tenen el so de la lletra xeix de *x*opes.
- ✓ Tenen el so de la lletra *g* de *màgia* i de la lletra *j* de *Jaume.*
- ✓ S'escriuen amb ela geminada.

Ara, pensa més mots que s'escriguin amb ela geminada i anota'ls.

Quan llegim un text biogràfic, esperem que tot el que se'ns hi explica sigui cert, real. En els textos narratius de ficció, en canvi, tot és possible.

Narrar (o contar) és fer saber alguna cosa que ha passat a algú. Els fets o esdeveniments passen a unes persones (o personatges) en un lloc i en un temps determinats, i tot plegat (esdeveniments, personatges, espai i temps) conforma la història que es narra.

La nostra vida quotidiana és plena de narracions: expliquem què hem somniat durant la nit o què hem fet durant el dia, expliquem acudits, mirem serials de la televisió o el telenotícies, escoltem rondalles, llegim contes o novel·les, etc.

Els textos narratius, doncs, poden ser orals o escrits i, segons el que expliquen, poden ser reals (o quotidians) o creatius (o de ficció).

Els textos narratius acostumen a presentar una estructura en tres parts diferenciades: el **plantejament** de l'acció, en què es presenten els diversos personatges i la situació; el **nus**, en què apareix el conflicte o la situació que cal resoldre, i, finalment, el **desenllaç**, en què es resol el conflicte o la situació plantejada.

Els textos biogràfics

La **biografia** és la narració de la vida d'una persona, des del moment del seu naixement fins a la seva mort (si es redacta la biografia quan la persona ja és morta). Per això, hi són imprescindibles les dades familiars, és a dir, informació sobre els pares, els germans, el matrimoni, els fills..., i també les principals experiències viscudes (estudis, professió, etc.).

Una biografia es pot explicar amb sentiments, emocions o sensacions i també amb una justificació de les accions dutes a terme per la persona biografiada. La biografia és escrita en tercera persona i pot ser més o menys objectiva, en funció de si l'autor ha conegut el protagonista de la biografia personalment i dels seus sentiments envers aquesta persona.

Encara que en algun moment la biografia pugui ser més subjectiva, les dades que hi consten han de ser certes i exactes; per exemple, les dates en què van succeir els fets narrats, els noms (topònims i antropònims), etc.

Quan l'autor o l'autora de la biografia és el mateix protagonista, es tracta d'una **autobiografia**. Molt relacionat amb l'autobiografia, trobem el gènere de les **memòries**, en les quals l'autor no solament narra la seva vida, sinó que ho fa relacionant-la amb els esdeveniments històrics que li han tocat viure, dels quals ha estat testimoni o en els quals ha participat. El **dietari** és un text en què el narrador escriu els esdeveniments més destacats de cada dia.

L'auca

L'**auca** és un tipus de text narratiu i biogràfic, perquè acostuma a explicar una història, sovint la vida d'una persona o d'una institució. Consta de 48 imatges encasellades en vinyetes o estampes cadascuna de les quals va acompanyada per dos versos que formen un rodolí. Habitualment, els versos són de set síl·labes (heptasíl·labs) i de rima consonant.

El quadern gris

Josep Pla

9 de març.- Sembla que és obligat en aquesta classe de papers, de fer-los precedir d'unes notes biogràfiques. A mi, personalment, m'entreté moltíssim llegir memòries, reminiscències, records, per més humils i vulgars que siguin. Si aquestes notes se salven de la crema, potser algun dia hi passarà la vista algun meu parent llunyà o alguna persona curiosa i desenfeinada.

He nascut a Palafrugell (Empordà Petit) el 8 de març de 1897. La totalitat de la meva sang és empordanesa. El meu paisatge bàsic està comprès entre Puig Son Ric, de Begur, a llevant; les muntanyes de Fitor, a ponent; les illes Formigues a migdia i el Montgrí a tramuntana. Sempre m'ha semblat que aquest país és molt vell i que per sobre hi ha passat tota classe de gent, gent errant i diversa. [...]

Vaig néixer, en tot cas, al carrer Nou –o del Progrés–, que és un carrer molt trist i llarg, dret com un ciri, que va del carrer de la Caritat a la via del tren de Palamós. La casa era una baluerna bastant alta i la façana donava a tramuntana. Això feia que les habitacions obertes al carrer fossin, a l'hivern, fredíssimes, glacials. En canvi, les habitacions de migdia eren molt assolellades: donaven a un hortet resguardat. Més enllà de l'hort, des d'una paret de tanca, baixa, es veia una horta molt gran –l'horta de Joanama– admirablement conreada. És molt possible que l'afecció que he sentit sempre per les coses ordenades i ben endreçades –tot i que personalment hagi estat un desordenat– em pervingui del goig mental que em produïa, de petit, la contemplació d'aquell paisatge de feixes tan ben dibuixades, tan ben regades, tan perfectament ben girades. [...]

A estudi, hi vaig anar de molt petit: a tres anys. Vaig ésser alumne del que tenien establert els germans Maristes, al barri de la Rajola, a Palafrugell. Els *hermanos* anaven vestits d'una manera molt estranya: això explica, potser, per què em feien un respecte tan complet i instantani. Portaven una sotana lligada al cos per un cordó de borles i, a sobre les espatlles, una capeta –la meitat de la capa que porten els propietaris rurals a França–; un barret petit de capellà molt sorprenent en el país, perquè llavors la majoria de capellans portaven teula; a dins d'unes sabates baixes, hi duien uns mitjons de drap negre. Malgrat aquesta singular indumentària, el col·legi era boníssim, molt seriós, d'una disciplina perfecta. El germà Blas fou per a mi un inoblidable mestre. M'ensenyà, sòlidament i ràpidament, algunes coses bàsiques.

El col·legi estava, a més, molt ben situat: les aules, acarades a migdia, tenien tota la claror i tota la dolçor dels plans de Calella a l'aire. El pati era espaiós i assolellat. En aquell lloc, hi vaig passar hores inoblidables. Cada època de l'any tenia el seu joc: la baldufa, les bales de vidre amb uns filets de colors a l'interior, el saltar i parar, la pilota, el bli-ble... En un racó del pati hi havia un pobre magraner. Malgrat les trompades que rebia i les nafres que portava a sobre, tenia l'humor de florir cada any. Cobert de flors roges, acarminades, de pistils groguencs, era una meravella... Quantes hores no vaig passar llavors, del pupitre estant, mirant embadalit el magraner sobre el cel blau llunyà, rosa o verd, sobre el cel blau-verd de porcellana dels dies de tramuntana...!

El dijous anàvem a la pineda d'En Marquès, que era com un enorme jardí de pins arrenglerats, simètrics, ordenats, amb el deliciós paisatge, ple de torres antigues, d'Ermedàs al fons, enquadrat per les avingudes de pins altíssims. Aquella pineda fosca, perfumada de bolets, dins de la qual flotava una llum somniosa i trèmula, m'agradava amb deliri. A la nit, pensava en el soroll greu i solitari que feia el vent a les altes branques, veia la llum estàtica, dolça, que flotava sota el verd daurat dels arbres.

L'any 1904, anàrem a viure a la casa que el meu pare feu construir al carrer del Sol. Tenia, llavors, set anys. La meva germana Rosa aprenia de caminar, de quatre grapes. Quan hi entràrem, encara hi havia els pintors i empaperadors.

[JOSEP PLA, *El quadern gris*. Edicions Destino]

Pautes d'anàlisi
d'un text biogràfic

FIXA'T EN aquests elements del text:

- La data que l'encapçala.
- La persona i el temps:
  - Si és escrit en primera o en tercera persona del singular.
  - Si és escrit en temps present o en temps passat.
- El tipus de narrador: si és extern o intern.

FIXA'T EN la informació que conté cada paràgraf i la manera com és presentada:

- Si hi ha fragments descriptius o si no n'hi ha.
- Si hi ha fragments dialogats.
- Si el llenguatge és culte o col·loquial.
- Si el text és objectiu, subjectiu (el narrador fa valoracions personals, mostra les seves emocions i sentiments, etc.) o una barreja de les dues coses.

1 •○○ Busca aquests mots en el diccionari i copia'n el significat segons el text que has llegit:

assolellat · feixa · borla · teula · trompada
nafra · embadalit

2 ••○ Explica què volen dir aquestes expressions:

a acarades a migdia b del pupitre estant

3 ••○ Respon les qüestions següents sobre el text:

a L'autor, Josep Pla, quin dia i quin mes va escriure aquest text?

b Quin nom rep el text en què una persona escriu, dia rere dia, tot el que li ha passat o el que pensa?

c Quin tipus de textos et sembla que són "aquesta classe de papers" que s'han de començar amb unes notes biogràfiques?

d Quins mots del primer paràgraf poden ser sinònims de "notes biogràfiques"?

e L'autor, com descriu el seu país? Quines paraules fa servir per a referir-se als punts cardinals?

f Per què considera "boníssim" el col·legi on va estudiar? Quines qualitats en destaca?

g A quins jocs jugava, de petit, al pati del col·legi? Els coneixes, aquests jocs? Hi has jugat mai?

h Per què l'autor diu que el "pobre magraner" del pati "tenia l'humor" de florir cada any?

i Què passava el dijous? Li agradava?

j A partir del que diu el text, com t'imagines Josep Pla? Proposa adjectius que et serveixin per a descriure la seva manera de ser.

4 ••○ Reescriu el segon paràgraf del text en tercera persona i en el temps passat que et sembli més adequat.

5 ••• Escriu un comentari del text que has llegit a partir de les pautes d'anàlisi.

TALLER El text narratiu I

Planifica i prepara

Busca informació sobre Àngel Guimerà i explica qui va ser.

- **Lloc i any de naixement; lloc i any de la seva mort.**
- **Gèneres literaris que va conrear (poesia, narrativa, teatre, assaig...)**
- **Obres més importants.**

Recorda què és una auca i llegeix el principi de l'*Auca d'Àngel Guimerà*, de Joan Vilamala:

El seu pare, proa al vent,
traficava amb aiguardent.

Per a millor negociar,
a Canàries s'instal·là.

Com que s'hi trobava bé,
va voler prendre-hi muller.

I per això, mar enllà,
ens va néixer Guimerà.

JOAN VILAMALA. La paret de les auques, www.auques.cat (adaptació)

- **Contesta:**
  - Quantes síl·labes té cada un dels versos que acompanyen les vinyetes? Recorda que només has de comptar fins a la darrera síl·laba tònica de cada vers.
  - Els versos rimen? Quin nom rep el conjunt de dos versos que rimen?

Prepara l'auca del teu primer curs d'ESO.

- **Recorda el teu primer curs com a estudiant de secundària i selecciona'n els fets més rellevants.**
  - Si vas canviar de centre en començar l'ESO.
  - Com et senties en començar el curs.
  - Si vas conèixer companys nous, si vas fer nous amics.
  - Si vas tenir professors nous; com eren les noves assignatures.
  - Els canvis que hi va haver en el teu dia a dia.
  - Quins han estat els millors moments i/o els pitjors i per què.

Escriu i revisa

Escriu l'auca del teu primer curs d'ESO:

1. **Escriu 48 rodolins que tractin dels esdeveniments triats. Si ho creus convenient, pots fer l'auca de 24 vinyetes en lloc de 48.**
   - Els versos de cada rodolí han de ser heptasíl·labs, és a dir, han de tenir set síl·labes.
   - Tingues en compte els fenòmens de contacte vocàlic (elisió, sinalefa).
2. **Per a ajudar-te amb la rima, pots consultar el diccionari en línia de l'Institut d'Estudis Catalans (http://dlc.iec.cat):**
   - Selecciona la condició de cerca "acabada en".
   - Escriu l'última síl·laba de la paraula que vols fer rimar en el camp de cerca del diccionari.
   - El diccionari trobarà una llista de paraules que acaben com l'anterior.
3. **Tingues en compte que hi ha rimes poc adequades: infinitius que rimen amb infinitius, participis amb participis, gerundis amb gerundis...**
4. **Ordena els rodolins cronològicament.**
5. **Assegura't que dediques més rodolins als fets més importants.**
6. **Fes el dibuix de cada una de les vinyetes que acompanya cada rodolí i acoloreix-les.**

Revisa la teva auca.

- **Assegura't que no has comès errors ortogràfics.**
- **Comprova que tots els versos tenen set síl·labes.**
- **Revisa les rimes. Són adequades?**

El repte

Per parelles, trieu un artista o un esportista conegut que us agradi i feu-li una auca.

1. **Busqueu informació sobre la seva vida.**
2. **Seguiu les pautes anteriors i redacteu els rodolins de la seva auca.**
3. **Podeu dibuixar les vinyetes i/o cercar fotografies en revistes, a internet, etc. per a il·lustrar-les.**

+ Propostes

T'atreveixes a fer com la Gisbet i escriure les teves memòries?

1. **Tria els aspectes més rellevants de la teva vida i anota'ls.**
2. **Escriu un primer esborrany i, després, segueix els consells de la professora de llengua de la Gisbet:**
   - **Elimina** les dades innecessàries, poc rellevants o poc clares, etc.
   - **Poleix**: revisa el que vols deixar escrit i esmena tot el que creguis convenient perquè el text quedi bé.
   - **Escriu**: reescriu el teu text.
3. **Fes servir verbs en primera persona del singular i en passat perifràstic:** ***vaig néixer*, *vam anar*...**

ORTOGRAFIA Les vocals en contacte

1 ●●○ **Separa en síl·labes aquests mots:**

monstre · revetlla · escenari
mitjana · detectiu · consonant

Ara, tria dos dels mots anteriors i indica l'estructura de cadascuna de les seves síl·labes.

2 ●●○ **Separa en síl·labes els mots següents i digues en quins hi ha vocals en contacte:**

deure · caiac · heroi · nosa
diumenge · volcà · sauna
activitat · observació
ambientador

Ara, digues si les vocals en contacte dels mots anteriors formen part de la mateixa síl·laba (diftongs) o de síl·labes diferents (hiats).

3 ●●○ **Separa en síl·labes les paraules següents i classifica-les en dos grups, segons que les vocals i i u destacades facin de nucli o de marge sil·làbic:**

iarda · clauer · dia · teulat
pau · Romania

- En quin grup les vocals en contacte formen un diftong?
- I en quin formen un hiat?

1 La síl·laba: nucli i marge

Com ja saps, una **síl·laba** és un so o un conjunt de sons pronunciats en un sol cop de veu. Tota síl·laba és formada, obligatòriament, per una vocal i, habitualment, per consonants. Així, la síl·laba té dos constituents:

- La vocal, anomenada **nucli sil·làbic**.
- Les consonants que hi ha al voltant del nucli sil·làbic, anomenades **marge sil·làbic**. Fixa-t'hi:

· *vacances*: **va** (marge + nucli)
can (marge + nucli + marge)
ces (marge + nucli + marge)

En una síl·laba només hi ha un nucli, però de marges n'hi pot haver un (*pa*), més d'un (***blanc***) o cap (***a***). De fet, una sola vocal ja pot constituir una síl·laba.

Recorda que, segons la posició de la síl·laba tònica, els mots es classifiquen en:

- **Esdrúixols**, si la síl·laba tònica és l'antepenúltima.
- **Plans**, si la síl·laba tònica és la penúltima.
- **Aguts**, si la síl·laba tònica és l'última.

2 Les vocals en contacte

En general, una paraula té tantes síl·labes com vocals. Hi ha paraules, però, que tenen dues vocals seguides o tres. En aquests casos, s'obtenen resultats diversos segons si les vocals en contacte formen part de la mateixa síl·laba i es pronuncien en un sol cop de veu (**diftong** i **triftong**) o si pertanyen a síl·labes diferents (**hiat**).

De vegades hi pot haver dues vocals en contacte però que pertanyen a mots diferents: el primer d'aquests acaba en vocal i el segon hi comença (*una **o**nada*). Aquest contacte de vocals pot produir una **sinalefa**, l'**elisió** d'una de les dues vocals o la fusió de vocals iguals.

El hiat

Un hiat es produeix quan dues vocals que estan en contacte dins d'un mot formen part de síl·labes diferents. Així, aquestes dues vocals es pronuncien en cops de veu diferents i cadascuna es manté com a nucli d'una síl·laba. Per exemple: *a-va-lu-**a***, ***a**-eri*, *his-tò-ri-**a***, *te-**a**-tre*, *du-**e**s*, *cu-**a***, *di-**a***...

El hiat també es produeix entre vocals que estan en contacte però que pertanyen a mots successius. Per exemple: *can-çó **è**t-ni-ca*, *ra-có **a**-llu-nyat*...

El diftong i el triftong

Un **diftong** és la unió de dues vocals que es pronuncien en una mateixa síl·laba. D'aquestes vocals, n'hi ha una que fa de nucli sil·làbic i, al costat, una que fa de marge, és a dir, de consonant. La vocal que fa de marge sempre és una **i** o una **u**:

- ***io*** (marge + nucli)-*gurt*; ***au*** (nucli + marge)-*ro-ra*.

La **i** i la **u** poden ocupar diferents posicions dins la síl·laba. Segons la posició que ocupen, es distingeixen dos tipus de diftongs:

■ Els **diftongs decreixents**, en què la **i** i la **u** són darrere la vocal que fa de nucli. Fixa-t'hi:

- vocal que fa de **nucli** (**a**, **e**, **o**, **u**) + **i**: *r**ai**, ll**ei**, n**oi**, f**ui**ta*.
- vocal que fa de **nucli** (**a**, **e**, **i**, **o**, **u**) + **u**: *pl**au**re, s**eu**re, r**iu**, p**ou**, d**uu***.

■ Els **diftongs creixents**, en què la **i** i la **u** estan davant de la vocal que fa de nucli. Ara bé, només hi ha diftong creixent quan la **i** i la **u** es troben a començament de mot (***io**de*, ***ie**n*), entre dues vocals (*d**iue**n*) i en els grups *gua*, *güe*, *güi*, *guo* i *qua*, *qüe*, *qüi*, *quo*: (*e**gua***, *se**güe**nt*, *pin**güí***, *ai**guo**ta*; ***qua**d*, *delin**qüe**nt*, etc.).

Un **triftong** és un grup de tres vocals que es pronuncien en una mateixa síl·laba: *d**èieu***, *ade**qüeu***. Cada triftong és el resultat de combinar en una mateixa síl·laba un diftong creixent i un de decreixent.

La sinalefa i l'elisió

La **sinalefa** és la unió en una síl·laba de la vocal final d'un mot i la inicial del següent: *sa i estalvi* [sa-ies-tal-vi].

L'**elisió**, en canvi, es produeix quan no es pronuncia una de les dues vocals en contacte pertanyents a dos mots successius. Aquest fenomen es dona quan els dos sons en contacte són idèntics (*bon**a a**miga* [bo-na-mi-ga]) o quan hi ha una vocal neutra seguida de qualsevol altra vocal. En aquest últim cas, la que desapareix és la neutra: *un**a o**mbra* [u-nom-bra].

Recorda

- Un **diftong** és la unió de dues vocals en una síl·laba.
  Un **triftong** és la unió de tres vocals en una síl·laba.
  Un **hiat** són dues vocals en contacte que no formen diftong.
- La **sinalefa** i l'**elisió** són fenòmens fonètics que es produeixen quan hi ha contacte de vocals en mots veïns.

4 ●●○ Digues quins dels mots següents contenen un hiat:

història · pèrdua · realitat
farmàcia · oceà · mai · peó
raïm · Laura · client
teatre · idea

5 ●●○ Assenyala els diftongs de les paraules següents i classifica'ls segons si són creixents o decreixents:

pidolaire · guardajoies
malaurat · gual · iode · auca
retaule · seqüela · aqüífer
caiman · jou

6 ●●○ Indica si els grups sil·làbics destacats formen un hiat, un diftong o un triftong:

fre-**qüe**nt, pa-**rau**-la, **a-e**-rò-drom,
frui-ta, R**a-ü**l, m**ou**-re, p**e-ue**t,
io-gurt, Ma-r**i-a**, pin-**güí**

7 ●●● Indica si en les vocals en contacte destacades de les oracions següents es produeix una sinalefa o una elisió:

- Tus **a** cada **i**nstant.
- Record**a** **s**empre **a**ixò.
- T**é** setz**e** **a**nys.
- Vol qu**e** compri **u**na casa.
- Em ca**u** **a**l cap.
- Hi h**a** molta gent.

ANALITZA

1 ••○ Identifica la paraula de cada sèrie que no té ni un hiat, ni un diftong ni un triftong:

a mai · pare · cuina · remoure · Pirineu

b Cristina · espiant · preu · ginecologia

c llengües · pírcing · obrellaunes · següent · cau

d sou · prou · tuitejar · tutejar · tauleta

e Itàlia · Índia · Àustria · Iugoslàvia · Portugal

2 ••○ Troba en aquesta sopa de lletres deu paraules que tenen un hiat:

E	B	Y	N	D	K	Y	I	H	T	Q	R	U	C	I	M
A	Y	H	A	M	Q	K	Y	E	G	Y	N	J	N	E	A
V	E	S	T	U	A	R	I	S	X	Y	H	I	I	T	R
T	A	T	A	U	L	A	E	A	E	W	T	M	I	Y	I
P	O	T	C	Y	E	G	O	I	A	R	Z	E	W	I	A
A	R	M	I	C	U	P	O	Z	T	A	L	M	E	T	H
B	C	R	O	N	E	N	A	Y	E	G	E	O	K	Z	E
X	O	P	P	U	N	T	U	A	L	J	E	R	D	S	S
J	H	E	A	V	A	C	O	A	L	I	C	I	O	Z	A
J	E	D	V	J	E	B	A	R	L	L	J	A	B	A	R
O	S	K	I	T	R	A	E	A	E	W	O	D	I	O	T
A	A	O	A	O	O	A	D	D	O	I	C	U	O	I	H
N	O	O	I	J	P	Y	E	G	D	N	E	U	L	A	E
O	C	U	E	K	O	E	C	U	G	I	B	A	R	J	S
L	E	C	A	U	R	E	L	E	A	E	A	E	W	Z	A
Y	E	G	A	Z	T	A	A	C	A	U	S	A	K	O	I
J	U	A	K	I	Q	R	O	S	T	A	L	W	A	E	S

3 ••○ Classifica els mots següents segons si tenen un hiat o un diftong. Fes-ho en una taula com la que hi ha a continuació.

aiguós · raïm · sarsuela · riuen
saó · antiquat · sobretaula · saures
negatiu · seqüela · ianqui
contigüitat · quocient · edició · aquarel·la
ien · neula · audaç · Mariona

HIAT	DIFTONG	
	creixent	decreixent

4 ••○ Copia els mots següents. Subratlla'n els hiats i encercla'n els diftongs:

habitació · ioga · ubiqüitat · reu · aigua · boina
clau · piu · renou · Maria · freqüent · frau
quota · guant · iode · ciutat · feina · teatre
servei · creu · guant · jersei · paraigües
coala · pua

Ara, classifica els mots que tenen un diftong segons que aquest sigui creixent o decreixent:

DIFTONG CREIXENT	DIFTONG DECREIXENT

5 ••○ Assenyala els triftongs que hi ha en aquestes frases:

a Que guai que és anar al cinema!

b Guaita quina manera que té de cantar!

c Fèieu molt soroll quan el mestre ha entrat a classe.

d Era tan lluny que ja no crèiem que vingués.

6 ••○ Llegeix aquest poema i assenyala'n les sinalefes i les elisions:

EL CAS D'UN PARÈNTESI

Hi havia una vegada
un parèntesi obert
i un vailet
es va descuidar de tancar-lo.
Per culpa d'aquell carallot
el pobre es va refredar
i engegava un esternut
cada minut.
Passat el refredat
va fer escriure en color blau
aquest cartell quadrat:
"El que m'obri, que em tanqui, sisplau".

GIANNI RODARI / MIQUEL DESCLOT,
Poesies amb suc. La Galera

SINTETITZA

7 ●●● Completa el text que hi ha a continuació amb les paraules següents:

diftong · *au-ro-ra* · hiat
consonant · síl·labes · *a-va-lu-a*

- Un ____ es produeix quan dues vocals que estan en contacte dins d'un mot formen part de ____ diferents. Així, aquestes dues vocals es pronuncien en cops de veu diferents i cada una es manté com a nucli d'una síl·laba. Per exemple: ____, *a-e-ri, his-tò-ri-a, te-a-tre*...
- Un ____ és la unió de dues vocals que es pronuncien en una mateixa síl·laba. D'aquestes vocals, n'hi ha una que fa de nucli sil·làbic i, al costat, una que fa de marge, és a dir, de ____. La vocal que fa de marge sempre és una **i** o una **u**: ***io**-gurt*; ____

8 ●●○ Completa les normes dels diftongs decreixents i creixents amb exemples que no hagin sortit en la pàgina 19:

La **i** i la **u** poden ocupar diferents posicions dins la síl·laba. Segons la posició que ocupen, es distingeixen dos tipus de diftongs:

- Els **decreixents**, en què la **i** i la **u** estan darrere de la vocal que fa de nucli. Fixa-t'hi:
  - vocal que fa de **nucli** (**a**, **e**, **o**, **u**) + **i**: *rai*, ____, ____, ____.
  - vocal que fa de **nucli** (**a**, **e**, **i**, **o**, **u**) + **u**: ____, ____, *riu*, ____, *duu*.
- Els **creixents**, en què la **i** i la **u** estan davant de la vocal que fa de nucli en les posicions següents:
  - A començament de mot: ***io**de*, ***ie**n*.
  - Entre dues vocals: ____, *diuen*.
  - En els grups *gua*, *güe*, *güi*, *guo* i *qua*, *qüe*, *qüi*, *quo*: ____, ____, ____, ____; ____, ____, ____, ____.

REFLEXIONA

9 ●●● Explica quina diferència hi ha entre els grups vocàlics ua de les paraules adequar i evacuar.

PREPARA

10 ●●○ Llegeix aquest text i fes les activitats que hi ha a continuació abans que te'l dictin:

DICTAT

Hi havia alguna cosa del diumenge que no li agradava.

El divendres tenies l'**emoció** del cap de setmana, dos dies sense classes, la possible sortida nocturna, encara que fos per tornar a casa **aviat**, a una hora que els seus pares consideraven "decent" i "tolerable" per a la seva edat. El dissabte equivalia a tot un dia fantàstic al davant, **múltiples** opcions, amics, alguna mena de marxa, planejada o improvisada, festa, **reunió**, el que fos; i, de nou, la possibilitat d'una altra escapada fins a una "hora decent", sense problemes. Però el **diumenge**... Era el dia que totes les seves amigues tenien coses per fer, igual que ella. Coses infantils, extravagants, **estúpides** i gens productives, naturalment.

JORDI SIERRA i FABRA, *Frontera*. Editorial Cruïlla

a Copia dos mots del text que tinguin un diftong decreixent.
- Hi ha cap mot amb un diftong creixent?

b Explica per què no formen diftong les vocals destacades de les paraules *equ**i**valien* i *amig**ue**s*.

c Copia tres mots del text que tinguin un hiat.

d Busca en el text dos exemples d'elisió i dos de sinalefa i copia'ls.

e Separa en síl·labes les paraules destacades del text.

f Fixa't en les paraules que s'escriuen entre cometes (" ") i explica per què es fa servir aquest signe ortogràfic.

g Copia totes les paraules del text que s'escriuen amb *b* i amb *v*.

LLEGEIX

A JOANA RASPALL

Joana Raspall (Barcelona, 1913-Sant Feliu de Llobregat, 2013) va ser escriptora i bibliotecària. Autora de tres diccionaris —de sinònims, de locucions i frases fetes i d'homònims i parònims—, va cultivar, sobretot, el teatre infantil i la poesia.

A part dels estudis de bibliotecària, també va estudiar comptabilitat, però la seva passió va ser la llengua catalana, per la qual sempre va vetllar, sobretot quan el seu país n'estava privat. El seu amor per la poesia i els infants la van portar a escriure poemes per als més menuts, cosa que la feu una de les pioneres del gènere a casa nostra. La seva poesia infantil, clàssica i molt afí a la sensibilitat dels petits lectors, destil·la senzillesa en estat pur. Tot i que sempre va escriure poesia, no es va decidir a publicar-la fins ben entrada la maduresa. A més de poesia, teatre infantil i diccionaris, també va publicar narrativa per a adults i joves.

Joana Raspall va portar la vida literària sempre amb molta discreció, si bé visitava escoles i participava constantment en la vida literària de la seva ciutat, Sant Feliu de Llobregat, com ara a través del premi Martí Dot.

Fou sòcia d'honor de l'Associació d'Escriptors en Llengua Catalana.

Adaptació del text d'EUGÈNIA MORER I SERRA per a l'AELC

B LA SORT DEL MEU DESTÍ

Em dic Isidre Esteve i fa temps vaig ser pilot de motos, un d'aquells capaços de guanyar en un viatge d'aventures, de competir contra la llegenda del desert, de desafiar el continent oblidat. Així va ser fins que vaig conèixer l'eternitat de l'instant. Succeí de sobte... envoltat de silenci. Després, la dama negra intentà visitar-me, però aquesta vegada vaig assolir abans la meta. Soc el capità de la meva ànima. Llavors, el món va ser un altre. I la vida va seguir. I van tornar els somriures.

Una ganivetada a l'esquena, això vaig sentir. Com si un maleït àngel del destí em clavés una espasa de foc al cos i m'omplís de milions de vidres trencats. Dolor, un dolor immens, intangible, més enllà de la realitat. Un dolor que em va deixar l'ànima asfixiada, feta miques. I després no res. No sentia el cos. Allò que fins aquell moment havia estat meu va deixar de ser-ho en un instant, i només el temps, que ho cura gairebé tot, que ho pot superar tot, aconseguirà fer que ho recuperi. El destí se m'aparegué al davant, per enganyar-me, per avisar-me, per dir-me que existeix el repte de la normalitat, de la vida corrent, més enllà de gestes extraordinàries, de fites històriques i d'aventures de llegenda. Una pedra aparegué enmig del camí, i tot va canviar. Ho vaig saber en aquell mateix instant. I tant, que ho vaig saber! Mai abans no havia sentit res de semblant, i vaig tenir la certesa que, a partir d'aquell moment —que podia ser de qualsevol, però que era meu—, res no tornaria a ser igual. Malament, vaig pensar, o potser bé, qui ho sap? Mai no ho sabré ni paga la pena esbrinar-ho. Diferent, segur. La pedra que havia aparegut enmig del camí no em deixaria tornar a la meva vida, però continuaria vivint. Aquest és el gran repte, l'objectiu de qualsevol persona que es vanti de ser-ho: viure. És el nostre dret i la nostra obligació. No existir, això ho fa qualsevol. Si no viure, fer tot el que es pugui —i més encara— per tenir allò que han de posseir els qui somien ser feliços i cada dia ho intenten fins a aconseguir-ho, si més no en aquells moments en què la vida es rebel·la davant de tanta injustícia, davant d'aquest món de tons grisos, i ens xiuxiueja colors a cau d'orella. De vegades, l'arc de Sant Martí surt, i llavors el sol ens demostra que sempre, sempre, val la pena continuar vivint. De tot això, pràcticament només en sabia un borrall. Sempre he estat una mica rar, "especial", diuen els que m'estimen. Tanmateix, les altres coses les he anat aprenent des d'aquell moment màgicament tràgic en què la meva vida va canviar en algun lloc, en algun camí del sud peninsular, des que vaig trobar una pedra al desert d'Almeria i vaig notar una ganivetada a l'esquena.

ISIDRE ESTEVE, *La sort del meu destí*. Ara llibres

COMPRÈN

1 ●●○ Llegeix el text A i respon les preguntes:

a Quan i on va néixer Joana Raspall? Quan i on va morir?

b Quins tipus de llibres va escriure?

c Què va estudiar? Quina altra professió podria haver tingut? Quina era la seva passió?

d De quina associació va ser sòcia d'honor? Què significa ser "soci d'honor"?

Ara, reescriu aquestes oracions del text fent servir paraules i expressions sinònimes, sense que en canviï el sentit:

a **Va cultivar**, sobretot, el teatre infantil i la poesia.

b La seva poesia infantil **destil·la senzillesa**.

c És **una pionera** del gènere a casa nostra.

d La seva passió va ser la llengua catalana, **per la qual sempre vetllà, sobretot quan el seu país n'estava privat.**

2 ●●○ Llegeix el text B i resol les qüestions:

a A què es dedicava, fa temps, Isidre Esteve?

b Què li va passar que li va canviar la vida? On li va passar?

c Què va provocar-li la "ganivetada a l'esquena"?

d La paraula *ganivetada* té un sentit literal o figurat? Què diries que va ser aquesta "ganivetada" a l'esquena?

e Copia les paraules que usa Esteve per a referir-se al dolor.

f Què vol dir, Esteve, quan diu que, "de vegades, l'arc de Sant Martí surt"?

g Et sembla que Esteve és una persona optimista? Per què?

Ara, explica amb les teves paraules què signifiquen o a què fan referència aquests sintagmes del text. Si cal, torna'l a llegir:

El continent oblidat · L'eternitat de l'instant
La dama negra

ANALITZA

3 ●●○ Explica si el text A és narratiu o no.

- Quin tipus de text és: un conte, una biografia, una autobiografia, unes memòries, una auca...?

4 ●●○ Copia els verbs en forma personal del text A i classifica'ls segons el temps verbal corresponent.

- Quin temps verbal hi predomina?

5 ●●○ Indica en quina persona és escrit el text d'Isidre Esteve.

- És un text objectiu o subjectiu? Copia'n les frases i expressions que et serveixin per a justificar la resposta.
- I el text sobre Joana Raspall, és objectiu o subjectiu? Per què?

6 ●●○ Compara els dos textos que has llegit i escriu un text explicant què tenen en comú i en què es diferencien.

- Fixa't en l'estil de cada text.
- Tingues en compte també les respostes que has donat en les activitats 3, 4 i 5.

APLICA

7 ●●○ Reescriu el text A i converteix-lo en una autobiografia. Fes els canvis convenients.

INVESTIGA

8 ●●○ Busca a internet el vídeo del programa de TV3 "El convidat" dedicat a Isidre Esteve i comenta'l amb els teus companys i companyes.

JA HAS ACABAT?
Avalua't amb el test del quadern interactiu.

2

MENYS XERRAMECA I MÉS CONVERSA!

El text conversacional I

No és el mateix aguantar la xerrameca d'algú (>_<) o el monòleg interminable d'un setciències (u_u) que mantenir un diàleg... Les converses tenen unes normes! Són unes normes fàcils, però, si no vols participar en un diàleg sense solta ni volta, cal respectar-les; sobretot si les mantens a distància (^_-).

EN EL QUADERN INTERACTIU

COMENÇA
Activitat inicial.

POTS FER-HO
Minirepte sobre els continguts de la unitat.

INFORMA'T
Recursos digitals per a treballar els continguts.

PRACTICA
Activitats interactives.

AVALUA'T
Test de la unitat.

Anna La tecnologia ens està tornant bojos! Ja no sabem ni qui tenim al costat!

Pasqual Amb els xats de grup, pots compartir de tot amb molts amics alhora. Són genials!

Lola Les converses pels xats no tenen cap sentit; jo prefereixo una bona conversa cara a cara.

Genís Doncs a mi em va molt bé enviar un missatge quan em quedo sense paper al lavabo.

A casa teva, rebeu cap diari o revista per correu? De quina publicació es tracta? Cada quan la rebeu?

A qui escrius correus electrònics sense que hi tinguis un tracte personal? Has escrit mai un correu electrònic a una persona equivocada?

Daniel Glattauer és un autor actual o de principis del segle passat? Què t'ho fa pensar?

* Per quin altre mot podries substituir la paraula *via* sense que canviï el sentit d'aquesta frase?

*A una persona que està abonada o subscrita a una revista, li cal anar a comprar-la en un quiosc? Per què? Què és, doncs, una subscripció?

A quina publicació està subscrita E. Rothner?

*De quin verb prové el substantiu *persistència*? Què significa aquest verb?

A qui demana perdó E. R.? Per què ho fa?

CONTRA EL VENT DEL NORD

Daniel Glattauer

15 de gener

Assumpte: Cancel·lar abonament

Sisplau, voldria anul·lar la meva subscripció. És possible per aquesta via?*

Us saluda amablement, E. Rothner

18 dies després

Assumpte: Cancel·lar abonament

Vull anul·lar la meva subscripció.* Es pot fer per correu electrònic?
Prego una curta resposta.

Us saluda amablement, E. Rothner

33 dies després

Assumpte: Cancel·lar abonament

Distingits senyors i senyores editors del *Like*, si la seva persistència* a ignorar els meus intents d'anul·lar la subscripció té com a finalitat poder col·locar més números d'una revista que lamentablement no para de perdre nivell, sento haver de comunicar que no pago res més!

Els saluda amablement, E. Rothner

Vuit minuts després

Fw:

S'equivoca. Aquesta és la meva adreça personal: woerter@leike.com. i la confon amb woerter@like.com. Ja és el tercer que em demana anul·lar la subscripció. Realment, la revista deu haver empitjorat.

Cinc minuts després

Re:

Oh, perdoni! I gràcies per l'aclariment.

Salutacions, E. R.

Nou mesos després

Sense assumpte

Bon Nadal i feliç any nou us desitja Emmi Rothner.

Dos minuts després

Fw:

Benvolguda Emmi Rothner,
Gairebé ens coneixem menys que gens. Així i tot, li agraeixo el cordial correu massiu, d'allò més original! Sàpiga que m'encanten els correus massius per a una massa de la qual no formo part.

Cordialment, Leo Leike

18 minuts després

Re:

Perdoni les molèsties per escrit, senyor Leike. Em va quedar gravat erròniament en la llista de clients, perquè fa uns mesos volia anul·lar una subscripció i vaig enviar el correu sense voler a la seva adreça electrònica. L'esborraré de seguida. E. Rothner

Sis minuts després
Fw:
Li desitjo bones festes i m'alegraré per vostè que el proper any sigui un dels vuitanta més feliços de la seva vida. Mentrestant, si mai està abonada* als dies dolents, ja sap que sempre pot anul·lar-los —erròniament— a la meva adreça. Leo Leike

Tres minuts després
Re:
M'ha deixat impressionada! Cordialment, E. R.

38 dies després
Assumpte: Ni un euro!
Apreciada direcció editorial del *Like*, he trencat amb la seva revista tres vegades per escrit i dues per telèfon (a través d'una tal senyora Gall). Si encara me la continuen enviant, trobo que ho fan per gust seu, no pas meu. Pel que fa a la factura adjunta per un import de 186 euros, me la quedaré de record, per no oblidar-me del *Like* quan per fi deixi de rebre'n exemplars. Però comptin que no rebran ni un euro de part meva.
Amb tots els respectes, E. Rothner

Dues hores després
Fw:
Benvolguda senyora Rothner, ho fa a posta?* O està abonada als mals dies?
Cordialment, Leo Leike

15 minuts després
Re:
Benvolgut senyor Leike, ara sí que em sap greu. L'errada de l'EI és un mal crònic, o sigui, l'errada d'una E abans d'una I. Quan escric de pressa i he de picar una I, sovint se m'hi cola una E. És com si els dos dits del mig fessin la guerra al teclat. L'esquerre sempre vol ser més ràpid que el dret. El cas és que soc esquerrana de naixement, però a l'escola em van invertir els pols, i l'esquerra no m'ho ha perdonat mai. Sempre hi posa una E amb la polpa del dit del mig, abans que la dreta piqui una I. Perdoni la molèstia; no es repetirà (esperem-ho).
Que acabi de passar bé el vespre, E. Rothner

Quatre minuts després
Fw:
Benvolguda senyora Rothner, em permet una pregunta?
I encara una altra: Quant ha trigat a escriure l'anterior *email** sobre el seu mal crònic?
Cordialment, Leo Leike

* L'expressió *estar abonada* és usada en un sentit literal o en un sentit figurat?

* Per quin adverbi de manera podries substituir la locució adverbial "a posta"?

En què consisteix el "mal crònic" de què parla E. Rothner?

* Per quina expressió catalana podries substituir el mot anglès *email*?

Investiga

sobre l'autor i fes-ne la fitxa!

- Lloc i any de naixement.
- Altres dades de l'autor.
- Gènere al qual pertany el fragment de l'obra que has llegit i llengua en què va ser escrita.
- Premis que ha obtingut.
- Definició de l'adjectiu *epistolar*, que s'utilitza per a descriure la novel·la de la qual has llegit un fragment.

COMPRENSIÓ

1 ••○ Resol les preguntes següents sobre el text que has llegit:

a Qui és el destinatari dels missatges de Leo Leike? Aquests dos personatges es coneixen personalment? Justifica la resposta.

b L'E. Rothner, què volia cancel·lar? Per què ho volia fer? Ho va aconseguir?

c Per quina causa E. Rothner entra en contacte amb Leo Leike?

d Què és un "correu massiu"? Posa exemples de casos en què sigui apropiat enviar-ne un.

2 ••○ Digues si les afirmacions següents sobre el text són certes i explica per què les altres són falses:

a Des del primer correu fins a l'últim passa un any.

b La subscriptora de la revista *Like* ha intentat diverses vegades anul·lar la seva subscripció per correu postal i per telèfon.

c La subscriptora vol anul·lar la subscripció perquè és massa cara.

d Leo Leike està content de rebre els correus i de fer una nova amistat.

3 ••○ Completa les definicions amb les paraules següents:

correu electrònic · missatge · destinatari
reenviat · resposta

- **Fw** o **Fwd**: Aquesta abreviatura de la paraula anglesa *forward* indica al ___ que el ___ que ha rebut li ha estat ___, és a dir, que el missatge rebut va ser originalment enviat a una altra persona.
- **Re** o **RE**: Aquesta abreviatura de la paraula llatina *res* (que significa 'cosa', 'assumpte') indica al destinatari que el correu electrònic que ha rebut és una ___ a un ___ seu anterior.

4 ••○ Identifica el subjecte el·líptic de cada una d'aquestes afirmacions sobre el text:

a Vol anul·lar la seva subscripció a la revista *Like*.

b Desitja bon Nadal i feliç any nou a través d'un correu electrònic massiu.

c És esquerrana de naixement.

d Quan escriu amb un teclat, s'equivoca sovint a l'hora d'escriure una *i* perquè, sense adonar-se'n, hi pica una *e* al davant.

e Mostra ironia en els seus correus.

5 ••○ Explica, en un màxim de deu línies, com creus que continuarà la història que has llegit.

6 ●●○ **Localitza en el text les expressions següents i explica què signifiquen segons el context de la lectura:**

- ✓ Fer alguna cosa a posta.
- ✓ Colar-se (alguna cosa).
- ✓ Fer la guerra (a algú o alguna cosa).

7 ●○○ **Proposa un sinònim adequat de cada un d'aquests mots de la lectura. Si et cal, fes servir el diccionari:**

SUBSTANTIUS	ADJECTIUS	VERBS
persistència polpa molèstia errada	cordial adjunta crònic abonada	anul·lar pregar ignorar empitjorar

ANÀLISI

8 ●○○ **Troba en la lectura exemples de cada un d'aquests elements dels correus electrònics:**

- ✓ adreça electrònica
- ✓ assumpte
- ✓ salutació
- ✓ cos del missatge
- ✓ comiat

Ara, copia totes les frases de salutació i de comiat dels missatges. Després, escriu-ne de diferents que també siguin apropiats.

9 ●●○ **Torna a llegir la lectura i, després, contesta:**

a Els personatges que escriuen els correus electrònics, quina fórmula de tractament fan servir per a adreçar-se al destinatari dels seus missatges?

b Els correus són formals o informals?

c El grau de formalitat dels missatges és sempre el mateix? Quins són més formals? Quins ho són menys? Justifica la resposta.

d En quines situacions és apropiat fer servir el tractament de vostè? Posa'n exemples.

10 ●●● **Troba en els missatges de la lectura exemples de frases iròniques i copia-les.**

CERT O FALS?

- ☐ Els correus electrònics poden ser formals o informals.
- ☐ Com en les cartes en paper, en els correus electrònics hi ha d'haver una salutació i un comiat.
- ☐ Especificar l'assumpte d'un correu electrònic no és obligatori.

11 ●●○ **Explica per escrit si la lectura t'ha agradat o no i per què.**

Si, i perquès.

ESTUDI DE LA LLENGUA

12 ●●○ **Troba en la lectura paraules que tinguin les característiques següents:**

- ✓ Cinc paraules agudes que portin accent.
- ✓ Cinc paraules agudes que no portin accent.
- ✓ Cinc paraules planes que portin accent.
- ✓ Cinc paraules planes que no portin accent.
- ✓ Cinc paraules esdrúixoles.
- ✓ Dues paraules que portin accent diacrític.

13 ●○○ **Copia tots els adverbis acabats en -ment que hi ha en el text i contesta:**

- De quin tipus són aquests adverbis?

14 ●○○ **Indica la categoria gramatical de cada un dels mots següents i escriu-ne un derivat:**

telèfon · ràpid · original · record · feliç

Ara, digues a quina categoria gramatical pertanyen els derivats que has escrit.

15 ●○○ **Completa una taula com la següent amb la forma adequada dels adjectius indicats:**

MASCULÍ SINGULAR	FEMENÍ SINGULAR	MASCULÍ PLURAL	FEMENÍ PLURAL
electrònic	electronica	electronics	electronicas
	esquerrana		
mig			
		crònics	
			amables

16 ●○○ **Escriu en primera persona del plural el cos del missatge del tercer correu de la pàgina 27.**

Ara, subratlla'n les formes verbals personals i indica'n el temps verbal.

1

Quin substantiu monosíl·lab del text varia de significat si en canviem el gènere?

2

Per què s'accentua el mot *erròniament*?

3

Quina paraula del text significa “abonament a una publicació periòdica”?

Hi ha diversos tipus de textos conversacionals, orals i escrits: conversa telefònica, diàleg (quotidià, teatral o de novel·la), entrevista, xat, etc.

Els textos conversacionals reprodueixen una conversa entre dues o més persones.

Segons la relació entre l'emissor i el receptor, el canal que s'utilitza (oral o escrit), la intencionalitat de l'emissor (informar, entretenir, convèncer...) i el tema, l'emissor i el receptor faran servir un **registre lingüístic formal** (elaborat i estructurat) o **informal** (col·loquial, amb un grau de formalitat baix, poc elaborat i espontani).

Com que no sempre és possible la conversa cara a cara amb l'interlocutor, hi ha uns mitjans que faciliten la comunicació i, per tant, una conversa a distància: el telèfon, el correu electrònic, els xats, els SMS i determinades aplicacions electròniques (WhatsApp, Twitter, Facebook, etc.). En aquests casos, com que no existeix la comunicació no verbal (gestos, expressions de la cara, mirades, etc.), caldrà tenir en compte tota una sèrie de pautes que faciliten la comunicació i eviten malentesos.

La conversa telefònica

Una conversa telefònica pot ser **informal**, com la que mantenim amb la família i els amics, o **formal**, com la que mantenim en una entrevista, o per contractar o desdir determinats serveis, o per comunicar alguna cosa al nostre centre d'estudis, etc.

A l'hora de fer una trucada telefònica formal, cal tenir clars quin és el motiu de la trucada i quin ha de ser el missatge. A més, cal complir unes formalitats:

- En primer lloc, cal presentar-se un mateix i, si cal, demanar amb qui s'està parlant.
- Fer una introducció breu d'allò que volem exposar o demanar.
- Triar el tractament més adequat (de tu o de vostè).
- Fer servir un to respectuós (*voldria saber..., si us plau..., Li faria res...?*) i tenir cura del vocabulari.
- Respectar el torn de paraula.
- Acomiadar-se correctament i donar les gràcies.

El correu electrònic

El correu electrònic és una aplicació en un ordinador o en una xarxa de diversos usuaris per mitjà de la qual es poden enviar i rebre missatges personalitzats. Es tracta d'un canal de comunicació molt freqüent tant en l'àmbit privat com professional, i cal utilitzar-lo correctament.

En l'àmbit professional, que requereix l'ús d'un registre **formal**, existeix una mena de protocol anomenat ***netiqueta*** (mot provinent de l'anglès que significa "conjunt de regles de bones pràctiques de la comunicació telemàtica") amb la finalitat d'ajudar els usuaris. Entre aquestes regles, cal destacar les següents:

- Cal escriure sempre l'**assumpte** de què tracta el correu, que resumeix el motiu principal pel qual s'escriu i, així, el receptor pot valorar el missatge.
- Cal **saludar** al començament del missatge i **acomiadar-se** en acabar, sense oblidar d'escriure, al final, el nom de l'emissor o persona que escriu.
- Cal que els textos siguin clars i breus, però no han de ser excessivament concisos.
- Les idees han d'estar ordenades correctament perquè el text sigui coherent i ben cohesionat i correcte des del punt de vista lingüístic (ortografia, expressió, puntuació, vocabulari).

QUEDEM?

Diàleg noia/noia (1)

Dretes a banda i banda de l'escenari, hauran de portar el mòbil a la butxaca.

—Quedem?

—Quan?

—Quan et va bé?

—M'és igual. I a tu?

—També.

—Millor aquesta setmana o la que ve?

—Per mi no hi ha problema.

—Pots el matí o ha de ser a la tarda?

—Depèn.

—De què?

—Al matí tinc classe.

—Llavors quedem a la tarda.

—És que algunes tardes treballo.

—Quines?

—La de dimarts i la de dijous.

—Doncs què et semblaria dimecres?

—Bé.

—A quina hora?

—Ah! No, no, espera. Aquest dimecres treballo.

—Però no m'has dit que treballaves dimarts i dijous?

—Sí, però aquesta setmana m'ho han canviat perquè dimarts és festa.

—Doncs és que jo aquesta setmana només puc dimecres.

—Em pensava que t'anava bé qualsevol dia.

Diàleg noia/noia (2)

—I la setmana que ve, com ho tens?

—Em sembla que millor.

—Quin dia?

—No ho sé...

—Ens truquem?

—Potser sí.

—D'acord.

—Em truques o et truco?

—Com vulguis.

—A mi m'és igual.

—Sí, a mi també.

Diàleg noia/noia (3)

—Escolta?

—Hola?

—Em sents?

—Jo sí, i tu?

—Ara sí.

—He pensat que...

—Digues.

—Sobre això de quedar...

—Què?

—Que si ho tens tan difícil...

—Jo?

—Com que em vas dir...

—A mi em semblava que eres tu qui...

—Però si per mi no...

—Per mi tampoc.

—Ah!

—Així doncs?

—Què fem?

—No ho sé.

—Quedem?

—Ho vols?

—Jo sí.

—Jo també.

—Quan et va bé?

—A mi m'és igual. I a tu?

[ÀNGELS AYMAR, "Cut & paste", *Dramatúrgia al país de les meravelles? Catorze autors escriuen per a infants i joves*, Associació d'Actors i Directors Professionals, Barcelona, 2006]

Pautes d'anàlisi
d'una conversa telefònica

FIXA'T EN els elements de la conversa:

- Quin és el motiu de la trucada.
- Qui són les persones que conversen:
  - Si es coneixen molt, poc o si no es coneixen gens i quin és el grau de confiança que hi ha entre elles.
- En el cas d'una conversa escrita, si hi ha intervencions d'un narrador.

FIXA'T EN el llenguatge:

- Si el registre és formal o informal:
  - Si hi ha vulgarismes i col·loquialismes.
  - Si el llenguatge és culte i/o acurat.
- Quins signes de puntuació es fan servir.
  - Què indica cada un d'aquests signes de puntuació?

FIXA'T també en aquests altres aspectes:

- El to de la conversa:
  - Si és alegre, seriós, cordial, crispat...
- Si es respecten els torns de paraula.

1 ●○○ Digues si les afirmacions següents sobre la conversa anterior són certes:

a El to de la conversa cada vegada és més relaxat.

b Els punts suspensius indiquen que qui parla no sap què dir, dubta o s'interromp.

c Les interlocutores acorden que es veuran dimecres.

d Les dues noies es mostren molt disposades a trobar una solució a la situació plantejada.

e En un moment determinat sembla que no se senten prou bé.

f El text vol mostrar la incapacitat que de vegades tenim de comunicar-nos.

2 ●●○ Per parelles, repartiu-vos els papers i llegiu la conversa telefònica en veu alta fixant-vos en els signes de puntuació.

- Practiqueu fins a aconseguir l'entonació adequada per tal que la conversa sembli real.
- Després, feu una posada en escena del text.

3 ●●○ Imagina qui són les dues noies que parlen i descriu-les per escrit.

- Inventa-te'n els noms i escriu-ne la descripció física i de la seva manera de ser.
- Explica quins són els seus gustos i aficions, quina ocupació tenen o què estudien, etc.
- Explica també què faran el dia que es trobin.

4 ●●● Imagina't que la segona conversa és el fragment d'una novel·la i reescriu-la afegint-hi les intervencions d'un narrador. Recorda:

- El narrador informa sobre els personatges: els gestos que fan o la manera com es mouen, els seus pensaments...
- En un diàleg de novel·la o conte, les intervencions del narrador s'escriuen enmig de la intervenció del personatge (entre dos guions llargs) o al final (entre un guió llarg i un punt).

Planifica i prepara

Imagina que has d'escriure un correu electrònic a una d'aquestes persones:

El teu cantant, artista o esportista preferit.

El mestre que tenies a primària, al qual no has vist des que eres petit.

El company o companya nou de la teva classe que acaba d'arribar un cop el curs ja ha començat.

El teu professor de l'escola de música, que no coneixes gaire perquè darrerament no has pogut assistir a classe.

Pensa el motiu pel qual li escrius. Per exemple:

A Entrevistar-lo per a fer un treball.
B Organitzar una trobada d'exalumnes i mestres de primària.
C Convidar el nou company a fer una activitat amb tu.
D Explicar al professor de violí que has estat malalt i demanar-li que t'ajudi a posar-te al dia.

Copia ara aquest quadre i completa'l:

Nom i cognoms del receptor del correu	
Motiu pel qual li escrius	
Tractament que faràs servir (de *tu* o de *vostè*)	
Què li faràs saber o què li demanaràs	

Escriu i revisa

Escriu el correu electrònic.

- **Tingues en compte els aspectes següents:**

1. **Escriu l'assumpte, és a dir, la frase, la paraula o el sintagma que resumeix el contingut del missatge.**

2. **Encapçala el correu amb una salutació adequada.**
   - Si la persona a qui escrius no et coneix o fa temps que no hi tens contacte, presenta't o explica-li qui ets.

3. **Escriu el cos del correu:**
   A Exposa'n les idees de manera ordenada.
   B Utilitza els connectors adequats.
   C Fes servir tants paràgrafs com facin falta.

4. **Acomiada't d'una manera adequada.**
   - Si cal, dona les gràcies.
   - Signa amb el teu nom o amb el teu nom i cognoms, segons el grau de coneixença que tinguis amb la persona a qui escrius.

Revisa el teu missatge de correu electrònic segons el que has après en la pàgina 31:

- **Assegura't que no has fet faltes d'ortografia i que el text està ben puntuat.**
- **Has escrit una salutació adequada? T'has presentat? T'has acomiadat correctament?**
- **Has fet servir el tractament adequat?**

El repte

Contesta el correu electrònic.

1. **Llegeix el correu electrònic que has redactat als teus companys de classe.**

2. **Un cop els hàgiu llegit, barregeu-los i repartiu-los. Ningú no ha de quedar-se el seu.**

3. **Imagina't que ets el destinatari del correu que t'ha tocat i contesta'l.**
   - Inventa't el que calgui.

4. **Fes arribar la teva resposta al company que ha escrit el primer correu.**

+ Propostes

Escriu al teu tutor o a un dels teus professors!

- **Demana-li l'adreça de correu electrònic i escriu-li un missatge per a explicar-li com et van les coses i/o algunes d'aquestes qüestions:**
  - Què t'agrada o què no t'agrada de la matèria que imparteix.
  - Què penses de la classe o de qualsevol altre tema relacionat amb els estudis o la convivència al centre.
  - Si tens cap idea, projecte o iniciativa per a aquest curs, exposa-la.
- **Segueix les pautes que has après i sigues respectuós.**

1 ●●○ **Classifica els mots de les oracions següents en monosíl·labs i polisíl·labs:**

- La màquina de les begudes no funciona bé.
- Sempre maquina algun pla pervers.
- He fet una còpia del carnet.
- Copia bé totes les dades en el formulari.

2 ●●○ **Observa aquests parells de mots i digues quina diferència ortogràfica i de significat presenten:**

màquina / maquina
còpia / copia

3 ●●○ **Divideix els mots següents en síl·labes, subratlla'n la tònica i classifica'ls en aguts, plans i esdrúixols:**

ànima · examen · trauran
sortia · protons · òpera · diària
Ramon · menjarem · pati
estornell · frescor · passareu

4 ●●○ **Accentua, si cal, els mots següents:**

huma · campio · pressec
dema · africa · farieu
tomaquet · flauta · vocalic
espatula · classica · gravar
exode · album · ciclista

1 L'accentuació

Com ja saps, en els mots que tenen més d'una síl·laba n'hi ha una que pronunciem amb un cop de veu més fort. És la **síl·laba tònica** (fa-bri-**cant**); les restants són les anomenades **síl·labes àtones** (**fa-bri**-cant).

Quan escrivim un mot, per a indicar-ne gràficament la síl·laba tònica, utilitzem l'accent o, com veurem més endavant, la dièresi. Abans d'aplicar les normes d'accentuació dels mots, cal saber tres coses:

- Quin nombre de síl·labes té el mot, és a dir, si és **monosíl·lab** (té una síl·laba, com ara *suc*) o **polisíl·lab** (té més d'una síl·laba, com ara *tor-na-vís*).
- Quina posició ocupa la síl·laba tònica dins el mot, és a dir, si és **agut** (la síl·laba tònica és l'última, com ara *a-vi-ó*), **pla** (la síl·laba tònica és la penúltima, com ara *di-fí-cil*) o **esdrúixol** (la síl·laba tònica és l'antepenúltima, com ara *his-tò-ri-a*).
- A banda de tot això, hem de recordar que l'accent pot ser **tancat** (´) o **obert** (`). Sobre la vocal **a**, sempre és obert (*àvia*, *envàs*); sobre la **i** i la **u**, sempre és tancat (*destí*, *últim*). Les vocals **e** i **o** poden portar accent tancat o obert segons com es pronunciïn (*ésser*, *èxit*, *camió*, *còmic*).

Normes d'accentuació

A l'hora d'accentuar, cal seguir aquestes normes:

- Els mots **aguts** s'accentuen quan acaben en alguna d'aquestes terminacions: **a**, **e**, **i**, **o**, **u**, **as**, **es**, **is**, **os**, **us**, **en**, **in**. Per exemple: *allà*, *oboè*, *patí*, *barnús*, *entén*...

Cal tenir en compte que quan un mot agut acaba en diftong decreixent no s'accentua (*pintareu*).

- Els mots **plans** s'accentuen quan no acaben en cap de les terminacions anteriors. Per exemple: *fàcil*, *exàmens*, *càrrec*...

Cal tenir en compte que si un mot pla acaba en diftong decreixent sí que s'accentua (*podíeu*).

- Els mots **esdrúixols** s'accentuen sempre: *tómbola*, *indústria*, *màquina*, *espàtula*.

Observacions

- Els **monosíl·labs**, és a dir, els mots d'una sola síl·laba, no s'accentuen (*pas*, *crec*, *mai*...), excepte, com veurem a continuació, si necessiten un accent diacrític.
- Els **adverbis** acabats en **-ment** mantenen l'accent de la forma femenina de l'adjectiu a partir del qual s'han format. Fixa-t'hi:

  - *ordinari*, *ordinària* ▸ *ordinàriament*
  - *contrari*, *contrària* ▸ *contràriament*

L'accent diacrític

Anomenem **diacrític** l'accent que serveix per a distingir un mot d'un altre que s'escriu igual però que té significat diferent. El duen només una sèrie de 15 mots d'una síl·laba. Aquest tipus d'accent no segueix aquestes normes. Les parelles de mots que es distingeixen amb accent diacrític són aquestes:

bé/be	*més/mes*	*sé/se*	*té/te*
deu/déu	*món/mon*	*sí/si*	~~*ús/us*~~ ×
és/es	*pèl/pel*	*sòl/sol*	*vós/vos*
mà/ma	*què/que*	*són/son*	

2 La dièresi

La **dièresi** és un signe gràfic (¨) que escrivim sobre les vocals **i** i **u** quan volem indicar que:

- Cal pronunciar la **u** dels grups **qüe**, **qüi**, **güe**, **güi** (*pingüí*).
- Cal trencar el diftong d'una **i** o una **u** amb la vocal contigua perquè es pronuncien en síl·labes diferents (*a-gra-ï-a*).

Tingues en compte que l'accent preval sobre la dièresi. Així, si el mot es pot accentuar, no la utilitzarem (*ve-ï-na*, però *ve-í*). Tampoc no escriurem dièresi en els casos següents:

- Els mots acabats en **-isme**, **-ista**, **-us**, **-um**: *egoisme*, *altruista*, *Màrius*, *pòdium*.
- Els mots formats per un prefix (**anti-**, **co-**, **contra-**, **re-**...) + **i**, **u**: *anti-incendis*, *coincidir*, *contraindicació*, *reunió*...
- Les terminacions de l'infinitiu, el gerundi, el futur i el condicional dels verbs acabats en vocal + **ir**: *agrair*, *agraint*, *agrairé*, *agrairia*.

Recorda

- L'**accent** és el signe que s'utilitza per a marcar la vocal tònica d'un mot sempre que les normes ortogràfiques ho permetin.
- L'**accent diacrític** distingeix mots que s'escriuen igual, però que tenen significats diferents.
- La **dièresi** és el signe que escrivim, de vegades, sobre la **i** i la **u**.

5 ●●○ Forma un adverbi en -ment a partir de cada un dels adjectius següents. Accentua'ls si cal.

ràpid · ampli · erroni · continu
lent · últim · net

6 ●●○ Escriu l'accent diacrític en les paraules que el necessitin:

- Aquest mes de maig ha vingut mes gent.
- Ma cosina s'ha trencat l'os de la ma dreta.
- Com que es molt fredolic es posa el jersei.
- Quan passo pel pont penjant se'm posen els pels de punta.
- Se que se senten bajanades.
- Deu meu, ha tret un deu!
- Vol un te: no te pressa.

7 ●●○ Escriu la dièresi només quan calgui:

frequent · esquena
pinguí · guix
llengua · llengueta
estudii · antiinfecciós

8 ●●○ Accentua aquests mots o posa-hi dièresi:

pais · paisos
obeissin · obeissim
veina · vei
construia · construieu

+ Activitats | TREBALLA LES COMPETÈNCIES BÀSIQUES

ANALITZA

1 ●○○ Escriu les paraules que representen aquestes imatges i accentua-les si cal:

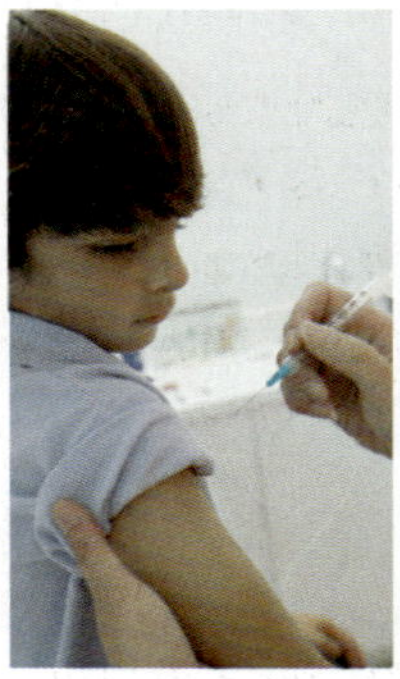

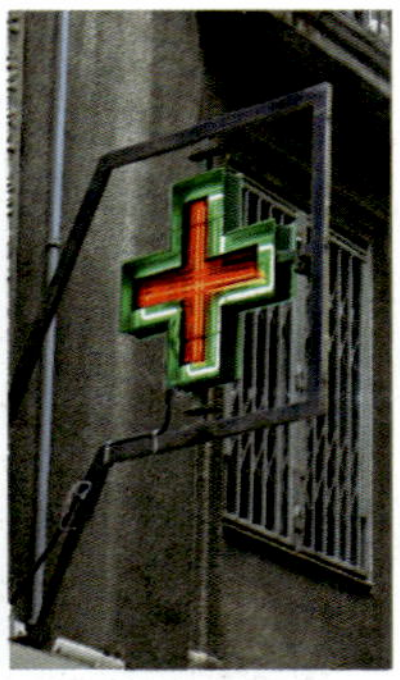

2 ●●○ Accentua els mots següents quan calgui i classifica'ls en esdrúixols, plans i aguts:

ciencia · geganti · microscopi · festa · Italia
bufal · catala · regims · convencer · burges
esclau · practicament · xandall · elit · atmosfera
textil · tiquet · copio · periode · medul·la

3 ●●○ Completa les oracions que hi ha a continuació amb les paraules següents. Accentua-les, si cal, tenint en compte el context:

secretaria · publica · anima · influencia
opera · record · avis

a Va escriure una novel·la per ___ del seu pare.
b Avui han batut el ___ dels 100 metres llisos.
c Al tiet li encanta escoltar aquesta ___ al Liceu.
d Li van enviar un ___ perquè anés a Correus.
e El president del govern és una persona ___.
f La ___ de l'escola ha complert quaranta anys.
g Sempre ___ molt a tothom: és molt alegre.

APLICA

4 ●●○ Escriu una oració en què quedi clar el significat de cada un d'aquests parells de mots, com en l'exemple:

bé · be

*Agafa **bé** el **be** del ramat, que, si no, s'escaparà.*

a és · es
a mà · ma
c sí · si
d té · te
e ús · us
f pèl · pel
g són · son
h bé · be
i més · mes
j sòl · sol

5 ●●○ Copia aquests mots i posa-hi dièresi si cal:

altruisme · rabiut · Lluisa · crein · conduint
reimpressió · increible · esfereit · reduiran
cruilla · preindustrial · delinquent · agraiment
atapeit · terraqui · aigua · enguixar
questió · raimat

6 ●●○ Copia les oracions següents i posa-hi els accents i les dièresis que falten:

a Tot i que perde el partit, rebe forts aplaudiments d'admiracio.
b La sala d'actes de l'escola es plena de gom a gom.
c Un mal educat es una persona que considera que les formes no son importants.
d En Lluis va viure molts anys a Suissa.
e Van tenir un accident perque conduien molt rapid.
f Te rao, tot ho fa amb molta fluidesa.
g Aquest mes de gener ha nevat mes.

7 ●●○ Completa una taula com aquesta:

rabiüt			
	conduïda		
		atribuïts	
			maleïdes

REFLEXIONA

8 ●●○ Assenyala la paraula intrusa de cada columna i explica per què ho és:

agraïr	egoisme	atribuir
agraint	egoista	atribuïnt
agraïen	altruïsta	atribuïa
agraïa	suís	atribuiràs
agrairia	Màrius	atribuirien

9 ●●○ Explica quina diferència de significat hi ha entre cada parella de mots:

publica · pública	cantàreu · cantareu
pèl · pel	fàbrica · fabricà
avís · avis	pastis · pastís

Ara, explica breument per què és important accentuar bé les paraules.

CONSULTA

10 ●●● Accentua, si cal, aquestes paraules. Per a fer l'activitat bé, busca-les en el diccionari i fixa't si duen accent o no:

hoquei	elit	xandall	medul·la
atmosfera	reptil	interfon	viking
pneumonia	omoplat	torticoli	textil
termostat	missil	xassis	dioptria

CREA

11 ●●● Anota paraules de la mateixa família que les següents que s'escriguin amb dièresi:

posseir	esvair	instruir
continu	dia	heroi
ràbia	peu	geni

Ara, escriu un text breu en què surtin almenys cinc de les paraules que has escrit.

PREPAR

12 ●●○ egeix aquest text i fes les activitats que hi ha continuació abans que te'l dictin:

DICTAT

M e passat bastants estones mirant les formig . Quan era petit, sí, però amb més paciència qu tenia catorze o quinze anys. Paciència i passic ón dues paraules germanes. Ara he tingut l'oc ó de mirar les formigues altra vegada.

Mi una formiga, només una, i és com mirar pe n microscopi. Miro la corrua de formigues i é com llegir una novel·la d'aventures, o potser policíaca. Sempre que he vist una fileta de formigues he tingut un dubte: si havia de descobrir d'on venien o cap on anaven. És una manera de dir, perquè quan he vist una filera de formigues sempre n'he vist dues. La que anava i la que tornava.

JOSEP M. ESPINÀS, *Temps afegit*.
Edicions La Campana

a Copia totes les paraules polisíl·labes del text que duen accent i justifica per què en porten.

b Digues quins mots porten accent diacrític.

- Amb quins altres mots es podrien confondre si no en portessin?
- Escriu el significat dels mots que has trobat i fes una frase amb cadascun.

c Justifica per què no porten dièresi les paraules *formigues*, *quan* i *dues*.

d Copia totes les paraules que s'escriuen amb *b* i amb *v* i classifica-les.

e Copia totes les paraules que et semblin difícils i memoritza-les.

LLEGEIX

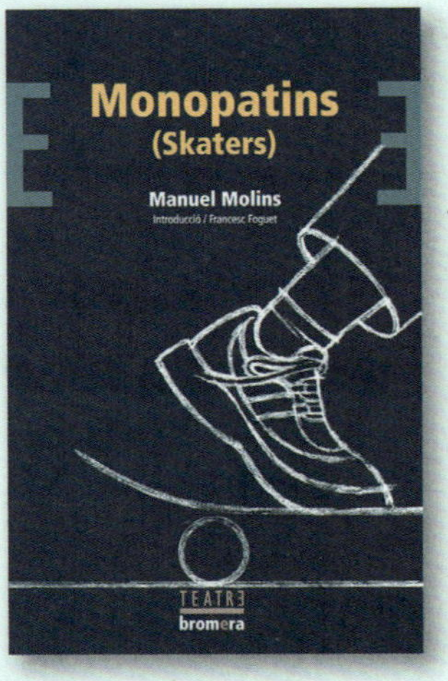

MONOPATINS (SKATERS)

(El despatx des d'on Sara *fa algunes de les seues tasques i obligacions de tutoria. Mentre ella parla per telèfon amb una mare, entra* David. *És un adolescent que vesteix a la manera característica dels joves de la seua edat i condició social. Ell l'observa en silenci.)*

Sara *(parlant per telèfon)*: ... És vosté?... Sí, la mare de Laura Poch... És vosté?... Jo soc la professora Sara, la tutora de Laura... Voldria... Voldria parlar personalment amb vosté... No; seria millor que concertàrem una entrevista i parlàrem amb tranquil·litat... No; no és greu... Bé, sí; això és un criteri relatiu... Darrerament, Laura es comporta d'una manera estranya... Què vull dir?... Que no es comporta com era habitual en ella... Sí, és clar; tots canviem... Però el seu rendiment ha baixat en picat i... Nosaltres?... Perdone, nosaltres fem tot el que podem... Per això li telefone, per informar-la i perquè acordem criteris d'actuació conjunta... A tots ens importa l'educació i la bona marxa dels alumnes... Si no fora per això, no li telefonaria... Ja li ho he dit... En efecte, és una part de les meues obligacions; però també de les seues... Perdone, el meu jornal no és tan gran com per a haver de suportar certes impertinències... Què vull dir?... Mire, li telefone per concertar una entrevista i perquè parlem de la situació actual de la seua filla, però si vosté no vol... On?... No; la meua obligació no està fora del centre escolar... Bé, esperaré la seua telefonada; però no la retarde... Com més ho ajornem, pitjor... Sí, ja li he dit que el seu rendiment ha baixat molt... Ho suspèn tot i falta a classe... Li vaig enviar la notificació de faltes... La seua filla és seua i vosté en té la màxima responsabilitat... Perdone, tinc molta feina... Només espere que em telefone i concertem l'entrevista al més prompte possible... Que tinga un bon dia... Així ho espere... Sí, Sara, la seua tutora...

(Penja l'aparell i es queda pensant desconcertada. La discussió telefònica l'ha posada una mica nerviosa i no li ha permés adonar-se de l'entrada de David. *De sobte, el veu i se sobresalta.)*

Manuel Molins, *Monopatins (Skaters)*. Editorial Bromera

COMPRÈN

1 ●●○ Llegeix el fragment i respon les preguntes:

a Qui fa la trucada? Amb quin objectiu la fa? Aconsegueix aquest objectiu? Per què?

b Qui rep la trucada? L'autor ha escrit les seves intervencions? No obstant això, pots deduir-ne o imaginar-te'n el contingut? Explica'l en general.

c La conversa és formal o informal? Quin tractament fa servir Sara: de tu o de vostè?

d Trobes que el to de la conversa és cordial? S'hi respecta el torn de paraula? Justifica la resposta d'aquesta darrera pregunta.

2 ●○○ Digues si les afirmacions següents sobre el fragment anterior són certes o falses:

a La mare de la Laura es mostra comprensiva i agraïda amb la telefonada de la tutora.

b La mare proposa fer una entrevista a fora del centre educatiu.

c La Laura, tot i que no falta a classe, ho suspèn tot.

d La tutora no ha fet saber mai a la família de la Laura res relacionat amb el comportament de l'alumna.

3 ●●○ Anota tot el que hi ha hagut de nou en el comportament de la Laura que motiva que la seva tutora telefoni a la mare.

4 ●○○ Relaciona cada una de les paraules de l'esquerra amb el significat corresponent de la dreta:

a jornal
b desconcertada
c habitual
d impertinències
e prompte

1 Aviat.
2 Sou.
3 Paraules o accions pròpies d'una persona molesta i inoportuna.
4 Sorpresa, desorientada.
5 Usual, normal.

ANALITZA

5 ●○○ Els tipus de text següents són tots conversacionals. Assenyala el que correspon al fragment que has llegit i justifica la teva elecció:

- ☐ diàleg de novel·la
- ☐ entrevista
- ☐ debat o tertúlia
- ☐ text teatral

6 ●●● Digues si el text pertany a la variant dialectal del català que parles tu.

- Si no és així, copia totes les formes verbals que no coincideixen amb les del teu parlar i escriu al costat de cada una com la diries tu.

Ara, digues a quina varietat del català correspon el fragment que has llegit.

7 ●○○ Completa la taula amb les formes adequades d'aquests adjectius del text:

MASCULÍ SINGULAR	FEMENÍ SINGULAR	MASCULÍ PLURAL	FEMENÍ PLURAL
	característica		
relatiu			
		impertinents	
actual			

APLICA

8 ●●○ Imagina't què li pot estar passant a la Laura que expliqui el seu nou comportament i el fet que hagi baixat de rendiment. Després, escriu un text narratiu que ho resumeixi.

9 ●●○ Escriu el diàleg complet entre la tutora i la mare de la Laura. En el text ja hi ha les intervencions de la Sara; només hauràs d'imaginar-te i escriure les de la mare.

- Escriu un guió llarg (—) a començament de línia per a indicar que parla un dels dos personatges i canvia de línia cada vegada que intervingui l'altre.

CREA

10 ●●○ Imagina't que et trobes en la situació següent:

T'has assabentat que el teu tutor ha trucat a casa teva per parlar amb els teus pares. No en saps el motiu, però sospites que té a veure amb aquell incident que va tenir lloc fa uns quants dies... Com que estàs preocupat, ho comentes amb el teu millor amic o amiga.

Escriu la conversa que mantindries amb el teu amic o amiga sobre la situació anterior.

- Fes-ho de manera que en el diàleg quedi clar de quin incident es tracta.

11 ●●○ Per parelles, escriviu una conversa telefònica que sigui ben divertida.

- No oblideu els guions cada vegada que canviï l'interlocutor.
- Llegiu la conversa als companys de classe amb l'entonació adient.

INVESTIGA

12 ●●○ En grups, esbrineu quins són els hàbits dels vostres companys i professors a l'hora de comunicar-se a distància amb amics, família, etc.

- Tenen Facebook, Twitter, WhatsApp? Envien correus electrònics i SMS? Participen en xats? O només mantenen converses telefòniques?
- Demaneu-los quant de temps dediquen al dia a comunicar-se mitjançant les xarxes socials.

Un cop hàgiu recollit la informació, feu-ne una anàlisi, exposeu-la a la resta de la classe i extraieu-ne conclusions.

JA HAS ACABAT?
Avalua't amb el test del quadern interactiu.

3

MENYS ÉS MÉS

El text narratiu II

Els relats curts que llegiràs
faran que t'adonis que, de vegades, dir
moltes coses amb la mínima quantitat
de paraules pot ser més complicat
que escriure un text més llarg...
En aquesta unitat, treballaràs un altre
tipus de text narratiu, el microrelat,
i també n'escriuràs un.
Agafa les tisores i... endavant!

EN EL QUADERN INTERACTIU

? COMENÇA
Activitat inicial.

POTS FER-HO
Minirepte sobre els continguts de la unitat.

INFORMA'T
Recursos digitals per a treballar els continguts.

A PRACTICA
Activitats interactives.

✓ AVALUA'T
Test de la unitat.

Genís ● Tan fàcil que és enviar un WhatsApp.

Andrea ● Ves a saber a qui arribaran aquests missatges!

Pasqual ● Encara vindran els meus veïns del 5è 1a!

Lola ● Si continueu rient, els que no vindreu sereu vosaltres.

Quina extensió mínima et sembla que pot tenir un conte?

Què és una frase feta? Quines frases fetes coneixes?

Qui és l'autor de la foto? Esbrina-ho.

LA RECEPTA

Flavia Company

Esprémer-se el cervell
Pensar molt per trobar la solució d'alguna cosa.

L'escriptora acabava de signar el contracte d'un llibre de microrelats;* es tractava d'escriure històries fent servir frases fetes en sentit literal. I no era gens fàcil. S'havia de concentrar força. El problema és que li resultava més complicat del que era habitual perquè feia poc que s'havia enamorat i l'única cosa que li venia al cap era el seu amor.

Per sort, l'escriptora va decidir trucar a una amiga per demanar-li consell.

—I dius que t'has d'inventar idees per a històries curtes? —va preguntar l'amiga.

—Exacte. Per a cent microrelats.

—I per quin vas?

—Pel trenta-u.

—Uf, encara et falta molt per a acabar.

—Que bé que t'he trucat! M'animes molt!

—No, no, vull dir que et falta una bona recepta per a enfortir la imaginació. Apunta: dues cullerades de sucre, llimona, farina, pinyons, espinacs, vi blanc i cervellets de llebre.

—I quèèèè? —es va sorprendre l'escriptora.

—Cervellets de llebre. Has d'esprémer els cervells un cop tot estigui...

—Ni pensar-ho! Abans d'això m'estimo més posar-me davant l'ordinador i pensar.

L'escriptora va tornar a la taula de treball, enfadada amb l'amiga per haver-li ofert una solució tan absurda. On s'és vist que per a escriure un conte un s'hagi de posar a esprémer un cervell?

*Què vol dir el prefix *micro*? Què diries que és, doncs, un microrelat?

Quina era la dificultat principal d'escriure aquell llibre de microrelats?

L'amiga, com va voler ajudar l'escriptora?

LLIBRE DE VIATGES

Jaume Cabré

Conec un nen que va pujar als cavallets* dissabte passat per primer cop en la seva vida. És la seva primera volta al món. Ara ja és més persona; se li nota en la mirada.

*Què són uns cavallets? Descriu-los.

MISSATGES

Flavia Company

Fer volar coloms
Il·lusionar-se per coses inútils.

L'Ot sempre buscava la manera de sorprendre la Gabriela amb regals inesperats. I l'últim que li havia passat pel cap i que havia acabat d'una manera més aviat inesperada, se li havia acudit durant la visita que havien fet durant una classe de naturals a en Josep Alcocebre, criador de coloms i altres aus petites.

L'arribada al local del senyor Alcocebre va ser interessant. Els va conduir fins a un pati ple de gàbies a l'interior de les quals volaven amb dificultats i òbviament* sense cap mena de llibertat tot un seguit d'ocells entre els quals l'Ot només va reconèixer els coloms. Li van fer molta pena. I més encara quan el senyor Alcocebre els va dir que eren coloms missatgers, que ja feia temps que no es feien servir i que, per tant, ja feia temps que no sortien d'allà:

—Els tenim engabiats des de fa anys —els va informar—. És probable que ni es recordin de volar. Són el testimoni d'una altra època.

Aquella mateixa nit, en arribar a casa, l'Ot s'havia decidit a enviar un d'aquells coloms a la Gabriela amb un missatge d'amor lligat al cilindre* metàl·lic que duien a la pota. Va trucar a en Francesc perquè l'ajudés a obrir el pati del senyor Alcocebre. Hi van anar durant la matinada. L'Ot portava el missatge escrit en un dels paperets vegetals que feia servir en Max per a fer-se les xuletes. Volien alliberar-ne només un o dos, però quan van obrir la gàbia no van poder evitar fer volar coloms en excés. La gàbia va quedar buida. El pitjor de tot va ser que, l'endemà, qui havia rebut per error el missatge de l'Ot va ser la Berta, que el va ensenyar a la Gabriela, que, ofesa i a pesar de les explicacions de l'Ot, li va dir que tallava amb ell per sempre.

* Què significa l'adjectiu *obvi*? I l'adverbi *òbviament*?

Per què els coloms "són testimoni d'una altra època"?

* Què és un cilindre?

Què hi van anar a fer, l'Ot i en Francesc, al pati de les gàbies? Hi van anar amb el permís del senyor Alcocebre o hi van anar d'amagat?

Per què es va ofendre tant la Gabriela?

* Què és un exprés?

L'EXPRÉS*

Pere Calders

Ningú no volia dir-li a quina hora passaria el tren.
El veien tan carregat de maletes, que els feia pena explicar-li que allí no hi havia hagut mai ni vies ni estació.

Investiga

sobre els autors i fes-ne la fitxa!

- Lloc i any de naixement i, si és el cas, lloc i any de la seva mort.
- Títols de reculls de contes que hagin escrit.
- Premis o reconeixements que han obtingut.

COMPRENSIÓ

1 ●●○ Respon les preguntes següents sobre La recepta:

a Quina característica tenien els microrelats que havia d'escriure la protagonista?

b Per què escriure'ls li resultava més complicat del que era habitual?

c Quins ingredients tenia la recepta que l'amiga va recomanar a l'escriptora? Amb quina finalitat la hi va recomanar? L'autora la va arribar a preparar? Per què?

2 ●●○ Tria l'opció correcta en cada cas:

Una paraula o expressió té un "sentit literal" si...

a ...és usada amb el seu sentit propi, exacte.

b ...s'allunya del seu significat propi i n'adquireix un de nou.

c ...no té sentit.

Quines d'aquestes frases tenen un sentit figurat, és a dir, no tenen un sentit literal?

a Aquesta bleda assolellada somica per no res!

b Té el cap ple de pardals; diu que es farà famós amb dos dies.

c Aquest pardalet deu haver caigut del niu.

d Menjarem bledes amb patates i carn arrebossada.

Ara, torna a llegir la pregunta amb què acaba el primer microrelat i digues si l'escriptora fa servir les paraules esprémer i cervell amb un sentit literal o figurat. Després, contesta:

- Quina diries que és la gràcia o l'enginy d'aquest microrelat?

3 ●●○ Indica quina de les frases següents resumeix millor el contingut de La recepta:

a ☐ Una escriptora no troba la inspiració suficient per a escriure cent microrelats.

b ☐ Escriure cent microrelats no és gaire difícil.

c ☐ L'ajut d'una amiga permet a una escriptora que tenia una crisi creativa continuar escrivint microrelats.

d ☐ L'amor és un problema quan s'han d'escriure microrelats.

4 ●●○ Ordena aquestes frases segons l'ordre en què tenen lloc els fets del microrelat Missatges:

a ☐ L'Ot es proposa de fer arribar un missatge d'amor a la Gabriela.

b ☐ El protagonista visita un lloc ple de gàbies d'ocells.

c ☐ El missatge arriba a la persona equivocada

d ☐ Durant la classe de ciències, l'Ot té una gran idea.

5 ●○○ **Indica si les afirmacions següents sobre el microrelat *Missatges* són certes o falses:**

a ☐ L'amor veritable de l'Ot és la Berta.

b ☐ L'Ot va visitar el colomar per primer cop durant una classe de naturals.

c ☐ A les gàbies hi havia altres ocells a més dels coloms.

d ☐ L'Ot portava el missatge d'amor escrit en una xuleta.

e ☐ La Gabriela no va acceptar les explicacions de l'Ot.

6 ●●● **Explica el sentit del títol del conte de Jaume Cabré. Per a fer-ho, tingues en compte les respostes que donis a les preguntes següents:**

a Qui va fer la volta al món "per primer cop en la seva vida"?

b Amb què és comparat, indirectament, l'acte de pujar a uns cavallets?

c Què diries que significa "ser més persona"? Tria la resposta correcta:

- Enriquir-se guanyant experiència, aprenent, gaudint.
- Fer-se gran, créixer en alçada.
- Deixar de ser un nen.

d Les persones, quan viatgem, som "més persones"? Per què? Per què és "més persona" el nen del conte?

7 ●●○ **Digues quina d'aquestes frases explica millor el sentit del microrelat *L'exprés*. Raona la teva elecció:**

a Les persones sovint exagerem les coses expressament.

b Les persones sovint podem ser dolentes i enganyar les persones que ens envolten.

c Les persones, de vegades, no gosem desenganyar algú, treure'l del seu error.

8 ●●○ **Explica per escrit quin dels microrelats que has llegit t'ha agradat més i per què.**

9 ●●● **Llegeix altres microrelats de Flavia Company. En trobaràs més en el llibre i en la pàgina web següents:**

- *No em ratllis. 91 microrelats*, d'Editorial Cruïlla.
- www.llegircruilla.cat/2013/05/no-em-ratllis/

Ara, pensa una frase feta i escriu un conte curt o microrelat fent servir aquesta frase feta en sentit literal.

CERT O FALS?

☐ Un microrelat pot tenir una extensió il·limitada.

☐ Es pot escriure un microrelat de qualsevol tema.

☐ Els microrelats i les novel·les són textos narratius.

1

Quina paraula del principi del primer microrelat pot ser tant un substantiu com un determinant?

2

Quina locució prepositiva del final del tercer microrelat és sinònima de *malgrat*?

3

Quin substantiu del darrer microrelat té la mateixa forma que un adverbi de manera que significa "expressament"?

ANÀLISI

10 ●○○ **Digues quines de les afirmacions següents poden aplicar-se als contes que has llegit:**

- a ▢ Tenen un principi, un nus i un desenllaç.
- b ▢ Tenen un desenllaç obert.
- c ▢ Expliquen una història amb la mínima quantitat de paraules possible.
- d ▢ El títol no té importància.
- e ▢ Són incomprensibles.

11 ●●○ **Indica on comencen i on acaben el principi, el nus i el desenllaç dels microrelats La recepta i Missatges.**

Ara, escriu un desenllaç diferent per a cada un dels microrelats anteriors.

- Hi ha d'aparèixer la frase feta que els encapçala.

ESTUDI DE LA LLENGUA

12 ●●○ **Explica el significat de les frases fetes següents i escriu una frase amb cada una en què en quedi clar el significat:**

- a trencar el gel
- b sentir ploure
- c tallar el bacallà
- d aixecar la camisa
- e enfilar-se per les parets
- f estirar les orelles
- g partir peres
- h estar amb l'aigua al coll

13 ●●○ **Busca en el conte La recepta un exemple de cada un dels temps verbals següents:**

- ✓ present d'indicatiu
- ✓ passat perifràstic d'indicatiu
- ✓ plusquamperfet d'indicatiu
- ✓ imperfet d'indicatiu
- ✓ perfet d'indicatiu
- ✓ present de subjuntiu

14 ●●○ **Passa a present d'indicatiu el segon paràgraf del conte Missatges.**

15 ●●○ **Identifica els sintagmes nominals (SN) del darrer paràgraf del conte Missatges i copia'ls en una taula com aquesta:**

DETERMINANT	NUCLI	COMPLEMENT DEL NOM (adjectiu)	COMPLEMENT DEL NOM (sintagma preposicional)
Aquella	nit	mateixa	—

Un microrelat és una història contada amb la quantitat mínima de paraules.

El prefix micro-, que ve del grec, significa "petit" i la paraula microrelat dona nom a un gènere que els últims anys ha assolit un lloc destacat en el món de la literatura. El microrelat és un relat molt breu, un conte reduït a la mínima expressió.

Característiques

El **microrelat** es caracteritza pels trets següents:

- L'estructura narrativa en tres parts, pròpia d'un text narratiu: **plantejament**, **nus** i **desenllaç**.
- La seva reduïda **extensió**: com a mínim ha de ser d'una paraula (a més a més del títol) i com a màxim pot abastar, segons els estudiosos, des d'una trentena de línies fins a dues o tres pàgines.
- La **importància del títol**, que sovint dona la clau per a entendre la història.

Diferències amb altres formes narratives breus

El microrelat té diversos punts en comú amb altres formes breus de la narrativa, però també té elements que el diferencien:

- En comparació de les faules, no és obligatori que el microrelat tingui com a protagonistes animals o plantes que parlen ni tampoc que tingui una intenció didàctica.
- A diferència dels aforismes, el microrelat no pretén presentar-se com una veritat absoluta.
- A diferència de les notícies breus dels diaris, l'objectiu del microrelat no és informar.
- En comparació dels acudits, els microrelats no necessàriament pretenen fer gràcia (tot i que sovint en fan).

L'acudit

Un acudit és un joc de paraules o narració curta d'intenció humorística que sol incloure diàlegs. Sovint, els equívocs i la gràcia de molts acudits es basen en l'ús d'una paraula que apareix en un **context** que no és l'habitual o l'adequat mitjançant recursos lingüístics com els següents:

- La **polisèmia** o propietat semàntica per la qual un mot té més d'un significat o accepció. Per exemple: l'*ull* o òrgan de la visió i l'*ull* d'una agulla.
- L'**homonímia** o coincidència entre dos mots formalment idèntics que es pronuncien igual però que tenen un significat diferent: el verb *dur* i l'adjectiu *dur*; la *bala* de palla i la *bala* d'una arma de foc.

Hi ha dos tipus d'homònims: els **homògrafs**, que són mots que s'escriuen igual però que es pronuncien diferent —*moc* (mucositat) i *moc* (del verb *moure*)—, i els **homòfons**, que es pronuncien igual però que s'escriuen diferent —*vena* (vas sanguini) i *bena* (tira de roba).

Per a diferenciar una paraula polisèmica d'una paraula homònima, cal consultar el diccionari. Els diferents significats de les paraules polisèmiques estan recollits en una sola entrada del diccionari, mentre que els de les paraules homònimes tenen entrades diferents.

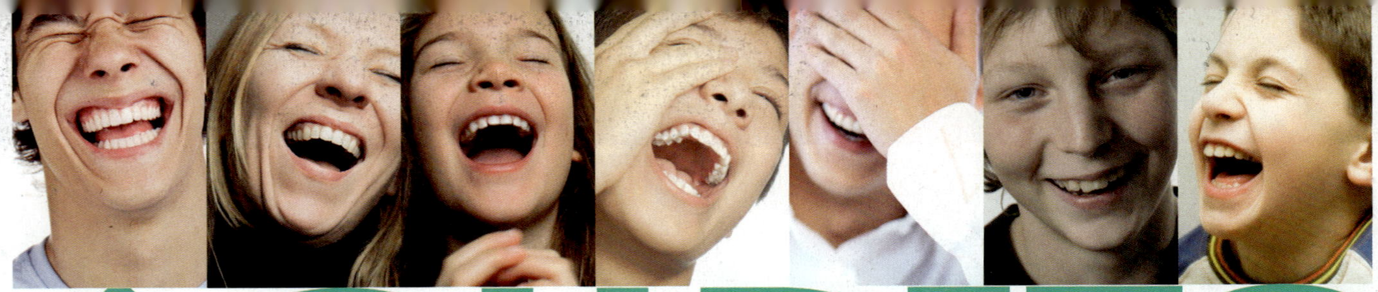

ACUDITS

a

A l'aula d'informàtica, el professor pregunta al Marc:

—Quina contrasenya hi has posat?

—No la puc dir —contesta el Marc—, és secreta.

—D'acord —diu el professor—, però almenys digue'm quantes lletres té.

I el nen contesta:

—Quantes lletres té "transformació"?

b

Abans de sortir al pati, el professor reparteix les notes d'un examen.

—Pere, un 10; Joan, un 6; Àlex, un 0.

—Escolti, mestre —es queixa l'Àlex—, per què m'ha posat un zero?

—Perquè has copiat l'examen del Joan.

—I com ho sap?

—Perquè a l'última pregunta el Joan ha escrit "Aquesta no la sé" i tu has escrit "Jo, tampoc".

c

La Laura pregunta a la professora:

—Senyoreta, és veritat que no ens pot castigar per una cosa que no hem fet?

—És clar que no —contesta la mestra.

I la Laura diu:

—Perfecte, perquè no he fet els deures.

d

La mestra pregunta a un alumne:

—Per què has deixat l'examen en blanc? Les preguntes eren molt fàcils...

I l'alumne contesta:

—Les preguntes sí, però les respostes no.

e

El professor de física pregunta a un alumne:

—Pere, digue'm el principi d'Arquimedes.

I l'alumne contesta:

—Doncs... la *a*!

f

Què fa un boig gatejant pel supermercat?

—Buscar preus baixos!

g

Què diu una pedra a una altra?

—La vida és dura...

h

—Al meu net li han posat ulleres.

—Punyeta, quin nom més lleig!

i

Diu que són un català i un anglès que estan parlant. Van parlant i parlant i l'anglès diu al català:

—Escolta: els catalans, quan parleu, sembla que trenqueu nous.

I el català li contesta:

—No ho crec.

j

—Doctor, doctor, que vaig de part!

—De part de qui?

k

—Saps quina és la satisfacció més gran d'un periodista?

—No ho sé. Quina?

—Tenir un fill diari!

[Quatre primers acudits: PAU LÓPEZ, ÀLEX CLUA, *Superacudits*. Penguin Random House]

Pautes d'anàlisi
d'un acudit

FIXA'T EN els aspectes següents:

- Si l'acudit és llarg o curt.
- Si hi predomina la narració, la descripció o el diàleg.
- Si hi ha intervencions d'un narrador i si estan intercalades en els diàlegs dels personatges.
  - Es tracta d'un narrador intern o extern?

FIXA'T EN el llenguatge:

- Si les frases són curtes o llargues.
- Els signes de puntuació utilitzats.
  - Què indica cada un d'aquests signes de puntuació?
- Si hi ha vulgarismes i col·loquialismes o si el llenguatge és culte i/o acurat.

FIXA'T, finalment, on rau la gràcia de l'acudit o en quin recurs o propietat lingüística es basa:

- En la manera de ser del personatge:
  - La seva ingenuïtat, simplicitat o ximpleria.
  - La seva astúcia o murrieria o la seva capacitat d'enginy.
- En l'ús d'una paraula polisèmica.
- En l'ús d'una paraula homònima.
- En l'ús d'una paraula homòfona.
- En alguna altra qüestió.

1 ••○ Torna a llegir l'acudit J i busca la paraula part en el diccionari. Després, contesta:

a Què significa l'expressió *anar de part*? A quina categoria gramatical pertany el mot *part* d'aquesta expressió?

b Què vol dir la locució preposicional *de part de*?

c L'expressió *anar de part* i la locució *de part de* pertanyen a la mateixa entrada del diccionari o a dues entrades diferents?

d En què es basa, doncs, la gràcia de l'acudit *J*?

– En l'ús d'una paraula polisèmica.

– En l'ús d'una paraula homònima.

Llegeix ara l'acudit E i contesta aquestes altres preguntes amb l'ajut d'un diccionari:

a Quin significat té la paraula *principi* segons el personatge del professor? Quin significat li atribueix l'alumne?

b La paraula *principi* és polisèmica o homònima? Per què?

Finalment, digues quins altres acudits basen la seva comicitat en l'ús d'un mot polisèmic.

- Quin és aquest mot, en cada cas?

2 ••○ Proposa un títol adequat per a cada un dels acudits.

3 ••○ Indica quines característiques pròpies del microrelat poden aplicar-se als acudits.

4 ••• Recorda què són les paraules homòfones.

- Se t'acut cap acudit que es basi en l'ús d'una paraula homòfona? Explica'l als teus companys.

5 ••• Tria tres dels acudits que has llegit i analitza'ls segons les pautes d'anàlisi.

Planifica i prepara

Planifica un microrelat que tingui les característiques següents:

DE QUÈ TRACTA?	QUÈ PASSA?	A QUI LI PASSA?
EL TEMA	L'ARGUMENT	ELS PERSONATGES
Lliure.	Lliure.	Només n'hi ha d'haver dos.

ON PASSA?	QUAN PASSA?	
EL LLOC	EL TEMPS HISTÒRIC	EL TEMPS DE LA NARRACIÓ
El centre on estudies.	L'actual (avui dia).	Els fets han de transcórrer en una hora.

QUI EXPLICA EL QUE PASSA?	
EL NARRADOR EXTERN	EL NARRADOR INTERN
El narrador no participa en els fets i els explica des de fora, en tercera persona.	El narrador és un personatge que participa en la història.

- **Prepara un esquema del teu microrelat segons el quadre anterior.**
- **Recorda que l'estructura dels textos narratius es divideix en:**
  - **Principi** o **plantejament**, en què es dona a conèixer el personatge protagonista o els personatges principals, la situació i el lloc o l'ambient.
  - **Nus**, en què es presenta un conflicte o una situació que s'ha de resoldre.
  - **Desenllaç**, en què es resol el conflicte o la situació plantejada.
- **Llegeix més microrelats per a familiaritzar-t'hi.**
  - En trobaràs en la pàgina web següent: www.llegircruilla.cat/2015/05/els-premiats-del-concurs-de-microrelats-no-em-ratllis-2015/
- **Tingues en compte aquestes altres qüestions:**

A El to del teu microrelat pot ser informal, però el llenguatge ha de ser formal i acurat.

B L'extensió ha de ser d'unes 10 línies.

Escriu i revisa

Escriu el microrelat segons les característiques indicades en la pàgina anterior:

1 Prepara'n un esborrany:

A El **principi** pot ser constituït per unes paraules, una línia o un paràgraf curt.

- Escriu-lo de manera que al lector li quedi clar qui és el protagonista i pugui deduir on se situen els fets, sense fer grans explicacions ni descripcions.

B En el **nus**, s'hi desenvolupa la situació que s'ha de resoldre.

C Explica o "tanca" el conflicte plantejat en el **principi**.

- El **desenllaç** té molta importància, i pot causar sorpresa o produir un impacte en el lector.

2 Pensa un títol adequat.

- El títol d'un microrelat és molt important i, sovint, és la clau per a entendre'n el sentit o dona pistes sobre el desenllaç.

3 Passa en net l'esborrany i poleix el que has escrit:

- Elimina explicacions innecessàries.
- Assegura't que has fet servir els connectors adequats per a relacionar correctament paràgrafs i/o idees.

Revisa el teu microrelat segons el que has après en la pàgina 49.

— **Assegura't que no has fet faltes d'ortografia i que el text està ben puntuat i cohesionat.**

— **Hi ha cap diàleg? L'has escrit correctament?**

El repte

Publiqueu els millors microrelats en la revista, el blog o la pàgina web del vostre centre!

1 Llegiu tots els microrelats.

2 Escolliu els tres millors segons aquests criteris:

- La qualitat narrativa.
- L'originalitat i la creativitat.
- La correcció ortogràfica i gramatical.
- L'impacte que produeix el final en el lector.

3 Argumenteu oralment la vostra elecció.

+ Propostes

Us atreviu a escriure un microrelat que tingui un dels títols que hi ha a continuació?

— **Què us suggereixen aquests títols?**

- Qüestió de melons
- Ecs!
- Roses roges
- Un altre món

ORTOGRAFIA El vocalisme

1 Els sons vocàlics tònics i àtons

La llengua catalana presenta dos grups de vocals: les que apareixen en síl·laba tònica i les que apareixen en síl·laba àtona. Excepte el balear, que en té vuit, el grup de les **vocals tòniques** consta de set sons: m**à** [a], **è**xit [ɛ], b**é** [e], **i**lla [i], tr**o**s [ɔ], t**o**s [o], p**u**ça [u]. En canvi, el grup de les **vocals àtones** és més reduït:

- Els parlars occidentals tenen cinc sons: [a], [e], [i], [o], [u].
- Els parlars orientals tenen tres sons, [ə], [i], [u], ja que les vocals **a** i **e** es pronuncien amb un mateix so, anomenat **vocal neutra** ([ə]), que és un so intermedi entre la **a** i la **e**, i tota **o** àtona sona [u].

Per saber si la vocal neutra s'escriu amb **a** o amb **e**, cal aplicar les normes ortogràfiques que hi ha a continuació.

a/e àtones a final de mot

- Els noms i els adjectius singulars s'escriuen amb **-e** si són masculins (*home*) i amb **-a** si són femenins (*dona*).
- El plural dels noms i els adjectius masculins i femenins s'escriu amb **-es** (*homes*, *dones*). Sovint, la formació del plural origina canvis ortogràfics: *placa*, *plaques*; *platja*, *platges*; *puça*, *puces*; alga, *algues*; *aigua*, *aigües*.
- Les formes verbals s'escriuen amb **-a** (*menja*). Si la vocal neutra és la penúltima lletra, s'escriu amb **e** (*menges*).

Excepcions:

- Els noms masculins acabats en **-a** (*nòmada*, *dia*...) o en **-arca**, **-cida**, **-ista**, **-ma**, **-ta** (*monarca*, *homicida*, *dentista*, *drama*, *poeta*).
- Els noms femenins acabats en **-e**: *mare*, *piràmide*, *fase*, *imatge*...
- Els noms i els adjectius acabats en **-aire**, **-ble**, **-me**, **-ne**, **-re**: *cantaire*, *amable*, *enorme*, *solemne*, *lliure*.
- Les formes verbals *corre*, *vine*, *obre*, *omple*.
- Els infinitius acabats en **-re**: *perdre*, *admetre*.

a/e àtones enmig de mot

- Els noms i els adjectius s'escriuen amb **a** quan en un mot de la mateixa família hi ha una **a** tònica (*masia*, de *mas*) i s'escriuen amb **e** quan hi ha una **e** tònica (*verdós*, de *verd*).
- Les formes verbals s'escriuen amb **a** o amb **e** segons la vocal tònica que hi ha en la primera persona del singular del present d'indicatiu: *salto* ▸ *saltaré*, *saltàvem*; *perdo* ▸ *perdré*, *perdria*.

Excepcions:

- Les formes verbals de *jeure*, *néixer*, *péixer* i *treure* s'escriuen amb **a** quan la vocal de l'arrel és àtona: *traiem, trauràs; jaiem, jagué; naixia*...

---

1 ●○○ Assenyala la síl·laba tònica i les vocals àtones de cada mot:

màquina · begudes · conservar
objectiu · declaració · comarca
reserva · natural · compatible

2 ●●○ Digues si la vocal tònica d'aquests mots és una **e** oberta o una **e** tancada:

té · següents · aquests · Pere
sistemes · potència · prec
comprés · comprès · gel

3 ●●○ Digues si la vocal tònica d'aquests mots és una **o** oberta o una **o** tancada:

aiguamoll · doble · ordre
pescador · econòmic · són
roses · troba · pròxim · to

4 ●●○ Assenyala les vocals neutres de les paraules següents:

natural · superfície · declaració
feinada · pesar · casalot
pomada · mensual · tramuntana

5 ●○○ Llegeix aquests mots i fixa't en la manera com es pronuncia la **o** en posició àtona:

vocàlic · sorrenc · costaner
desembocar · recollir · porto
anomenar · falsos · flonjo

o/u àtones a final de mot

Per saber si el so de [u] a final de mot s'escriu amb **o** o **u**, cal aplicar les normes ortogràfiques següents:

- Els noms i els adjectius en singular s'escriuen amb **-o** (*pins**o***, *flonj**o***) i els noms i els adjectius en plural s'escriuen amb **-os** (*pins**os***, *flonj**os***).
- Les formes verbals de la primera persona del singular del present d'indicatiu s'escriuen amb **-o** (*cant**o***, *corr**o***, *reb**o***, *dorm**o***).

Excepcions:

- Els mots que acaben en **-us** (*glob**us***, *cact**us***, *tip**us***, *vir**us***) i altres com *ambig**u***, *contin**u***, *rit**u***, *individ**u***, *trofe**u***, *corre**u***.

o/u àtones enmig de mot

Per a saber si el so de [u] enmig de mot s'escriu amb **o** o **u**, cal aplicar les normes ortogràfiques següents:

- Els noms i els adjectius s'escriuen amb **o** quan en un mot de la mateixa família hi ha una **o** tònica (*p**o**lar*, de *p**o**l*) i s'escriuen amb **u** quan hi ha una **u** tònica (*f**u**llet*, de *f**u**ll*).
- Les formes verbals s'escriuen amb **o** o amb **u** segons la vocal tònica que hi ha en la primera persona del singular del present d'indicatiu: *pl**o**ro* ▸ *pl**o**rava*.

Excepcions:

- Les formes verbals de *collir*, *cosir*, *escopir*, *sortir* i *tossir* s'escriuen amb **o** quan la vocal de l'arrel és àtona (*c**o**llia*) i s'escriuen amb **u** quan és tònica (*c**u**llo*).
- Les formes verbals de *poder* i *voler* s'escriuen amb **o**, excepte la primera persona del singular del present d'indicatiu, el present de subjuntiu i l'imperatiu: *v**u**ll*, *v**u**lgui*, *p**u**guem*.
- Els anomenats pseudoderivats: *d**u**plicat*, *b**u**cal*, *d**u**lcificar*, *j**u**venil*, *m**u**cosa*, *m**u**ndial*, *c**u**rvilini*, *v**u**lcanisme*.

Recorda

- En el **català oriental**, el vocalisme àton presenta tres vocals ([ə], [i], [u]) i el vocalisme tònic, set ([a], [ɛ], [e], [i], [ɔ], [o], [u]).
- En el **català occidental**, tant el vocalisme àton com el tònic presenten cinc vocals: [a], [e], [i], [o], [u].

6 ●●○ **Completa aquests mots amb a o amb e i fes-ne el plural:**

butxac■	poem■
gèner■	himn■
cadir■	calvíci■
carpet■	sucr■

7 ●●○ **Digues si la vocal que falta en els mots de les sèries és tònica o àtona. Després, completa cada mot amb a o e:**

a p■u · p■uàs · peuet
b s■c · s■quet · s■car
c m■s · m■sada · m■nsual
d m■s · m■sia · m■sover

8 ●●○ **Completa amb o o amb u els mots següents i fes el plural dels que estiguin en singular:**

moss■	caca■
cald■	morr■
trib■	peix■s
quil■	individ■s
text■s	ferr■

9 ●●○ **Digues si la vocal que falta en els mots de les sèries següents és tònica o àtona. Després, completa cada mot amb o o amb u:**

a f■rn · f■rner · enf■rnar
b cal■r · cal■rós · cal■reta
c pl■ja · pl■jós · pl■gim

+ Activitats | TREBALLA LES COMPETÈNCIES BÀSIQUES

ANALITZA

1 ●●○ **Llegeix aquest poema en veu alta pronunciant-ne les lletres destacades de forma adequada:**

NO VIRTUAL

T**i**nc per **a**mic un n**o**i de carn i ossos,
no virtual,
un amic de d**e**bò
que xuta i encist**e**lla i neda i c**o**rre
com el mill**o**r.
C**a**da dissabte s**o**rtim amb la bic**i**
i sempr**e** em guanya, ped**a**lejant:
jo l'escrid**a**sso: —Tu, poca-solta!
No corris tant!
Ell diu, fent befa del meu desf**i**ci:
—Ets un cagu**e**ta!
Però se'n b**u**rla n**o**més per j**o**c
i fuig: jo crid**o**; ens f**e**m escarn**i**s...
I no s'enfad**a**,
ni jo tamp**o**c.

JOANA RASPALL

Ara, classifica les paraules que tenen una vocal destacada en taules com les següents segons el so que correspongui a cada lletra:

SONS VOCÀLICS TÒNICS						
[a]	[ɛ]	[e]	[i]	[ɔ]	[o]	[u]

SONS VOCÀLICS ÀTONS		
[ə]	[i]	[u]

2 ●●○ **Assenyala les vocals neutres dels mots següents, si en el teu parlar pronuncieu el so de vocal neutra:**

calefacció	rosa	abril
ambaixada	vida	dinosaure
coloraina	mesura	dolça
cafè	medicar	aurora
preguntaré	gregues	empedrat

3 ●●○ **Explica per què els sons vocàlics tònics no presenten problemes ortogràfics i per què sí que en presenten els sons vocàlics àtons [ə] i [u].**

- Digues també amb quines lletres es pot escriure cada un d'aquests dos sons àtons.

4 ●●○ **Completa els mots següents amb la vocal adequada i escriu-ne el primitiu:**

f▢steria	m▢cador
s▢ler	p▢üc
r▢ser	canç▢ner
p▢lleter	env▢jós
ass▢car	ll▢tosa
c▢pejar	t▢rner

5 ●●○ **Completa les formes verbals d'aquestes sèries i afegeix-ne dues més a cada una:**

a c▢siré · c▢so · c▢s · ▢ · ▢
b t▢ssiu · t▢ssirem · t▢s · ▢ · ▢
c esc▢pir · esc▢p · esc▢piríem · ▢ · ▢
d d▢rmirem · d▢rmen · d▢rm · ▢ · ▢
e t▢rnaríem · t▢rnes · t▢rnaran · ▢ · ▢
f c▢llirà · c▢llen · c▢lliríem · ▢ · ▢

Ara, digues quins verbs segueixen la norma general sobre l'escriptura del so de [u] i quins són excepcions.

APLICA

6 ●●○ Completa les oracions següents amb a, e o amb o, u tenint en compte les normes generals de les vocals àtones:

a L'artista va pintar un quadr_ abstract_.

b Us enviaran el trofe_ per corre_.

c Només ha fet un act_ correct_.

d A tots ens ha agradat la seva conduct_ dign_.

e Un individ_ s'estigué força estona al porx_ de l'entrada.

f Dóna'm un altr_ cov_, que en aquest ja no hi cap més roba.

g Els espeleòlegs han inspeccionat una altr_ cov_.

h L'air_ de les platg_s és benign_ per a la salut.

i Toc_ molt bé el pian_.

7 ●●○ Copia les formes verbals d'aquestes frases amb la vocal adequada. Tingues en compte les excepcions:

a Ha n_scut el fill de la Carla.

b Qui no corr_ vola.

c No tr_gueu el cap per la finestra del tren.

d Mentre no esc_piu, feu el que v_lgueu.

e Es va passar les vacances aj_gut a l'hamaca.

8 ●●○ Forma el singular o el plural, segons correspongui, dels mots destacats de les oracions següents:

a Agafa el **paraigua** de butxaca.

b Veniu i obriu les **finestres**.

c Té un **desig continu** de menjar un **dolç**.

d Li va regalar un **disc** perquè era al llit per culpa d'un **virus**.

e Quina **taronja** més **dolça**!

f S'**apuja** l'**impost** que més afecta la classe treballadora.

g Aquells **atletes** són uns **entusiastes** d'aquests tipus de **curses**.

CONSULTA

9 ●●● Completa les paraules següents. Consulta el diccionari per a assegurar-te que les escrius correctament:

af_itar	ass_ssí	_valuar
av_ntatge	av_ria	d_vant
d_vall	r_ncor	ass_mblea
disfr_ssar	m_ravella	mon_stir
m_l_nconia	respl_ndor	v_rnís

Ara, busca en un diccionari català-castellà la traducció castellana de cada un dels mots anteriors i explica què observes.

PREPARA

10 ●●○ Llegeix bé aquest text i fes les activitats que hi ha a continuació abans que te'l dictin:

DICTAT

Aquesta és la història extraordinària d'un home extraordinari, l'heroi de moltes cares i molts recursos, el guerrer i navegant que va fer mil viatges reals o fabulosos, mentre l'esposa fidel i el fill poc més que adolescent l'esperaven a casa sense saber si era viu o era mort. [...] És una història humaníssima (qui sap si és sobretot una novel·la d'amor i d'aventures), però el seu curs i el seu desenllaç depenen sobretot dels déus, tal com ha de quedar clar des dels inicis, des del primer cant o capítol. Només ells, allà dalt de l'Olimp, coneixen i filen el destí dels humans i saben qui mereixerà, al final, càstig o recompensa.

HOMER, *Odissea*. Proa

a Troba en el text tres paraules que tinguin una vocal neutra i tres que tinguin una *o* que sona [u].

b Identifica en el text paraules en plural que acabin en vocal neutra + s i fes-ne el singular.

c Escriu un derivat dels mots *mort*, *home*, *amor*, *cant*, *final* i *clar*.

+ Activitats | TREBALLA LES COMPETÈNCIES BÀSIQUES

LLEGEIX

EL MEU NAIXEMENT

Estic humit, calentet i en un ambient fosc, però em sento bé. Em desperto i començo a donar alguna puntada de peu, només perquè aquella que em porta recordi que segueixo aquí. A poc a poc, em vaig capgirant, estic inquiet, neguitós... Vull sortir a veure què hi ha fora d'aquest lloc on soc. De sobte, noto que el líquid que m'envoltava s'escola per una escletxa i començo a sentir gent que parla i sotracs i presses i nerviosisme.

La que em porta, la mare, s'asseu, però no és una cadira qualsevol. Sento que hi ha moviment, hi ha alguna cosa que m'empeny enrere. Continuo capficat per la idea de sortir d'aquell lloc, veure on soc i com és la meva mare. Cada pocs segons ho vaig intentant. Fora, es van sentint esbufecs i comentaris de gent que desconec entre anuncis de "Propera parada Verdaguer" i "Propera parada Sagrada Família".

Em faig el fort i empenyo encara més. Aquesta vegada és la definitiva. Ja hi soc. Sento crits, fred, el contacte amb superfícies estranyes... No m'agrada la sensació, vull tornar enrere, al lloc on era abans, i començo a plorar perquè no puc.

Finalment obro una mica els ulls i entre ombres, llums i llàgrimes, entreveient algunes formes, identifico la meva mare. M'abraça. Ja estic millor. Sentim "Propera parada Sant Pau Dos de Maig" i la mare comença a aixecar-se amb esforços, ajudada per gent amb qui compartíem vagó al metro. Sortim. Camina i em porta en braços fins a un edifici. Allà, em tallen la connexió amb la mare, però em cuiden i em netegen.

Ja he nascut! I d'una manera peculiar... Ja tinc una història per a explicar quan sigui gran.

SAROTIS, relat finalista del Concurs de Relats Curts Online de TMB. Edició 2014.

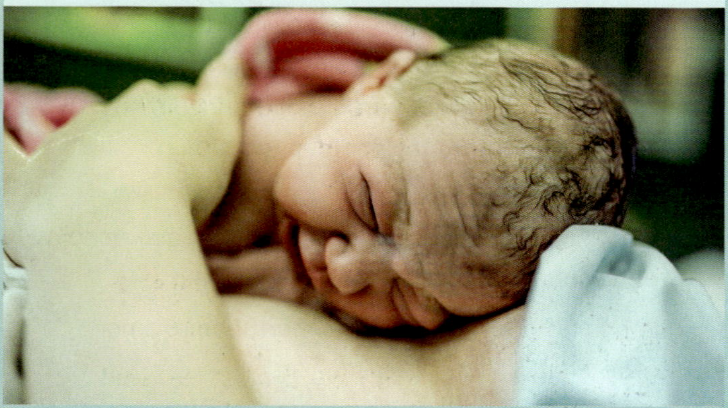

COMPRÈN

1 ●●○ Respon aquestes preguntes:

a Qui és el protagonista? I el narrador?

b A què fan referència els sintagmes entre cometes?

c La cadira on s'asseu la mare, per què no és una cadira "qualsevol"? On és la mare?

d Per què hi ha "presses i nerviosisme"?

e A quin tipus d'"edifici" porten el protagonista? Què li fan allà?

Ara, explica el sentit d'aquestes dues frases del text:

a De sobte, noto que el líquid que m'envoltava s'escola per una escletxa i començo a sentir gent que parla i sotracs i presses i nerviosisme.

b Allà, em tallen la connexió amb la mare, però em cuiden i em netegen.

2 ●●○ Torna a llegir les frases finals del conte i contesta:

- Quina història explicarà el narrador "quan sigui gran"?

3 ●○○ Escriu un títol que pugui substituir el del conte que has llegit. Després, proposa'n un altre que no ofereixi al lector cap pista sobre el contingut del text i que també sigui adequat.

4 ●○○ Escriu una frase amb cada un d'aquests substantius i adjectius de la lectura en què en quedi ben clar el significat:

puntada · inquiet · neguitós
sotrac · capficat · peculiar

Ara, fes el mateix amb aquests verbs del text:

capgirar · empènyer · escolar-se · entreveure

ANALITZA

5 ●●○ Digues quin és l'únic verb en forma personal del primer paràgraf del text que no està en present (d'indicatiu o de subjuntiu).

- En quin temps està aquest verb? Justifica breument per què el narrador fa servir aquest temps verbal.

6 ●●○ Indica on comencen i on acaben el principi, el nus i el desenllaç del text que has llegit. Després, contesta:

- Es pot considerar un microrelat aquest text? Justifica la resposta.

7 ●●○ Explica de manera raonada si el text anterior t'ha agradat.

8 ●●○ Escriu l'infinitiu d'aquestes formes verbals del text:

segueixo • desconec • començo • abraça
netegen • nascut • vaig • soc

9 ●●○ Digues quina d'aquestes oracions del text és impersonal. Justifica la teva resposta:

a Estic humit, calentet.

b Em faig el fort.

c Finalment obro una mica els ulls.

d Hi ha alguna cosa que m'empeny enrere.

e Ja tinc una història per a explicar.

Ara, digues quin nom rep el subjecte de les altres quatre oracions.

10 ●●○ Explica per què porten accent o per què no en porten els mots següents de la lectura. Després, resol l'activitat que hi ha a continuació:

bé • escletxa • vagó • líquid
empeny • anuncis • estic

- Identifica els dos únics mots esdrúixols del text.

INVESTIGA

11 ●●○ Contesta aquestes preguntes sobre la línia de metro de Barcelona a què pertanyen les estacions que s'anomenen en el text:

- Quin número li correspon?
- Amb quin color és coneguda popularment?

12 ●●● En grups, busqueu informació sobre la persona, els edificis i els esdeveniments a què fan referència els noms de les parades del metro:

Jacint Verdaguer

La Sagrada Família

L'Hospital de Sant Pau

Els fets del Dos de Maig de 1808

Després, individualment, tria un dels temes anteriors i redacta un text expositiu.

APLICA

13 ●●○ Escriu un relat curt en primera persona que expliqui la mateixa història que has llegit, però des del punt de vista d'un altre personatge: el de la mare o el d'un passatger del metro que ajuda la mare durant el part.

JA HAS ACABAT?
Avalua't amb el test del quadern interactiu.

4.

ÉS QÜESTIÓ DE DIÀLEG

El text conversacional II

La conversa entre uns aspirants a un lloc de treball et farà adonar que les persones tenim personalitats ben diferents. En aquesta unitat, treballaràs un altre tipus de text conversacional, el qüestionari, crearàs la teva pròpia versió del qüestionari Proust i descobriràs la personalitat que s'amaga en cada una de les persones que el responguin.

EN EL QUADERN INTERACTIU

COMENÇA
Activitat inicial.

POTS FER-HO
Minirepte sobre els continguts de la unitat.

INFORMA'T
Recursos digitals per a treballar els continguts.

PRACTICA
Activitats interactives.

AVALUA'T
Test de la unitat.

Genís El que no entenc és que no ens deixin parlar durant l'examen sobre textos conversacionals.

Pasqual Home..., seria fer trampes! No pots parlar durant un examen!

Andrea Quina bajanada! Un examen sobre gent que parla i no es pot parlar... No m'acaba d'agradar aquesta unitat.

Lluís Doncs a l'últim examen de socials es podria dir que vaig fer història amb el meu 10.

A quin gènere pertany aquesta obra? Justifica la resposta.

Coneixes algú que hagi passat per un procés de selecció abans de començar a treballar? Creus que són necessàries aquestes proves? Per què?

Aquesta obra va tenir un gran èxit. La coneixes o n'has sentit a parlar? Has vist la pel·lícula? Explica-ho.

EL MÈTODE GRÖNHOLM

Jordi Galceran

Quatre aspirants a obtenir un lloc de treball en una empresa multinacional han de passar un procés de selecció poc habitual —el mètode Grönholm— que consisteix en una sèrie de proves en què han de relacionar-se i interactuar per a mostrar les seves capacitats i actituds per a ocupar el lloc de feina vacant.

Enric: [...] El que m'han demanat és que sigueu vosaltres qui prengueu aquesta decisió, que penseu com si fóssiu la meva empresa. Heu de decidir si continuo en el projecte de l'estranger, si m'assigneu una nova línia de treball o si, senzillament, prescindiu de mi, em despatxeu.

Carles: Nosaltres?

Enric: Sí.

Carles: Però és un cas teòric o real?

Enric: Quina diferència hi ha?

Ferran: És que jo, company, encara no tinc clar si tu ets un candidat a la feina o ets d'aquí* o què cony ets.

Mercè: Molt bé. D'acord. Juguem.* Però amb el que ens has explicat no tenim prou elements per decidir res.

Enric: Pregunteu.

Ferran: No entenc res. Aquest sistema de selecció és la polla. Amb perdó.*

Carles: Començo. Per què et va deixar la teva dona?

Enric: No contestaré a això.

Carles: No has dit que preguntem?

Enric: Sí, però contestaré allò que vulgui.

Carles: Si comencem així, malament.

Enric: El motiu pel qual em va deixar no és rellevant.

Carles: A veure... Som nosaltres els qui hem de prendre la decisió, no? Per tant, som nosaltres qui hem de determinar el que és rellevant i el que no ho és.

Enric: Ja us he explicat prou misèries de la meva vida.

Ferran: En això tens raó. La història aquesta de la nena del xat fa pena, maco.

Mercè: Posem-nos en el paper. Jutgem el cas des d'un punt de vista professional.

Carles: Això és el que jo intento, i per això pregunto el que pregunto. Com a directiu de la teva empresa, que és el que soc ara, em sembla que t'he de parlar amb claredat. Si no vols contestar, no contestis, no t'hi puc obligar, però si t'interessa conservar la feina, t'aconsello que siguis mínimament sincer, perquè si no col·labores te'n vas al carrer de pet i m'importa una merda la indemnització que t'hagi de donar. T'ha quedat clar?

Què li han demanat, a l'Enric? Qui et sembla que li ho ha demanat?

*A què creus que es refereix, en Ferran, quan dubta si l'Enric "és d'aquí"?

*Els personatges estan "jugant"? Quin sentit dona a aquest verb la Mercè: fer una juguesca, seguir el joc a algú, participar, jugar brut...?

*Per què en Ferran diu "amb perdó"? Quina altra expressió menys vulgar podria haver fet servir?

FERRAN: Vinga, juguem. Però, de fet, ell te raó. No veig què en traurem, de saber per què el va deixar la dona. Potser se'n va anar amb un altre o estava tipa de viure amb un paio tan insípid o es va lligar un negre... o el que sigui. Ja em diràs tu de què ens servirà saber-ho.

CARLES: A mi sí que em servirà. Vull conèixer les causes de la seva situació personal, perquè aquests conflictes,* segons com evolucionin, tenen una translació directa al rendiment laboral.*

FERRAN: Que bé que parles. Es nota que has estudiat a la privada.

ENRIC: La meva dona va descobrir que havia tingut una... aventura.

FERRAN: Tu?

ENRIC: Sí.

FERRAN: Ara sí que no em crec res.

MERCÈ: És igual si és veritat o no. Hem de treballar amb els elements que ell ens doni.

CARLES: Amb qui vas tenir aquesta aventura?

ENRIC: Amb una comercial de l'empresa.

FERRAN: Per mi no cal que en parlem més. El fotem al carrer i a prendre pel sac.

MERCÈ: No és tan fàcil. Ell és bo. Fins fa poc sempre havia treballat bé. És això, no?

ENRIC: Jo crec que sí.

MERCÈ: Si el fem fora, potser ens costarà Déu i ajuda trobar una persona amb el seu perfil.* No ens hem de precipitar.

FERRAN, *irònic*: Com vostè* vulgui. No ens precipitem.

CARLES: I l'aventura aquesta amb la comercial, què, s'ha acabat o encara dura?

ENRIC: Es va acabar fa mesos.

CARLES: Molt bé. Millor. I la separació de la teva dona, la tens superada o no la tens superada?

ENRIC: No ho sé. Penso molt en ella encara.

FERRAN: Pensa molt en ella... Escolteu, a mi em sap molt de greu que l'amic* s'hagi separat, però, sincerament, per al cas que ens ocupa, tant se me'n fot. Es va embolicar amb una nena de l'empresa, la dona ho va saber i el va plantar. Què hi farem. És la vida. Li va agafar una depressió i va començar a fer l'idiota i a passar de la feina. Ho lamento. Per mi, el motiu pel qual ell passa de la feina me'l passo jo pel folro. El que compta és que aquest pobre s'ha quedat penjat i no ens quedarem aquí perdent calés esperant que baixi de l'arbre. *Finiquito* i a una altra cosa.

MERCÈ: I si li donem unes vacances?

FERRAN: Vacances? [...]

* Què és un conflicte? A quins "conflictes" es refereix en Carles?

* Un treballador que rendeix bé, quin benefici aporta a l'empresa on treballa?

* Què és el "perfil" d'un aspirant a un lloc de treball?

* Els candidats s'han tractat de vostè fins aquest moment? Per què en Ferran s'adreça a la Mercè fent servir aquest tractament ara?

* De quin "amic" parla? Fa servir aquest mot en sentit literal o figurat?

Investiga

sobre l'autor i fes-ne la fitxa!

- Lloc i any de naixement.
- Altres obres que ha escrit.
- Data d'estrena d'*El mètode Grönholm*.
- Llengües a què ha estat traduïda aquesta obra.
- Títol, any de realització i nom del director i dels actors de la versió cinematogràfica.
- Algun aspecte de la vida i/o professió de l'autor que t'hagi cridat l'atenció.

COMPRENSIÓ

1 ••○ Contesta les preguntes següents sobre la lectura:

a En quin "paper" s'han de posar en Carles, en Ferran i la Mercè? Què han de "decidir"?

b Què en pensa, en Ferran, del sistema de selecció a què estan sotmesos?

c L'Enric, quines "misèries" de la seva vida ha explicat als altres aspirants a la feina?

d Per què en Carles opina que conèixer aspectes íntims de la vida personal de l'Enric els ajudarà a decidir el seu futur laboral? Hi està d'acord, en Ferran?

2 ••○ Assenyala les afirmacions sobre la lectura que són certes i explica per què les altres són falses:

a Hi apareixen quatre personatges.

b Un dels aspirants ha de triar quin dels altres pot continuar a la feina.

c El personatge més irònic és en Ferran.

d En Carles és un directiu de l'empresa de l'Enric.

e El personatge que parla d'una manera més vulgar és la Mercè.

f L'Enric va tenir una aventura extramatrimonial.

g L'Enric es resisteix a donar explicacions sobre la seva vida íntima i personal.

h La Mercè és la menys predisposada a fer fora l'Enric.

Ara, contesteu aquesta pregunta entre tots:

- És adequat o important conèixer aspectes de la vida personal d'una persona per a decidir si se li dona o no una feina? Raoneu la resposta.

3 ••• Discutiu què faríeu si estiguéssiu en el lloc de la Mercè, en Carles i en Ferran.

4 ••○ Copia la paraula del text que correspon a cada una de les definicions següents:

a No tenir en compte una persona o una cosa.

b Que té una especial significació o importància.

c Quantitat de diners que es dona a la persona que ha sofert un dany o la pèrdua d'una cosa que era seva, com, per exemple, un lloc de treball.

d Conjunt de trets que caracteritzen una persona (d'un aspirant a un lloc de treball, d'un usuari, d'un client...).

5 ●●○ **Escriu una frase en què quedi clar el significat de cada una de les paraules següents segons la lectura:**

misèria · paper · aventura · insípid · embolicar

6 ●●○ **Explica com creus que continuarà la història. Per a fer-ho, pots tenir en compte les preguntes següents:**

a Es posaran d'acord en Carles, en Ferran i la Mercè?

b Quina decisió prendran? Com reaccionarà l'Enric?

c Apareixerà cap personatge més en escena? Qui?

ANÀLISI

7 ●○○ **Torna a llegir el text i contesta:**

a Com saps quin personatge parla en cada intervenció?

b En els fragments conversacionals que hi ha en les novel·les, les intervencions dels personatges s'introdueixen de la mateixa manera? Com s'introdueixen?

c Per què creus que es fa de manera tan diferent en un text teatral?

d Què és una acotació teatral?

8 ●○○ **Relaciona:**

a rodona	1 noms dels personatges
b cursiva	2 text (veu dels personatges)
c versaleta	3 acotacions

9 ●●○ **Digues si en el text hi ha cap acotació i, si n'hi ha, assenyala-la i digues a què fa referència:**

a A l'escenografia (il·luminació, decorat, efectes sonors...).

b A la interpretació dels actors (manera de moure's, gestos que han de fer, to de veu...).

10 ●●○ **Busca en el text expressions vulgars i/o populars i copia-les. Després, resol les activitats següents:**

a Escriu-ne de sinònimes que no siguin vulgars o populars o que no ho siguin tant.

b Poseu en comú entre tots els companys i companyes les expressions que heu escrit.

c Després, classifiqueu-les segons que pertanyin a un registre col·loquial o a un registre estàndard.

CERT O FALS?

- En una obra de teatre mai no hi ha narrador.
- En les obres de teatre, només s'escriuen les intervencions dels personatges.
- El que diu cada personatge inicia un nou paràgraf.

1

Quina frase feta del text significa "costar molta pena i treball", "ser molt difícil"?

2

Quin mot del text és un manlleu que prové d'una paraula anglesa que significa "xerrar" o "xerrada"?

3

Quina és la paraula catalana correcta equivalent al mot castellà *finiquito*? Què significa aquesta paraula en un context laboral?

ESTUDI DE LA LLENGUA

11 ●○○ Busca en el text paraules amb accent diacrític i explica per què en porten.

Ara, busca-hi exemples de determinants possessius i demostratius.

12 ●○○ Busca en la lectura una paraula que sona igual que comte i fixa't com s'escriu. Després, contesta:

- Les dues paraules tenen la mateixa categoria gramatical? Quina categoria gramatical tenen?

13 ●●● Assenyala les formes verbals personals d'aquestes frases del text:

a M'han demanat que sigueu vosaltres qui prengueu aquesta decisió.

b No entenc res.

c No veig què en traurem.

d Vinga, juguem.

e La meva dona va descobrir que havia tingut una aventura.

f Com vostè vulgui.

g Em sap molt de greu que l'amic s'hagi separat.

Ara, indica'n la persona i el nombre, el temps i el mode verbals.

14 ●●○ Digues a quina categoria gramatical pertanyen les paraules següents:

projecte · diferència · nena · conflictes · laboral · quedar
separació · baixi · directa · contestar · bo · precipitar
fàcil · insípid

15 ●●○ Copia aquesta taula i completa-la:

SUBSTANTIU	ADJECTIU	VERB	ADVERBI
claredat			clarament
	fàcil		
		decidir	
			sincerament
	separable		

16 ●●○ Troba en el text que has llegit paraules que rimin amb les següents:

aèries · glòria · dolcesa · alcaldessa · Mercè

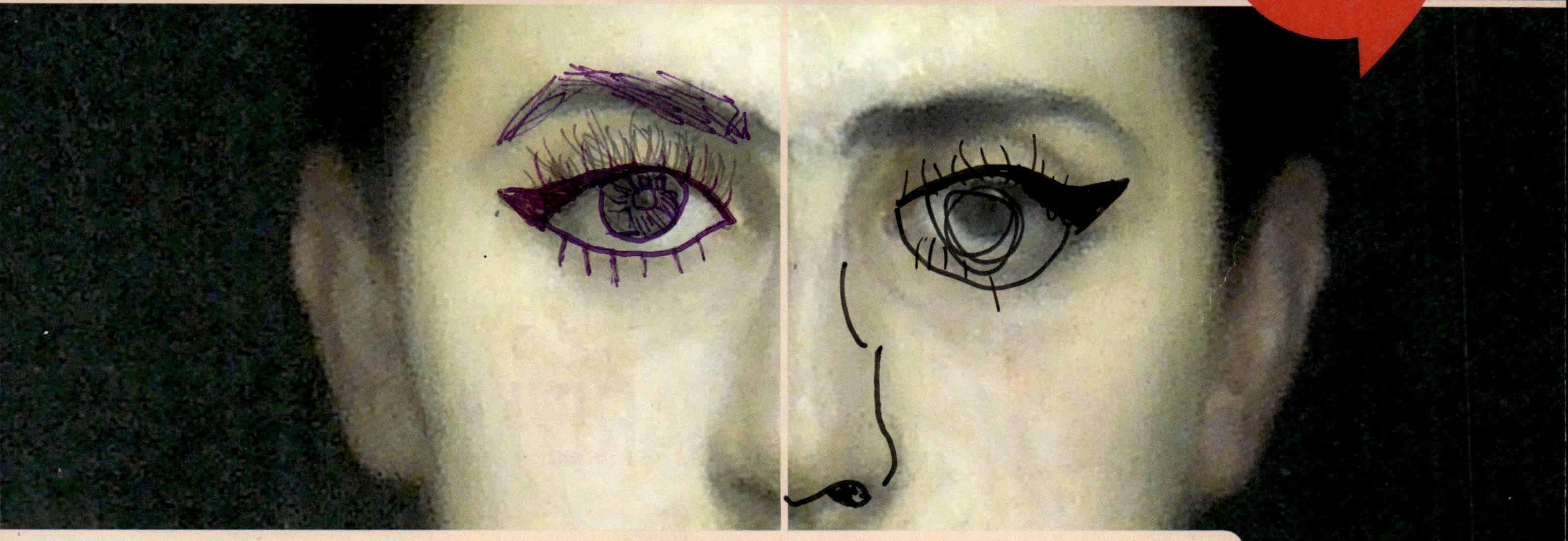

Retrat de Marcel Proust (1892), per Jacques-Emile Blanche (detall). El qüestionari Proust és un antic joc de saló, una mena de test de personalitat que porta el nom d'aquest escriptor francès.

Fer preguntes a algú és una bona manera de conèixer-lo —la seva manera de ser, les seves opinions, els seus gustos, les seves vivències...—, però també permet descobrir si la persona que respon és idònia o apta per a exercir una feina o per a ocupar un càrrec.

El **qüestionari**, com l'entrevista, és un tipus de text conversacional que pretén obtenir informació sobre una persona. A diferència de l'entrevista, però, no està pensat per a un interlocutor concret.

El qüestionari

Els qüestionaris consisteixen en una sèrie de preguntes sobre un tema determinat, que poden ser complementaris a una entrevista o bé formar part d'una enquesta, un examen, etc. Aquesta llista de preguntes pot ser fixada per una empresa o per un equip d'investigació amb finalitats sociològiques, psicològiques, històriques, polítiques, comercials o publicitàries. Segons el grau de llibertat de resposta, les preguntes dels qüestionaris poden ser de dos tipus:

- **Obertes**, en què l'enquestat respon lliurement.
- **Tancades**, en què les possibles respostes estan limitades i l'enquestat ha de triar entre diverses alternatives ja fixades: *sí/no*, *molt/bastant/poc/gens*, etc.

Els qüestionaris són útils per a fer enquestes i sondejos d'opinió i serveixen d'orientació professional (qüestionari d'aptitud i d'interès) o en el camp de la psicologia clínica (qüestionaris de personalitat). Però també poden satisfer, simplement, la curiositat humana.

El qüestionari Proust

El qüestionari Proust va ser creat, cap a l'any 1860, per les filles del filòsof alemany Karl Marx com una mena de joc familiar de sobretaula. L'escriptor Marcel Proust va respondre dos cops aquest qüestionari, que va tenir força èxit com a entreteniment als salons de París de la segona meitat del segle XIX. Era una sèrie de 31 preguntes:

1 Quin és el principal tret del meu caràcter? 2 Quina qualitat prefereixo en un home? 3 Quina qualitat prefereixo en una dona? 4 Què estimo més en els amics? 5 Quin és el meu defecte principal? 6 Quina és la meva ocupació preferida? 7 Quin és el meu somni de benestar? 8 Quina és la meva pitjor desgràcia? 9 Què voldria ser? 10 On desitjaria viure? 11 Quin és el meu color preferit? 12 Quina és la meva flor preferida? 13 Quin és el meu ocell preferit? 14 Quins són els meus autors en prosa preferits? 15 Quins són els meus poetes preferits? 16 Quins són els meus herois de ficció preferits? 17 Quines són les meves heroïnes de ficció preferides? 18 Quins són els meus compositors predilectes? 19 Quins són els meus pintors predilectes? 20 Quins són els meus herois de la vida real? 21 Quines són les meves heroïnes històriques? 22 Quins són els meus noms preferits? 23 Què detesto més que res? 24 Quins caràcters històrics menyspreo més? 25 Quin fet militar admiro més? 26 Quina reforma admiro més? 27 Quins dons naturals voldria tenir? 28 Com m'agradaria morir? 29 Quin és l'estat present del meu esperit? 30 Quins fets m'inspiren més indulgència? 31 Quin és el meu lema?

Les preguntes del qüestionari Proust poden variar i adaptar-se als temps actuals.

EL QÜESTIONARI PROUST

RESPOST PER

MARC MÁRQUEZ

1. Quin és el tret principal del teu caràcter?
La simpatia.

2. Quina qualitat prefereixes en un home?
La sinceritat.

3. Quina qualitat prefereixes en una dona?
L'honestedat i l'amabilitat.

4. Què aprecies més en els teus amics?
La simpatia, la fidelitat i el fet que encara que tinguis un dia dolent et facin costat.

5. Quin és el teu defecte principal?
Ser tenaç.

6. Quina és la teva ocupació preferida?
El motociclisme.

7. Quin és el teu somni de benestar?
La tranquil·litat.

8. Quina seria la teva pitjor desgràcia?
No poder realitzar els meus desitjos a causa d'una lesió.

9. Què voldries ser?
Sempre feliç.

10. On voldries viure?
En un lloc envoltat de natura.

11. Quin color prefereixes?
El vermell.

12. Quina flor prefereixes?
La rosa.

13. Quin ocell prefereixes?
El canari, ja que sempre té un color que es fa veure.

14. Quins són els teus autors en prosa preferits?
Qualsevol que m'atrapi en les seves històries i em tregui un somriure.

15. Quins són els teus poetes preferits?
Màrius Torres.

16. Quins són els teus herois de ficció?
Batman, ja que porta una moto.

17. Quines són les teves heroïnes de ficció?
Les tortugues ninja.

18. Quins són els teus músics preferits?
Els Catarres.

19. Quins són els teus herois de la vida real?
Valentino Rossi.

20. Quins personatges de la història admires més?
Els samurais.

21. Quina pel·lícula t'ha colpit?
Titanic.

22. Quins noms t'agraden més?
Àlex.

23. Quina estació de l'any prefereixes?
La primavera.

24. Què detestes per sobre de tot?
La mentida, l'engany.

25. Quins fets històrics admires més?
La recuperació dels espanyols després de la Guerra Civil, perquè em sembla impressionant com la gent es va refer després de les coses horribles que va haver de veure.

26. Quins dons naturals voldries tenir?
L'anticipació als fets.

27. Com t'agradaria morir?
Vell, molt vell i, sobretot, recordat.

28. Quin és l'estat present del teu esperit?
Feliç i alegre.

29. Quins fets t'inspiren més?
Ser competitiu i guanyar.

30. Quin és el teu lema?
"A little more".

Pautes d'anàlisi
d'un qüestionari

FIXA'T EN la presentació:

- Si hi ha un text introductori o entradeta en què es presenti la persona enquestada.
- Si el text s'acompanya d'una fotografia de la persona enquestada.
- Com es diferencien gràficament les preguntes de les respostes.

FIXA'T EN el tipus de preguntes:

- Si són de resposta oberta o de resposta tancada.
- Si són llargues o breus.
- Si són clares i concretes.
- Si són personals o íntimes, de reflexió o d'anàlisi o una barreja de totes dues.
- Si són útils per a conèixer millor la persona enquestada.

FIXA'T també en aquests altres aspectes sobre les preguntes:

- Si estan pensades exclusivament per a una persona en concret o per a ser contestades per persones diferents.
- Si coincideixen amb les del qüestionari Proust o se n'ha fet una adaptació.

FIXA'T EN el llenguatge:

- Si és adequat a la persona enquestada.
- El tractament utilitzat: si és de tu o de vostè.

1 ●●○ **Digues quines preguntes del qüestionari Proust (pàgina 67) et semblen més útils per a conèixer una persona.**

Ara, indica quines de les preguntes següents podrien formar part del qüestionari Proust i per què descartaries les altres:

a Quin és el teu menjar preferit?

b Què penses de la situació política actual?

c Quina és la teva sèrie de televisió preferida?

d Com solucionaries la pobresa mundial?

e Fas servir lents de contacte?

f Estàs enamorat o enamorada?

2 ●●○ **Digues quines preguntes del qüestionari Proust respost per Marc Márquez canviaries i per què. Després, escriu les preguntes que tu li hauries fet.**

3 ●●○ **Compara les preguntes del qüestionari Proust original amb les del que ha contestat Marc Márquez. Després, respon:**

a Hi ha les mateixes preguntes?

b Quines han estat eliminades?

c Quines han estat modificades?

d Per què creus que s'hi han fet aquests canvis?

4 ●○○ **Contesta el mateix qüestionari que ha respost Marc Márquez i posa en comú les teves respostes amb les dels teus companys. Després, contesta:**

- Et sembla un qüestionari útil per a conèixer una persona? Per què?

Planifica i prepara

A qui t'agradaria fer un qüestionari?

Fes una fitxa del personatge que has triat. Si et cal, busca'n informació a internet:

Nom complet	
Data i lloc de naixement	
Professió	
Èxits professionals	
Objectius professionals propers o pendents	

Pensa en tot allò que no saps del personatge triat.

- **De quins altres aspectes t'agradaria saber-ne més coses?**
  - Els gustos o preferències.
  - Les aficions.
  - Els plans de futur en el camp professional.
  - La manera de ser.
  - Els defectes i/o les qualitats.
  - L'opinió sobre un fet d'actualitat, etc.
- **El to del teu qüestionari pot ser informal, però el llenguatge ha de ser formal i acurat i tu has de ser respectuós amb la persona enquestada.**
  - Recorda que, en un qüestionari o en una entrevista, no totes les preguntes que se t'acudeixin són pertinents.
  - No facis preguntes que envaeixin la intimitat de la persona enquestada.

Escriu i revisa

Escriu les preguntes del teu qüestionari segons les dades i les notes anteriors:

1. **Redacta preguntes que tinguin a veure amb els aspectes més coneguts de la persona enquestada.**
2. **Després, redacta les preguntes amb què pretens que els lectors en sàpiguen més coses.**
3. **Rellegeix les preguntes del qüestionari Proust.**
   - Inclou-ne algunes en el teu qüestionari (les que consideris més adequades).
4. **Repassa totes les preguntes i assegura't que siguin clares i entenedores.**
5. **Numera-les segons un ordre lògic.**

Revisa el teu qüestionari a partir de les pautes de la pàgina 69:

- **Les preguntes s'entenen? Són massa llargues o curtes?**
- **Són adequades a la persona enquestada? Són útils per a conèixer-la millor?**
- **Són respectuoses? El to i el tractament utilitzats són adequats?**

El repte

Posa a prova els companys amb el teu propi qüestionari!

1. **Recorda que l'objectiu del qüestionari és fer-te una idea de la personalitat de la persona enquestada.**
2. **Escriu el teu qüestionari segons el model del qüestionari Proust.**
   - Revisa'l i corregeix-lo.
3. **Fes-ne còpies i reparteix-lo als teus companys perquè el responguin.**
   - Demana'ls que hi anotin les respostes i que no hi escriguin el nom.
4. **Llegiu alguns dels qüestionaris resolts i endevineu qui l'ha respost en cada cas.**

+ Propostes

T'atreveixes a fer un qüestionari de resposta tancada?

- **La finalitat és saber el grau de coneixement de l'enquestat sobre un tema. Per exemple:**
  - "Estàs a l'última en música actual?", "La moda va amb tu?", etc.
- **Escriu tres possibles respostes a cada pregunta.**
- **Dona una puntuació determinada a les respostes de cada una de les preguntes segons si són certes o no o segons el grau de dificultat.**
- **Redacta, en un full a part, les solucions segons la puntuació que hagis decidit. Per exemple:**
  - De 0 a 5 punts: "Definitivament, no és el teu tema"; de 6 a 10 punts: "Pse! No et creguis que en saps tant!"; d'11 a 15 punts: "Molt bé, crac, en saps molt".

1 Les consonants oclusives: p/b, t/d, c/g

Les consonants oclusives **p**/**b**, **t**/**d**, **c**/**g** no presenten dubtes ortogràfics quan les escrivim a principi de síl·laba, ja que la pronúncia ens permet diferenciar-les clarament: ***p**es*/***b**es*, ***t**e*/***d**e*, ***c**os*/***g**os*. En canvi, quan són a final de síl·laba o de mot sonen igual. Fixa-t'hi: *a**p**te*/*a**b**sol*, *pare**t***/*fre**d***, *sa**c***/*ma**g***.

Per a escriure-les correctament, cal conèixer les normes següents.

A final de mot

- Les grafies **p**, **t**, **c** s'escriuen darrere de vocal o diftong tònics (*llo**p***, *perdu**t***, *cai**c***, *bui**t***) encara que hi hagi mots de la mateixa família en què puguin aparèixer les consonants **b**, **d**, **g**.

- Darrere de consonant o de vocal àtona s'escriu **p** o **b**, **t** o **d**, **c** o **g** segons la grafia que tinguin els derivats: *àra**b*** ▸ *ara**b**esc*, *ver**d*** ▸ *ver**d**or*, *ser**p*** ▸ *ser**p**entejar*.

- També cal recordar que els gerundis s'escriuen amb **t**: *canta**nt***, *rebe**nt***, *sorti**nt***.

Excepcions:

- S'escriu **d** en les terminacions ***-etud***, ***-itud*** de mots femenins (*quie**tud***, *sol**itud***) i s'escriu **g** en la terminació ***-agog*** (*dem**agog***).

- S'escriu **b**, **d**, **g** en mots com *ado**b***, *clu**b***, *cu**b***, *esno**b***, *tu**b***, *zu**b**-zu**b***, *flui**d***, *fre**d***, *su**d***, *Alfre**d***, *Davi**d***, *estrate**g***, *ma**g***, *zi**g**-za**g***.

- S'escriu **c** en la primera persona del present d'indicatiu d'alguns verbs: *fon**c***, *pren**c***, *enten**c***, *tin**c***, *vin**c***.

- S'escriu **c** en els mots acabats en ***-ec***: *àne**c***, *càrre**c***, *espàrre**c***, *feréste**c***, *màne**c***, *présse**c***, *préste**c***, *tràfe**c***, *xàfe**c***, etc., malgrat que les altres formes de la família s'escriguin amb **g**: *ànega*, *càrrega*, *esparreguera*, *feréstega*... No obstant això, s'escriu **g** en els mots acabats en ***-leg***: *biò**leg***, *gemmò**leg***.

A final de síl·laba

- S'escriu **p** en els mots començats per ***cap-***: ***cap**çal*.

Excepcions: *ca**b**dal*, *ca**b**dell*.

- S'escriu **b** en els mots començats per ***ab-***, ***ob-***, ***sub-***: ***ab**sorbent*, ***ob**jecte*, ***sub**terrani*.

Excepcions: *a**p**te*, *o**p**ció*, *o**p**tar*, *ò**p**tim*.

- S'escriu **d** en els mots començats per ***ad-***: ***ad**missió*, ***ad**vent*.

Excepcions: *a**t**les*, *a**t**mosfera*, *a**t**zucac*.

- S'escriu **g** davant de **d**, **m**, **g** i **n**: *amí**g**dala*, *eni**g**ma*, *ma**g**ma*, *su**g**gerir*, *di**g**ne*, *re**g**ne*, *A**g**nès*.

Excepcions: *anè**c**dota*, *dra**c**ma*, *a**c**ne*, *arà**c**nid*, *pí**c**nic*, *tè**c**nic*.

1 ••○ **Completa aquests mots amb p o b:**

xarru■ · tom■
ca■ficar · o■stacle
su■sol · gri■

2 ••○ **Completa aquests mots amb t o d:**

inquietu■ · ven■
ver■ · a■miració
agu■ · hàbi■
po■ · empa■

3 ••○ **Completa aquests mots amb c o g:**

càsti■ · llar■
nàufra■ · cu■
a■nòstic · ven■
psicòle■ · esca■

4 ••○ **Escriu el masculí d'aquests noms i adjectius:**

austríaca · freda · calba
polida · cega · àcida · noruega
ràpida · malastruga · humida
gallega · sorda · llarga
esquerpa · esvelta · clàssica

5 ••○ **Escriu el mot primitiu de cada una d'aquestes paraules:**

camperol · sordesa · corcat
burgès · llampegar · presseguer

2 Les grafies nasals: m/n

Les grafies **m** i **n** no presenten cap dubte ortogràfic quan van davant de vocal o a final de mot, però sí quan apareixen davant de consonant. En aquest cas, per a saber quina de les dues grafies haurem d'escriure, cal conèixer les normes ortogràfiques que hi ha a continuació:

La grafia m

S'escriu **m** en els casos següents:

- Davant de **b**, **p** i **m**: *àmbit*, *timbal*, *trampa*, *commoure*, *immens*.
- Davant de **t** o **c**, hi ha mots que presenten el grup **mp**, en què la **p** no sona: *assu**mp**ció*, *assu**mp**te*, *ate**mp**tat*, *co**mp**table*, *co**mp**te*, *rede**mp**tor*, *sí**mp**toma*, *su**mp**tuós*, *te**mp**tar*...
- Davant de **f**: *amfibi*, *àmfora*, *càmfora*, *pamflet*, *samfaina*, *triomf*...

Excepció: s'escriu **n** en els mots que comencen per **con-**, **en-**, **in-** (***con**fessar*, ***en**feinat*, ***in**flar*...).

La grafia n

S'escriu **n** en els casos següents:

- Davant de **v**: *ca**n**viar*, *co**n**veni*, *i**n**ventar*, *e**n**vejar*, *e**n**và*...

Excepció: els mots *circu**m**val·lació*, *tra**m**via*, *triu**m**vir*.

- Davant de **n** s'escriu **m** o **n** tenint en compte quin és el so que pronunciem: *Anna*, *annex*, *decenni*, *gimnàstica*.
- En els mots compostos en què la primera paraula acaba en aquesta lletra: *e**n**mig*, *ta**n**mateix*.

6 ●○○ **Escriu el gerundi i el participi de cada un dels verbs següents:**

resar · gravar · decebre
irrompre · vèncer · aigualir
adormir · castigar · obeir

7 ●●○ **Completa aquests mots amb m o n:**

a■bigu	Ca■botja
tre■pat	ba■bú
ni■fa	reco■pte
te■ptació	reca■vi
ov■i	e■filar

8 ●●○ **Forma derivats dels mots següents amb els prefixos indicats i escriu-los:**

- con- / com- + firmar, moure
- en- / em- + filar, pastar
- in- / im- + mediat, validar

9 ●●○ **Completa les paraules següents amb m o n i pronuncia-les en veu alta:**

a■nals	a■nèsia
co■nectar	a■nistia
e■nuvolar	circu■navegar
tara■nà	hi■ne

Recorda

- A final de mot, darrere de vocal tònica o diftong s'escriuen les grafies **p**, **t** o **c**.
- A final de mot, darrere de vocal àtona o consonant s'escriu **p** o **b**, **t** o **d**, **c** o **g** segons la lletra que duguin els derivats.
- S'escriu **m** davant de **b**, **p**, **m** i **f**.
- S'escriu **n** davant de **v**.
- Davant de **n** s'escriu **m** o **n** tenint en compte quin és el so que pronunciem.

ANALITZA

1 ●●○ Escriu un derivat de cada un dels mots primitius següents:

esquerp · alberg · mag · tomb · amic · fred
préssec · groc · sang · biòleg · llop · nebot
verb · sord · gest · cec · atent

Ara, classifica els derivats que has escrit segons si mantenen o si canvien la consonant oclusiva amb què acaba el mot primitiu corresponent:

MANTENEN LA CONSONANT	CANVIEN LA CONSONANT

2 ●○○ Busca en la sopa de lletres deu mots que acabin en p, t, c, b, d, g i anota'ls:

A	X	C	L	U	C	Y	L	E	S
N	A	R	C	Y	E	H	E	G	F
E	D	E	D	S	M	R	A	R	F
G	R	F	Y	U	A	O	E	A	O
U	I	U	A	D	O	B	T	T	C
E	R	E	V	Z	E	L	H	I	R
T	U	S	J	E	T	E	M	T	R
W	G	O	P	U	X	I	L	U	W
S	A	N	G	D	D	E	F	D	E
O	M	L	L	O	P	T	S	E	R
M	A	N	E	C	B	V	U	I	T
E	C	V	I	N	W	Y	O	U	G

3 ●●○ Escriu frases en què quedin clars els significats dels mots següents. Fes servir el diccionari:

bòlit · bòlid
sumant · sumand
comte · compte · conte
bloc · blog
cup · cub
summa · suma
rec · reg
tord · tort

CREA

4 ●●○ Escriu el gerundi i el participi de cada un d'aquests verbs:

suprimir · dividir · rosegar · espantar

5 ●●○ Forma paraules relacionant els mots de la primera columna amb els sufixos de la segona:

a inquiet
b vague
c alt
d absurd
e accessible
f beat
g esclau
h voluntari
i anterior

-itud
-etud
-itat
-etat

6 ●●○ Forma un antònim de cada un dels adjectius següents mitjançant un prefix:

noble · previst · mòbil · propi · finit · probable
delicat · variable · definit · digne · segur
animat · pacient · fidel · visible

REFLEXIONA

7 ●●● Copia les paraules següents en una taula com la que hi ha a continuació segons si la consonant final destacada segueix la norma de les oclusives o n'és una excepció:

similitu**d** · cau**t** · recàrre**c** · absolu**t** · ami**c** · san**t**
tinen**t** · advoca**t** · ado**b** · suggerin**t** · ràfe**c** · ven**c**
bonda**t** · ver**d** · esquer**p** · eixeri**t** · càli**d** · llíci**t**

SEGUEIX LA NORMA	N'ÉS UNA EXCEPCIÓ

Ara, explica la norma que segueix cada una de les paraules que has escrit en la primera columna de la taula.

APLICA

8 ●○○ **Escriu la paraula que correspon a cada una d'aquestes imatges. Totes tenen les grafies p, b, t, d, c, g a final de mot:**

9 ●●○ **Completa les oracions amb les paraules següents:**

himne · enmig de · tramvia · pamflet · temps
conferència · cabdell · empremtes · èmfasi
envestir · Compte

a [1], no et posis [2] la gent que, si no, et perdràs.

b Ja no va tenir [3] d'agafar el [4].

c Abans de començar el partit han cantat l'[5] del club.

d En fugir, el lladre va [6] el policia, però havia deixat [7] en tota la botiga.

e Amb aquest [8] de llana et faré una bufanda.

f El sindicalista ha llegit amb [9] tot el [10].

g Vam assistir a una [11] molt interessant.

PREPARA

10 ●●○ **Llegeix bé aquest text i fes les activitats que hi ha a continuació abans que te'l dictin:**

DICTAT

Em dic Biel Codina i soc detectiu privat.

Sempre que em presento d'aquesta manera, cosa que no faig gaire sovint, passa el mateix: tothom es comença a imaginar coses i fa comentaris. O bé s'imaginen que són una mena de barreja de Philip Marlowe i Sherlock Holmes o bé reconeixen, ras i curt, que no tenen ni idea de què faig exactament [...]. Suposo que no és culpa de ningú. La literatura, el cinema i les sèries de televisió han creat una imatge molt determinada de la meva feina. [...] Fins i tot jo mateix, quan sento la paraula "detectiu", m'imagino immediatament un tipus vestit amb gavardina i cobert amb un barret que s'ajup amb la lupa a la mà damunt d'un cadàver.

PAU JOAN HERNÀNDEZ, *El misteri de les quatre punyalades*. Editorial Columna

a Copia tots els noms propis que surten en el text i fixa't com s'escriuen.

- Qui són Philip Marlowe i Sherlock Holmes? Si no ho saps, esbrina-ho i, després, explica breument qui són.

b Escriu derivats dels mots *curt*, *privat*, *creat*, *barret* i *ajup* que tinguin alguna de les grafies oclusives *p*, *b*, *t*, *d*, *c*, *g*.

c Explica per què el mot *immediatament* s'escriu amb *mm*.

d Copia tots els mots que s'escriuen amb *b* i amb *v* i memoritza'ls.

+ Activitats | TREBALLA LES COMPETÈNCIES BÀSIQUES

LLEGEIX

L'interrogatori, tal com queda codificat, té una aparença relativa poca-solta. Quin ocell, quin color, quines virtuts useu? Us entusiasmen els coronels? Posats a triar, quina mena de defunció seria del vostre gust? Llegiu versos, sou optimistes, us decanteu per aquest o aquell estil de simfonies? La vostra predilecció recau sobre les flors, les violes o el romaní? Etcètera. Són preguntes que, d'entrada, fan la impressió d'inofensives, i, si en fóssim els destinataris, ens afanyaríem a contestar-les sense pensar-nos-hi massa. Contestaríem: "el rossinyol", "el blau cel", "l'avarícia", i tantes bajanades com vulgueu. La convicció d'"estar jugant" us induiria a improvisar solucions expeditives, bé iròniques, bé maquinals. I, al capdavall, hauríem caigut a la trampa.

No ens n'adonem, però "parlar", senzillament això, "parlar", sempre és un parany que ens provoca a la confessió. Algú ha escrit que la paraula ens ha estat donada per a ocultar el pensament. Més aviat s'esdevé el contrari: fins i tot, o sobretot, quan hi ha el designi explícit de l'ocultació. Parlant ens traïm.

Pròleg a *43 respostes catalanes al qüestionari Proust*,
de LLUÍS PERMANYER. Edicions Proa

DEFINEIX

1 ●○○ Troba la paraula del text que correspon a cada definició:

a *adj.* i *m.* i *f.* Que no té solta, que és poc seriosa. Persona poc seriosa, que diu o fa bestieses, coses sense seny, que a vegades molesten.

b *f.* Mort d'una persona.

c *adj.* Que sempre veu la part bona de les coses.

d *adj.* Que no fa cap mal.

e *v.* Fer coses sense haver-les preparat abans.

f *f.* Bestiesa, ximpleria.

g *adj.* Que serveix per a despatxar o acabar ràpidament un afer, un negoci, una qüestió. Que actua de pressa i fa les coses bé.

h *m.* Artifici pensat contra algú, especialment per a atrapar-lo, fer-lo caure, seduir-lo, enganyar-lo. Trampa.

i *v.* Algú, descobrir involuntàriament allò que volia dissimular.

COMPRÈN

2 ●○○ Copia els adjectius del text que l'autor fa servir per a qualificar les preguntes i les respostes del qüestionari.

....

3 ●●○ Resol aquestes qüestions sobre el text:

a L'autor, quina paraula fa servir per a referir-se al qüestionari?

b Què "té una aparença relativament poca-solta"?

c L'autor, realment pensa que el qüestionari o "interrogatori" és "poca-solta" i que les preguntes de què es compon són "inofensives"?

d Per què "parlar" és un parany que ens provoca a la confessió"?

....

Ara, explica el sentit, segons l'autor, de la darrera frase del text: Parlant ens traïm.

....

4 ●●● Pensa en el significat de la frase final del text (Parlant ens traïm) i resol aquestes qüestions:

a Pensa exemples que la corroborin i exposa'ls.

b Comparteix i compara els exemples anteriors amb els d'un company i valoreu si la frase és certa o no i en quina mesura.

c Expliqueu les vostres conclusions als companys.

....

Finalment, comenteu entre tots la resposta que heu donat a l'activitat anterior.

- Per a fer-ho, tingueu en compte el fragment següent, que és la continuació del text que heu llegit:

No importa de què parlem: per una escletxa o altra, en cada mot deixarem anar algun indici delator. La gent es passa la vida "confessant-se" sense saber-ho, i si l'abundància de revelacions conscients o inconscients no sol tenir grans conseqüències enutjoses és per la terrible falta de sol·licitud i de perspicàcia que domina en les nostres relacions habituals. Afegim-hi, de més a més, que el qüestionari Proust obeeix al propòsit de "fer parlar". És allò que se'n diu un test, en el llenguatge de les càtedres i de les clíniques.

ANALITZA

5 ●○○ **Enumera les preguntes que Joan Fuster, l'autor del text anterior, posa com a exemples de preguntes d'un qüestionari o "interrogatori".**

Ara, compara-les amb les del qüestionari Proust que hi ha en la pàgina 67 i contesta:

- Pertanyen al qüestionari Proust?
- Joan Fuster ha citat aquestes preguntes literalment? Quins canvis hi ha introduït?

6 ●●○ **Indica quin tractament fa servir Joan Fuster quan reprodueix les preguntes del qüestionari Proust.**

- Quins altres tractaments existeixen?
- Quin indica més respecte? En quins casos el faries servir? Posa'n exemples.

APLICA

7 ●●○ **Reescriu el text inicial com si el narrador es dirigís al lector fent servir el tractament de "tu".**

- Subratlla les paraules que han canviat i indica quina és la categoria gramatical de cada una.

8 ●○○ **Escriu una frase amb cada una d'aquestes paraules del text. Si cal consulta el diccionari:**

poca-solta · virtut · predilecció · bajanada
improvisar · expeditiu · ocultar

9 ●●○ **Copia totes les formes verbals del text i classifica-les segons que siguin personals o no personals.**

- Després, indica la persona, el nombre, el temps i el mode verbals de les formes personals.

10 ●●○ **Copia totes les paraules del text que duen accent i explica, en cada cas, per què en porten.**

INVESTIGA

11 ●●○ **Busca en una enciclopèdia qui eren Marcel Proust i Joan Fuster i completa, en cada cas, una fitxa com la següent:**

NOM:

LLOC I DATA DE NAIXEMENT:

LLOC I DATA DE LA SEVA MORT:

OBRES MÉS IMPORTANTS:

LLENGUA EN QUÈ VA ESCRIURE:

12 ●●● **Fixa't en el títol del llibre al qual pertanyen els fragments que has llegit. Després, resol:**

- Esbrina el nom de, com a mínim, tres autors catalans que van respondre el qüestionari Proust.

CREA

13 ●●○ **Tria un dels autors de l'activitat 11 i escriu-ne una biografia breu.**

14 ●●○ **Escriu la teva pròpia versió del qüestionari Proust.**

- Intercanvia el teu qüestionari amb el d'algun company o companya i contesta'l.

JA HAS ACABAT?
Avalua't amb el test del quadern interactiu.

5

FANTASMAGORIES

El text narratiu III

Gelada, de punta, arrugat.
Així han quedat la sang, els pèls
i el melic del protagonista
del text que llegiràs després
de topar amb un... fantasma!
Continuaràs analitzant el text narratiu,
llegiràs les llegendes urbanes més
angoixants i escriuràs un relat que
de segur es convertirà en la més
llegendària de les llegendes
urbanes!

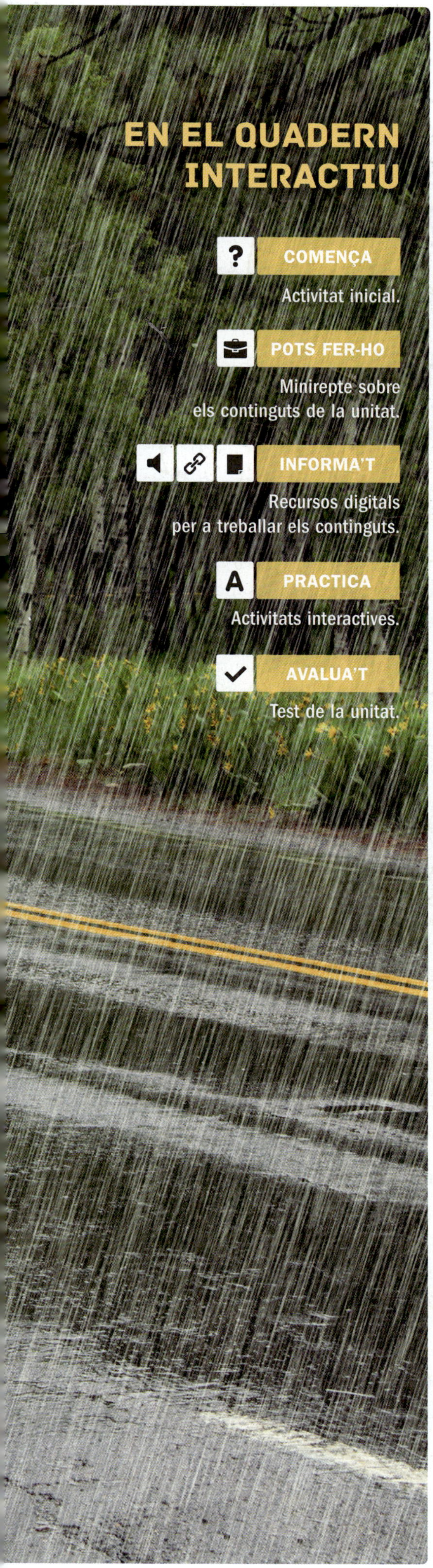

EN EL QUADERN INTERACTIU

COMENÇA
Activitat inicial.

POTS FER-HO
Minirepte sobre els continguts de la unitat.

INFORMA'T
Recursos digitals per a treballar els continguts.

PRACTICA
Activitats interactives.

AVALUA'T
Test de la unitat.

Lluís Ja tenia prou por! No calia espantar-me així!

Lola Doncs jo crec que va ser divertidíssim!

Genís Continuo sense saber de quina llegenda urbana parlaves...

Andrea La de la noia de la carretera! És molt coneguda!

Creus en els fantasmes? Per què?

Quins contes o novel·les sobre fantasmes coneixes?

A quin gènere diries que pertany aquest text de Rosa Maria Colom?

DARRER ENCONTRE

Rosa Maria Colom

El 24 de desembre d'aquell mateix any, cap a les sis de la tarda, em dirigia a Lerçol a passar el Nadal a la Casa del Molí on ens reuníem una colla de solitaris desaparellats. La vaig trobar sota la pluja just al lloc on m'havia dit, feia gairebé un any, "Aquí va passar l'accident".

L'estoig amb el seu inseparable violí en una mà i l'arquet en l'altra. Tenia la cara molla, el vestit arrapat al cos, els llaços perduts, les trenes desfetes, les botes descordades.

Em vaig deturar sense poder-ho creure. Vaig obrir la porteta del cotxe i ella hi va pujar sense fer-se pregar.

—El meu nom és Carolina—va dir tot seguit avançant-se a les meves intencions i deixant-me, com sempre, desconcertat.

Les preguntes m'omplien la boca: com havia arribat sola fins a mitja muntanya? On anava? Algú li havia fet mal? Em deturà la por d'espantar-la i la certesa que no obtindria cap resposta satisfactòria.

Aniria directament a la Casa del Molí, on el meu amic em serviria de testimoni.* Sense deturar-me ni fer més investigacions. Aquest cop no deixaria que se m'escapés. Esbrinaria qui era i com era que desapareixia i tornava a aparèixer. I el que era més important, comprovaria si tan sols jo la veia, si era una imatge creada per la meva ment.

Per què va deturar el cotxe? Què no es "podia creure"?

Les reixes eren obertes, els llums encesos sota la pluja, un divertit cartell nadalenc donava la benvinguda als convidats. No hi havia cotxes a l'esplanada i vaig suposar que jo era el primer que arribava. Em vaig deturar davant mateix de la porta, just on el meu amic ens té prohibit de fer-ho per a no espantar el gat, que té els nervis a flor de pell. Vaig baixar a correcuita només el temps necessari per a tocar la campaneta amb frisança.* "No et moguis! No et moguis per res!", li vaig advertir sense mirar-la.

Per què va suposar que era el primer a arribar a la Casa del Molí?

* Què és un testimoni? Sobre què havia de donar testimoni l'amic?

* Què és la frisança?

El meu amic tardà un minut i mig a aparèixer sota un barret vermell de pare Noel. "Vine, corre!", vaig dir agafant-lo per un braç. Ens dirigírem al cotxe, però damunt del seient humit del darrere tan sols hi havia el violí. Un violí de veritat, sòlid, palpable, dins l'estoig negre. A la part interior de la tapa, una petita placa daurada amb un nom gravat: Carolina Cavalli.

* Com és un cementiri escalonat?

* Se t'acut un sinònim del mot *despulles*? Quin?

De seguida que clarejà pujàrem al cementiri escalonat* de Lerçol. Era l'únic lloc que quedava per investigar i tothom es brindà a ajudar-me. Recorreguérem cada un dels diferents pisos sense descobrir cap indici que les despulles* d'una nena, de les característiques de Carolina, poguessin descansar en algun dels panteons. Ja anàvem de retorn quan a algú se li acudí mirar dins del petit cementiri protestant on, en altres temps, rebien sepultura els no-catòlics. Es tracta d'un recinte emmurallat especialment decrèpit* i funest. Lloses i estàtues mig destruïdes, cobertes de molsa i d'abandó. No hi ha més d'una dotzena i mitja de tombes els noms gravats damunt les quals és evident que pertanyen a gent oblidada a qui ningú no porta flors des de fa temps.

Aleshores la vaig veure.

Amb el vestit de festa, vaporós i nou, les botes cordades, els cabells quasi blancs, els llaços estufats, el violí en una mà, l'arquet en l'altra.

Somreia enmig d'un home alt, vestit d'etiqueta, i d'una dona jove que tenia els seus mateixos ulls, d'un blau lletós, i una boca grossa i atractiva.

Una mica ennegrides per la humitat, les lletres i les dades es distingien perfectament damunt d'un marbre d'un gris plom:

DENÍS CAVALLI
I MÒNICA LEVERONI

CONCERTISTES
MORIREN EN ACCIDENT
EL DIA 4 DE GENER DE 1937

—"I la seva estimadíssima filla Carolina, que tancà els ulls a l'edat de set anys, la nit del 5 de gener de 1937" —va llegir el meu amic, perquè a mi m'hauria estat impossible.

[...]

Visc de bell nou a Lerçol, a la Casa del Molí, que he recuperat gràcies a la bona disposició del meu amic. Em sembla que no podria viure en cap altre lloc.

[...] A Carolina no la vull oblidar. No podria tampoc. Cap al tard, quan ja he esgotat la febre creadora del dia, pujo pel camí que s'enfila tot dret fins al cementiri protestant de Lerçol. M'agrada contemplar la seva fotografia des d'on em somriu, amb un violí a la mà i l'arquet a l'altra.

*Què significa l'adjectiu *decrèpit*?

Què va llegir l'amic? On ho va llegir?

Com era el cementiri protestant?

A què es dediquen els concertistes?

Investiga

sobre l'autora i fes-ne la fitxa!

- Lloc i any de naixement.
- Títol del llibre de contes al qual pertany la història que has llegit.
- Premis i reconeixements que ha obtingut.

COMPRENSIÓ

1 ••○ Torna a llegir el principi de la lectura i contesta:

a Era la primera vegada que el protagonista veia la nena? Quant temps feia que l'havia vista per primera vegada? Què en sap, del lloc on la va trobar?

b Quines preguntes sobre la nena es fa el narrador? Les sap contestar?

c Què es va proposar d'esbrinar, "aquell cop", el protagonista?

d El protagonista, què sospitava o intuïa que era la nena? Estava equivocat? Per què?

2 ••○ Tria l'opció correcta en cada cas:

Tan bon punt arriba a la casa del Molí, el protagonista va a buscar el seu amic corrents perquè vol...

a ...que l'acompanyi a buscar la nena.

b ...presentar-li la nena.

c ...que li ensenyi el cementiri de Lerçol.

d ...saber si la nena és fruit de la seva imaginació.

El protagonista descobreix el cognom de la nena...

a ...perquè el seu amic l'hi diu.

b ...perquè ella mateixa l'hi diu.

c ...perquè estava inscrit en l'estoig del violí.

d ...perquè estava inscrit en la làpida del cementiri.

Carolina estava enterrada al cementiri protestant...

a ...perquè no era cristiana.

b ...perquè no era catòlica.

c ...perquè era estrangera.

d ...perquè no era creient.

Les descripcions que hi ha en la pàgina 81 (a partir de "Aleshores la vaig veure") corresponen...

a ...als fantasmes dels Cavalli que ronden la seva tomba.

b ...a una fotografia dels Cavalli que hi ha en la tomba.

Ara, digues quines semblances i quines diferències hi ha entre la descripció de Carolina de la pàgina 81 i la que hi ha al principi del text, en el segon paràgraf.

- Proposa una explicació que justifiqui aquestes diferències.

3 ••○ Digues quin dia de quin mes el protagonista descobreix la tomba de Carolina Cavalli.

4 ●●○ **Llegeix de nou el final de la lectura i contesta:**

- Quina professió diries que té el narrador?

ANÀLISI

5 ●●○ **Indica on comença i on acaba cada una de les tres parts en què es pot dividir el text. Després, contesta:**

- Aquestes parts corresponen al plantejament, al nus i al desenllaç propis dels textos narratius? Què s'explica en cada una?

6 ●●○ **Indica quines de les afirmacions següents sobre el text són certes i explica per què les altres són falses:**

a ☐ S'hi explica una història fantàstica.

b ☐ Un narrador extern que no participa en els fets explica la història en tercera persona.

c ☐ El motiu pel qual Carolina s'apareix al narrador no s'explica.

d ☐ Els fets transcorren en un únic lloc, espai o ambient.

e ☐ No hi ha cap referència a un moment passat de la vida del protagonista anterior al moment en què transcorren els fets.

f ☐ El final és inesperat.

g ☐ El text suggereix, més que no pas explica.

h ☐ No hi apareix la paraula *fantasma*.

7 ●●● **A partir del que has llegit, imagina't què li va passar a Carolina i respon les preguntes que el narrador es fa al principi del text. Inventa't el que calgui.**

8 ●●○ **Inventa't un final diferent per a la història que has llegit. Pots tenir en compte aquestes qüestions:**

- En què va consistir l'"accident"? Què el va causar?
- Per què Carolina s'apareix al narrador protagonista?
- Tothom pot veure Carolina o només el protagonista?

9 ●●○ **El poble de Lerçol és imaginari, però està inspirat en el de l'autora, Rosa Maria Colom. Contesta:**

- Quin és aquest poble? Esbrina-ho.
- L'autora, com ha transformat el nom del seu poble en el de Lerçol?
- Quin nom rep la transformació d'un mot per la transposició de les seves lletres?

CERT O FALS?

☐ Una narració de misteri sempre ha de ser escrita en tercera persona.

☐ El misteri d'un conte de suspens sempre ha de quedar resolt, obligatòriament, en el final o desenllaç.

☐ Els noms dels llocs i dels personatges dels contes de misteri han de ser reals.

1

Quina paraula del primer paràgraf té dos dígrafs?

2

Quina lletra de la inscripció de la tomba de Carolina és muda en un mot i en un altre sona?

3

Quin participi del text significa "que ha augmentat de volum o que s'ha inflat" i no té res a veure amb una estufa?

ESTUDI DE LA LLENGUA

10 ●●○ Explica raonadament si aquesta lectura t'ha interessat.

11 ●●○ Troba en la lectura la paraula que correspon a cada una de les definicions següents:

- a ▭ Estri per a fer vibrar les cordes d'alguns instruments musicals.
- b ▭ Que està agafat fort a una persona o a una cosa.
- c ▭ El cos d'una persona morta.
- d ▭ Monuments funeraris destinats a l'enterrament de les diverses persones d'una família.
- e ▭ Arribat a un grau extrem de decadència física, deguda a la vellesa.

12 ●●● Escriu un verb derivat de cada un dels substantius següents:

estoig • nom • por • imatge • reixa • braç • indici
humitat • lletra • febre

13 ●●○ Completa una taula com la següent amb els adjectius corresponents:

MASCULÍ SINGULAR	FEMENÍ SINGULAR	MASCULÍ PLURAL	FEMENÍ PLURAL
arrapat			
	daurada		
		catòlics	
			obertes
protestant			
	creadora		
		estufats	
			ennegrides

Ara, digues si cap dels adjectius anteriors és invariable pel que fa al gènere i assenyala'l.

14 ●●○ Escriu el subjecte elidit de cada una de les frases següents de la lectura:

- a A Carolina no la vull oblidar.
- b Moriren en accident el dia 4 de gener de 1937.
- c Tenia la cara molla.
- d Té els nervis a flor de pell.
- e Ens dirigírem al cotxe.

Una llegenda és una narració d'esdeveniments sovint amb un fons real però transformat per la tradició amb elements imaginaris.

Recorda que els textos narratius serveixen per a explicar una història, real o imaginària, sobre unes persones o uns personatges que té lloc en un temps i un espai determinats.

La llegenda

Una **llegenda** és una narració sobre un personatge o un fet més o menys real que s'ha anat transformant en imaginària a mesura que la gent l'anava explicant. La llegenda, que pot ser oral o escrita, té una aparença més o menys històrica, però, en realitat, conté elements imaginatius.

Als Països Catalans abunden les històries sobre figures reals que han despertat l'admiració de la gent del poble, però que la imaginació popular ha enriquit amb heroïcitats més o menys imaginades. Serien els casos, per exemple, del comte Arnau, de Joan Garí, del rei Jaume I...

La llegenda urbana

Un tipus especial de llegenda és la **llegenda urbana**. Igual que les llegendes tradicionals, tracten d'històries amb una bona dosi de fantasia presentades com a reals. S'anomenen *urbanes* perquè els fets transcorren en el món modern, sovint en una gran ciutat. A causa de la seva relació amb la societat actual, les llegendes urbanes s'oposen a les tradicionals, que s'identifiquen amb èpoques passades.

L'expressió *llegenda urbana* sovint és utilitzada com a sinònim de *rumor públic*.

Característiques

Algunes de les característiques que defineixen les llegendes urbanes són les següents:

- Els fets que s'hi expliquen són presentats com si fossin reals, tot i que sovint contenen elements sobrenaturals o inversemblants.
- Exposen una història de la qual no és possible trobar un testimoni directe dels fets; això fa que resulti molt difícil de comprovar-ne la veracitat.
- Es transmeten oralment, a través dels mitjans de comunicació, de les xarxes socials, etc. Com a conseqüència, se'n poden trobar múltiples versions, segons les persones que les difonen. No obstant això, la part essencial del relat és sempre la mateixa. Per exemple, pot canviar el nom dels protagonistes, la localització dels fets o el títol de la història sense alterar-ne en excés el contingut.
- Acostumen a ser internacionals. Sovint, s'ha recollit la mateixa llegenda urbana a diversos llocs del món —Europa, l'Amèrica del Nord, Austràlia— i les diferents versions presenten variacions poc significatives.
- Els protagonistes dels fets poden ser coneguts —personatges reals— o són presentats pel narrador com a coneguts seus o d'alguna persona propera.

TRES LLEGENDES URBANES

AMAGADA DINS L'ARMARI

Una dona s'està posant una mascareta facial d'una crema verda per netejar-se el cutis asseguda al tocador de la seva cambra. A mesura que la crema s'endureix, nota com el rostre li tiba i queda rígid. En aquell precís moment sent com algú força el pany de la porta del pis i s'introdueix dins la casa com un lladre. Ella, aterrida, sent com el desconegut s'apropa amb passes furtives cap a l'habitació on es troba. Sense pensar-s'ho dues vegades, s'amaga dins l'armari en un accés de pànic. Allí dins, a través d'una escletxa, veu com el lladre entra a l'habitació i, després de remenar els calaixos, es dirigeix cap on és ella. Petrificada de terror, es queda com una estàtua quan, de sobte, el lladre obre les portes de l'armari. El lladre descobreix uns ulls injectats de pànic emmarcats en un rostre verd i rígid com la cera i, de l'ensurt d'haver cregut veure un fantasma, pateix un atac de cor i mor a l'acte.

EL FANTASMA DE L'EIXAMPLE

Al carrer de Viladomat cantonada amb Provença hi havia el desaparegut cinema Provença, un cine de reestrena. Al final de la dècada dels vuitanta, quan s'acabaren els cinemes de barri, l'ensorraren. Després van començar a aixecar pisos i corria la veu, per aquella zona de Barcelona, que les obres estaven encantades.

Entre la gent es deia que es tractava d'un obrer al qual havien despatxat recentment.

El cas és que cada dia, sobretot a les nits d'estiu, una multitud de curiosos es congregaven allà al voltant. Sembla que l'esperit es manifestava en forma de misterioses llums. S'interpretà que era una venjança de l'acomiadat. És a dir, una forma de desacreditar l'empresa constructora amb la finalitat que la gent no comprés aquells pisos fantasma de promoció imminent.

LA TARÀNTULA

Una noia va tornar d'un país tropical amb una planta amb un tronc gros. Una *draconea fragans*, una dragonera. La noia la va tenir al balcó i va veure que s'aclimatava bé. Va fer bon temps, el sol escalfava amb tebior. Al cap d'uns dies, però, es començaren a sentir uns sorolls estranys a l'interior del tronc, com si una cosa gratés. L'endemà el tronc estava inflat, es trencà de sobte i en va sortir una enorme i peluda taràntula.

Una florista de Barcelona va certificar que li havien preguntat un munt de clientes si era possible que el tronc del Brasil pogués estar infestat d'ous de taràntula.

[JOAN DE DÉU PRATS, *Llegendes de Barcelona*. Publicacions de l'Abadia de Montserrat]

Pautes d'anàlisi
d'una llegenda urbana

FIXA'T EN els elements narratius següents:

- El motiu central o element pertorbador al voltant del qual gira la llegenda.
- El temps en què transcorren els fets.
- El lloc en què se situen els fets:
  - Són llocs imaginaris, fantàstics o, contràriament, són llocs reals i recognoscibles?
- Si el protagonista és conegut —un personatge real— o no.
- El narrador: és extern o intern?
- La manera com el narrador justifica la veracitat de la història (si és que ho fa).

FIXA'T, també, en aquests altres aspectes:

- Si hi ha cap element fantàstic.
- Si la història resulta creïble o versemblant, tingui o no tingui elements fantàstics o sobrenaturals.

FIXA'T, finalment, en l'objectiu o els objectius de la història:

- Causar por o terror.
- Crear angoixa o inquietud.
- Entretenir.
- Sorprendre, etc.

1 ●●○ Resol les qüestions següents sobre les llegendes urbanes que has llegit:

a Com es diu l'autor que les ha recollit en un llibre?

b Per què creus que el lladre obre les portes de l'armari? Per quina causa mor?

c Quina explicació es va donar al cas del fantasma de l'Eixample?

d Quin nom científic té la dragonera? Quin altre nom rep?

e Busca imatges d'aquesta planta a internet i digues per què pot resultar creïble que en sortís una taràntula.

Ara, digues quina llegenda urbana et sembla més versemblant o creïble i quina t'ho sembla menys. Justifica la resposta.

2 ●●○ Indica quines de les afirmacions següents poden aplicar-se a les tres llegendes urbanes anteriors:

a ☐ Els fets que s'expliquen resulten inversemblants.

b ☐ Els fets tenen lloc en la societat actual.

c ☐ Les històries s'han difós gràcies al boca-orella.

d ☐ Són internacionals.

e ☐ Les explica un narrador intern.

3 ●●● Busca informació sobre dues d'aquestes llegendes urbanes:

- L'autoestopista fantasma.
- El fantasma del mirall.
- El submarinista mort enmig del bosc.

Ara, redacta un text explicant en què consisteixen.

- Fes-ho seguint l'exemple de les llegendes anteriors.

4 ●●○ Analitza una de les llegendes i indica quins punts de les pautes d'anàlisi es compleixen.

Planifica i prepara

T'atreveixes a inventar-te una història que tingui els elements necessaris per a convertir-se en una llegenda urbana?

- **Pensa el tema o l'element pertorbador a l'entorn del qual girarà la teva història. Te'n proposem alguns, però en pots imaginar altres:**

El tornado xuclapersones

Un dolor d'origen desconegut

El mort que no era mort

La casa abandonada del turó

- **Inventa't la teva història tenint en compte els elements dels textos narratius:**
  - L'**argument**: què passa?
  - Els **personatges**: a qui li passa?
  - El **temps**: quan transcorren els fets?
  - L'**espai**: on transcorren els fets?
- **Recorda que les llegendes urbanes gairebé sempre tenen un narrador extern.**
- **Determina l'objectiu o els objectius de la teva història:**
  - Causar por o terror.
  - Inquietar, angoixar.
  - Entretenir.
  - Sorprendre.
- **Tingues en compte que una història només esdevé una llegenda urbana si la persona que l'escolta està disposada a difondre-la.**
  - Perquè això passi, l'oient l'ha de trobar versemblant —creïble—, interessant o digna de ser contada.

Escriu i revisa

Segueix aquests passos per a preparar un esborrany de la teva història:

1. **Introdueix els fets i situa'ls en el temps i en l'espai:**
   - Explica com n'has tingut coneixement inventant-te el que creguis convenient.
   - Presenta el protagonista o els protagonistes.
2. **Explica la història o l'experiència del personatge.**
   - Què feia en el moment dels fets? On era? Per què hi era?
   - A quin perill s'enfronta? Què li passa?
   - Com reacciona?
3. **Escriu el desenllaç dels fets.**
   - El protagonista se'n surt?
4. **Valora el text i passa'l en net. Recorda:**
   - La teva història ha de resultar creïble, tingui o no tingui elements fantàstics o sobrenaturals.

Revisa el teu text a partir del que has après en la pàgina 85 i les pautes d'anàlisi de la pàgina 87.

- **Està ben escrit? Conté errors ortogràfics i/o gramaticals?**
- **S'entén? És coherent?**
- **És versemblant?**
- **Fa por? És inquietant? Entreté? Sorprèn?**

El repte

Fes circular la teva història!

1. **Aprèn-te-la de memòria i explica-la oralment a la resta de la classe.**
   - Imagina't que no n'ets l'autor o l'autora, sinó que algú te l'ha explicat i que, com que t'ha agradat, vols compartir-la amb els teus companys.
   - Sigues expressiu, crea suspens! Acompanya la teva narració amb la dicció, els gestos i l'entonació adequats.
2. **Trieu les històries que més us hagin agradat i publiqueu-les en el blog o la revista de la classe.**

+ Propostes

T'atreveixes a fer el vídeo d'una de les vostres llegendes?

- **Prepareu el guió i l'escaleta de seqüències de la història que més us hagi agradat.**
- **Repartiu-vos els papers, caracteritzeu-vos segons els personatges i prepareu els decorats.**
- **Feu servir els programes Movie Maker, Imovie, o qualsevol altre per a editar el vídeo.**

ORTOGRAFIA Consonantisme II

1 Els sons fricatius alveolars [z] i [s]

Els sons fricatius alveolars poden ser sonors (so de **essa sonora**), perquè, quan es produeixen, les cordes vocals vibren, o poden ser sords (so de **essa sorda**), perquè, quan es produeixen, les cordes vocals no vibren.

- El so de la essa sonora és representat amb les grafies **s** i **z**.
- El so de la essa sorda és representat amb les grafies **s**, **ss**, **c**, **ç** i **sc**.

Com ja saps, és important distingir bé aquests dos sons abans d'estudiar com s'escriuen perquè la mala pronunciació pot ser causa d'errors ortogràfics. Fixa't, si no, en la diferència que hi ha entre les parelles de mots següents:

- *passar* (transitar, recórrer) i *pesar* (mesurar el pes)
- *pressent* (del verb *pressentir*) i present (temps verbal o regal)
- *els savis* (el[s]avis) i *els avis* (el[z]avis)

Una vegada distingits bé aquests dos sons, cal tenir en compte una sèrie de normes per a escriure'ls de manera correcta.

Les grafies de la essa sonora [z]

Per a saber com s'escriu el so de essa sonora, cal recordar les normes següents:

- S'escriu **s**:
  - Entre vocals: *ase*, *brisa*, *camisa*, *cosir*, *Josep*, *mesurar*.
  - En els derivats de **fons** i **dins**: *enfonsar*, *endinsar*.
  - En paraules formades amb el prefix **trans-**: *transatlàntic*, *transistor*, *transalpí*.
  - En els mots formats pel sufix **-esa**, que utilitzem per a convertir adjectius en substantius que indiquen qualitats físiques o psíquiques. Fixa-t'hi: *duresa* (de *dur*), *feblesa* (de *feble*), *timidesa* (de *tímid*), *vellesa* (de *vell*).
- S'escriu **z**:
  - A començament de mot: *zàping*, *zebra*, *zero*; en paraules que comencen per **zoo-** (*zoo*, *zoològic*).
  - Darrere de consonant: *atzar*, *calze*, *donzella*, *esbarzer*.
  - Entre vocals, en paraules d'origen grec: *amazona*, *azalea*, *àzim*, *bizantí*, *esquizofrènia*, *ozó*, *topazi*, *trapezi*.
  - Altres: Azerbaitjan, azerbaitjanès, Nova Zelanda, neozelandès, kamikaze, magazín, nazi (nazisme, neonazi).

1 ●○○ **Classifica aquests mots segons que el so de la essa sigui sord o sonor:**

ase · sal · ultrasò · brisa
premsa · adeu-siau · Mercè
donzella · aerosol · crossa
lloança · braç · protozou

2 ●●○ **Completa aquests mots amb la grafia de la essa adequada:**

en…iam	ca…ualitat
ca…ament	re…um
diagno…i	esbar…er
e…ència	a…imptomàtic
ca…ador	velo…itat
bra…	ca…olada
na…isme	at…ucac

3 ●●○ **Escriu el plural d'aquests mots:**

cas · eficaç · intens · pols
vals · francès · glaç · homenàs
arboç · llenç · país · terròs

4 ●●○ **Completa els mots d'aquestes sèries:**

a tra… · tra…ar · tra…es
b gla… · gla…ial · gla…era
c pe… · pe…os · pe…ar
d pa… · pa…os · pa…ar
e velo… · velo…os · velo…itat

Les grafies de la essa sorda [s]

Per a saber com s'escriu el so de essa sorda, cal recordar les normes següents:

- S'escriu **s**:
  - A principi de paraula: *sabata*, *setmana*, *situació*, *suc*, *sòlid*, *setge*.
  - A final de paraula: *cas*, *pals*, *temps*, *dorms*, *vivies*.
  - Entre vocal i consonant o entre consonant i vocal: *dansa*, *cursa*, *defensar*, *pensar*, *premsa*, *desfer*, *estranyesa*.
  - Entre vocals, en paraules compostes: *gira-sol*, *penya-segat*, *aerosol*, *ecosistema*, *polisèmia*.
  - Entre vocals, en paraules formades amb un prefix: ***a**simetria*, ***pre**socràtic*.
- S'escriu **ss**:
  - Entre vocals: *crossa*, *tassa*, *gossa*, *missa*, *ressò*.
  - En les paraules que fan el femení amb **-essa**: *metgessa*, *baronessa*, *alcaldessa*, *poetessa*.
- S'escriu **c**:
  - Davant **e**, **i** a començament de mot (*cella*, *cim*), entre vocals (*acer*, *Llúcia*, *vici*) i darrere de consonant (*sincer*, *Marcel*).
- S'escriu **ç**:
  - Davant **a**, **o**, **u** tant entre vocals com darrere de consonant: *peça*, *cançó*, *dolça*, *vençut*.
  - A final de paraula: *arboç*, *glaç*, *veloç*, *lluç*, *pedaç*, *xoriç*.
  - En paraules formades amb els sufixos **-ança**, **-ença**: *lloança*, *temença*.
- S'escriu **sc**:
  - En determinats mots: *ascensor*, *piscina*, *consciència*, *oscil·lar*, *escena*.

En la taula següent trobaràs més exemples de mots que s'escriuen amb les grafies de la essa sorda:

ss	c	ç	sc
possible	*Mercè*	*eriçó*	*escenari*
assecar	*ceràmica*	*força*	*escindir*
assenyalar	*pacífic*	*lluç*	*prescindir*
emissora	*felicitat*	*pedaç*	*conscient*
abadessa	*àcid*	*assegurança*	*adolescent*
comissió	*enciam*	*desplaçament*	*abscissa*

5 ●●○ **Forma un derivat de cada una de les paraules següents amb els sufixos -esa o -essa:**

vampir · cec · baró · àcid
agut · alcalde · bell · poeta
coix · baix · vil · diable · duc

6 ●●○ **Forma un derivat de cada una de les paraules següents amb els sufixos -ança o -ença:**

lloar · conèixer · créixer · aliar
criar · comparèixer · alternar

7 ●●○ **Assenyala la paraula intrusa de cada sèrie i indica per què ho és:**

a escena · dolça · ase
b cassola · oscil·lar · colze
c transacció · endinsar · soca
d ciri · Cecília · cotó · cera
e passar · resar · pesar

8 ●●○ **Completa els mots següents amb les grafies de la essa que falten:**

pa■erell	o■ó
tran■istor	feble■a
metge■a	a■ensor
pi■ina	ca■ola
trape■i	vi■i
vèn■er	■istella
arrò■	terri■aire

9 ●●○ Completa aquests mots amb x, ix, tx o ig:

infraro■	ar■ivar
bombarde■	clen■a
■imple	gron■ador
ca■a	ru■at
esque■	co■e
pe■ateria	e■am
ca■alot	■ipolle■

10 ●○○ Completa aquests mots amb j o g:

■eperut	■uny
mà■ia	ma■úscula
■ovenalla	in■ectar
■aciment	re■entar
en■iny	ro■a
a■untament	ma■estuós
re■irar	ma■oritari

11 ●●○ Forma un verb derivat dels mots següents i escriu el present d'indicatiu de cadascun:

bloqueig · enuig · esquitx
capritx · xipolleig

12 ●●○ Llegeix en veu alta els mots següents i indica si tenen un so fricatiu o africat:

escabetx · ginesta · raig
Meritxell · capritx · arqueig
Gemma · jonc · cautxú · jaure

2 Els sons fricatius palatals

Els sons fricatius poden ser sords o sonors. Els sons **fricatius sords** es representen amb les grafies **x** i **ix** i els sons **fricatius sonors** es representen amb les grafies **g** i **j**.

Les grafies x/ix

En català oriental, les grafies **x** i **ix** corresponen al so de la lletra xeix de *xinxeta* i *coixí*. En català occidental, però, a principi de mot i després de consonant la **x** es pronuncia com la grafia **tx** de *batxillerat*.

- S'escriu **x**:
  - A començament de paraula: *xaloc*, *xemeneia*, *xic*, *xufla*.
  - Darrere de consonant: *panxa*, *perxa*, *carxofa*, *Elx*.
  - Darrere de **i**: *quixot*, *guix*.
  - Darrere d'un diftong decreixent: *disbauxa*, *xauxa*.
- S'escriu **ix** darrere de les vocals **a**, **e**, **o**, **u**: *aixeta*, *peix*, *moix*, *ruixat*.

Les grafies g/j

Les grafies **g** i **j** representen en alguns casos el mateix so sonor.

- S'escriu **g** davant de **e**, **i**: *gel*, *gerani*, *ginesta*, *gir*.
- S'escriu **j**:
  - Davant de **a**, **o**, **u**: *esponja*, *jove*, *julivert*.
  - Davant de **e** en els grups **-jecc-** i **-ject-** (*injecció*, *adjectiu*, *trajecte*...), en la conjugació del verb *jeure* i en determinats mots (*jerarca*, *jeroglífic*, *jeep*, *jersei*, *Jeremies*, *Jeroni*, *Jesús*, *Jerusalem*, *Jericó*, *majestat*... i els seus derivats).

3 Els sons africats

Els sons africats poden ser sords o sonors. Els sons **africats sords** es representen amb les grafies **tx** i **ig** i els sons africats sonors, amb les grafies **tg**, **tj**, **dg** i **dj**.

- S'escriu **tx**:
  - A principi de paraula: *txa-txa-txa*, *Txad*, *txec*, *Txaikovski*.
  - Enmig de paraula, sempre entre vocals: *cotxe*, *fletxa*.
  - A final de paraula si els derivats tenen el mateix so: *despatx* (*despatxar*), *empatx* (*empatxar*).
- S'escriu **ig** a final de paraula si els derivats tenen les grafies **g**, **j**, **tg** o **tj**: *raig* (*rajolí*), *passeig* (*passejar*), *desig* (*desitjar*).
- Les grafies **tg**, **tj** i **dj** segueixen les normes de la **g** i de la **j**.

4 El dígraf l·l

La ela geminada (l·l) és un dígraf format per dues l que hem de pronunciar com una ela doble o prolongada.

S'escriu ela geminada en els casos següents:

- En els mots que comencen per **al-**, **col-**, **il-**, **sil-**: *al·lusió*, *col·laborar*, *col·lecció*, *il·lusió*, *l·luminar*, *síl·laba*, *sil·logisme*.

En són **excepció** *alegria*, *alentir*, *alenar*, *alinear*, *colador*, *còlera*.

- Alguns adjectius que signifiquen el contrari d'altres que comencen per **l**: *il·legal* (*legal*), il·lògic (*lògic*).

- Els mots que acaben en **-el·la**, **-il·la**, **-il·lar**: *aquarel·la*, *cel·la*, *goril·la*, *til·la*, *vacil·lar*.

En són **excepció** *clientela*, *tutela*, *parentela*, *pamela*, *tequila*, *pila*, *anguila*, *fila*, *espavilar*, *jubilar*, *mutilar*, *ventilar*, *vigilar*.

- Alguns mots cultes com *cal·ligrafia, cal·ligrama, mil·lenari, mil·lèsim*.

En són **excepció** *milè*, *miler*, *milenar*.

- Derivats cultes de paraules que s'escriuen amb **ll**: *cristal·lí* (de *cristall*), *axil·lar* (de *aixella*), *coral·lí* (de *corall*).

Tingues en compte que hi ha paraules que no segueixen cap de les normes anteriors; per això cal recordar-les:

- *ampul·lós*, *apel·lació*, *bèl·lic*, *cèl·lula*, *constel·lació*, *destil·lar*, *estel·lar*, *excel·lent*, *fal·lera*, *hel·lènic*, *instal·lar*, etc.
- alguns noms propis i de lloc, com ara, *Apol·lo*, *Brussel·les*, *Gal·les*, *Marcel·lí*...

13 ●○○ **Digues si les afirmacions següents són certes o falses:**

a Les grafies l i l·l sonen igual.
b S'escriuen amb l·l els mots que alternen amb ll en altres paraules de la mateixa família.
c Els mots que acaben en **-el·la** sempre s'escriuen amb l·l.
d De vegades no sabem si una paraula s'escriu amb l o l·l perquè el so d'aquestes dues grafies és semblant.

14 ●●○ **Completa aquests mots amb l, ll i l·l:**

pe_eteria	pe_ícula
jubi_at	co_ega
i_usió	putxine_i
baca_à	capi_ar
varice_a	a_eugerir
ba_ancí	co_aborar
co_ocar	aco_orir

15 ●●○ **Escriu la paraula a què correspon cada definició:**

a Que no té límits.
b Que no té lògica.
c Que no es pot localitzar.
d Que no és lícit.
e Que no pot ser limitat.
f Que no és legal.

Recorda

- El so de la **essa sonora** es representa amb les grafies **s** i **z**.
- El so de la **essa sorda** es representa amb les grafies **s**, **ss**, **c**, **ç** i **sc**.
- Les grafies **g** i **j** en molts casos tenen el mateix so.
- Les grafies **x** i **ix** corresponen al so de la lletra xeix.
- Les grafies **tx** i **ig** tenen el mateix so a final de mot.
- La **ela geminada** (**l·l**) és un dígraf format per dues **l** que pronunciem com una ela doble o prolongada.

ANALITZA

1 ●●○ Llegeix el text següent i anota totes les paraules que tinguin el so de la essa sorda o el so de la essa sonora:

Puc arribar a ser presentador de televisió?

Jo espero que sí, a condició que ho vulguis ser encara quan siguis gran i puguis seguir els cursos apropiats, i a condició que, mentrestant, estudiïs amb ganes i aprenguis a parlar amb precisió, a pronunciar com cal les paraules, a descriure amb riquesa de detalls i amb vivacitat tot allò que veus. Si vols exercitar-t'hi des d'ara mateix, pots fer una cosa molt senzilla: agafes una cullera imaginant que és un micròfon, et poses a la finestra i proves d'explicar el que passa a fora, minut per minut. Si al cap de cinc minuts els teus oients encara no s'han adormit, pots esperar a ser un gran locutor. Sembla que sigui fàcil: prova-ho!

Per a ensinistrar la llengua a una velocitat adequada, aprèn a recitar cada vegada més de pressa, sense entrebancar-te, la tirallonga següent:

Telepresentador que teletransmets,
que teleparles i telebalbuceges,
si et teleentrabanques i telequequeges,
els televidents, des de telecasona,
t'enviaran a telepastar fang
i et quedaràs telesol com una telemona.

GIANNI RODARI, *Contes del geni de la fantasia*. La Galera

Ara, classifica les paraules que has anotat en una taula com aquesta:

SO DE ESSA SORDA				SO DE ESSA SONORA	
S	SS	C	Ç	S	Z

2 ●●○ Llegeix aquests haikus de la poeta Joana Raspall i completa'n els mots:

Quants rostolls grisos!
Recordeu els blats tendres,
com verde_aven?

Per què frue_en,
els ulls, mirant les flames
devoradores?

Visc forastera
en una terra _opa
de desmemòr[…]a.

[…] dia

[…] la grafia dels mots que has […]

3 ●●○ Relaciona les definicions amb els mots corresponents i completa'ls amb s, ss, c o ç:

a Flor de roser.	_ec
b Amb cabells de color entre castany clar i groc.	_ec
c Mancat d'humitat.	co_a
d Privat del sentit de la vista.	co_a
e Objecte.	ra_a
f Cop donat per un cavall.	ra_a
g Dona privada de llibertat.	ro_a
h Ànsia per fer una cosa ràpidament.	ro_a
i Poble del mateix grup ètnic.	pre_a
j Tallada molt curta.	pre_a

APLICA

4 ●●○ Completa aquests titulars amb les grafies adequades:

a Dimi…ions a l'ho…pital de Berga per un error mèdic

b Lleida prepara la recollida …electiva de bro…a

c Ha estat detingut el pre…umpte a…a…í

d El pre…upost queda aprovat per la comi…ió

e L'organit…a…ió suspèn la prova per amena…a terrori…ta

f L'a…o…ia…ió de ciclistes vol la implanta…ió progre…iva del carril bi…i

g Bar…elona té cada cop més botigues espe…ialit…ades en xocolata

h La NASA po…po…a fins demà el llan…ament de la càp…ula *Orion*

5 ●●○ Llegeix en veu alta aquestes paraules pronunciant correctament les que s'escriuen amb ela geminada:

anul·lar · anular

rebel·lar-se · revelar

al·ludir · eludir

vil·la · vila

Ara, busca el significat de cada una de les paraules anteriors en el diccionari.

Escriu quatre frases en què quedin clars els significats de cada parella de mots.

6 ●●● Completa les oracions amb l o l·l:

a La meva mare em va ensenyar un quadern de ca…igrafia de quan era petita, però era i…egible.

b Va treure un exce…ent en l'examen d'art he…ènic.

c Té l'afició de co…eccionar xapes metà…iques.

d Compta les sí…abes de les paraules del poema.

e Han tancat les insta…acions esportives pels problemes d'i…uminació.

f Els pe…egrins arriben a Santiago de Composte…a i visiten la catedral mi…enària.

PREPARA

7 ●●○ Llegeix bé aquest text i fes les activitats que hi ha a continuació abans que te'l dictin:

DICTAT

En Bambert era un home molt **baixet.** Tenia el cap gairebé encastat damunt les espatlles i necessitava un bastó per a caminar. El seu era negre, de pom daurat, i l'ajudava a anar per la vida. Tot i amb **això**, cada cop que feia una passa se'n ressentien tots els ossos.

Dins el petit cos d'en Barbert s'amagava un gran escriptor. És clar que això només ho sabia ell, perquè encara no havia deixat **llegir** mai a ningú cap dels seus contes. De fet, en Bambert tenia molt poca relació amb la gent. **Tanmateix**, no se sentia sol: els seus relats li feien companyia. Aquelles històries havien sorgit únicament de la seva **imaginació**, i li servien per a **viatjar** a través del temps i de l'espai com ningú no ho havia fet mai.

REINHARDT JUNG, *El llibre dels relats perduts d'en Bambert*. Editorial Vicens Vives

a Copia cinc mots del text que tinguin un so fricatiu alveolar i indica si és sord o sonor.

b Justifica l'ortografia de les grafies destacades dels mots *ne**c**e**ss**itava* i *rela**c**ió*.

c Llegeix en veu alta cada un dels mots destacats del text i indica si tenen un so fricatiu palatal o un so africat.

d Justifica l'ortografia de la lletra xeix dels mots *bai**x**et* i *tanmatei**x***.

e Escriu el present d'indicatiu del verb *viatjar*.

LLEGEIX

A NOVA YORK, HI HA COCODRILS ALBINS QUE VIUEN A LES CLAVEGUERES

Aquest és un dels clàssics més clàssics entre les llegendes urbanes, que ja corria fins i tot abans d'internet. Es diu que hi va haver persones que van comprar cocodrils, exactament al·ligàtors de Florida, com a animals de companyia. Quan van veure clar que allò no era domesticable i que tenien tendència a créixer molt, se'n van desfer mitjançant l'expeditiu sistema de fer-los desaparèixer pel vàter. La majoria va morir, però alguns van aconseguir sobreviure i proliferar. De mica en mica es van establir colònies d'aquests rèptils que s'alimentaven de deixalles, rates i fins i tot d'algun treballador o rodamon de les clavegueres de la ciutat.

Amb el temps s'han adaptat a l'ambient que els envolta, s'han tornat albins, ja que viuen en perpètua foscor, i representen una seriosa amenaça que apareix de tant en tant en les notícies.

Naturalment, amb internet aquest mite s'ha repetit encara molt més i s'ha diferenciat en centenars de llegendes lleugerament diferents. De vegades diuen que els cocodrils són cecs, altres que són albins, hi ha qui diu que en són uns pocs, mentre que alguns afirmen que n'hi ha diverses colònies estables. I, naturalment, són el terror de les persones que s'han d'endinsar a les entranyes subterrànies de Nova York. Fins i tot han sortit en algunes pel·lícules.

Tot plegat, però, demostra un coneixement ben pobre de la manera de viure dels al·ligàtors i de la biologia en general.

Per començar, cal recordar una dada important. Els al·ligàtors no viuen a Florida perquè sí. El que passa és que no poden viure més al nord, perquè, com que són rèptils, són animals de "sang freda". Necessiten una temperatura ambient relativament elevada per a poder mantenir el seu cos actiu. Nosaltres cremem calories per a mantenir la temperatura propera als 37 graus, però els al·ligàtors no poden fer-ho i s'han de posar al sol fins que els escalfa prou per a funcionar.

És clar, de calor i de sol n'hi ha força, a Florida, però a les clavegueres de Nova York són més aviat escassos. I tan bon punt arribés l'hivern i les nevades d'aquella zona, les condicions serien impossibles per a aquests animals. Un al·ligàtor deixat a les clavegueres de Nova York no s'alimentaria de rates, més aviat es quedaria aturat, en estat letàrgic, fins que les rates se'l mengessin a ell.

D'altra banda, els que creuen que aquests animals s'alimenten de les deixalles que hi ha per les clavegueres subestimen considerablement la toxicitat dels productes que es poden arribar a abocar per les canonades. Certament, alguns animals, com les rates, poden sobreviure-hi. Un cocodrilet, acostumat a les aigües netes de l'aquari on ha crescut fins que els seus amos s'han decidit a desfer-se'n, no trigaria gens a morir per alguna intoxicació, que se sumaria a les infeccions que sens dubte contrauria.

I, finalment, per a tenir una colònia de cocodrils, caldria que en sobrevisquessin uns quants, mascles i femelles, perquè comencessin a reproduir-se. Potser l'esport preferit dels habitants de Nova York durant un temps va ser abocar cocodrils pel vàter. Diuen que els americans són una mica excèntrics, però fins i tot per a ells tot això sembla més aviat poc probable.

DANIEL CLOSA I AUTET, *100 mites de la ciència*. Cossetània Edicions

COMPRÈN

1 ●○○ Respon aquestes preguntes:

a D'on procedeixen els al·ligàtors que, suposadament, viuen a les clavegueres de Nova York? Com hi han anat a parar?

b Per què se'n van desfer els seus propietaris?

c De què s'alimenten?

d Per què han perdut la pigmentació?

e Què significa que els al·ligàtors són animals de "sang freda"?

2 ●●○ Digues si l'autor del text creu realment que existeixen al·ligàtors a les clavegueres de Nova York. Després, resol aquestes qüestions:

a En quantes parts es pot dividir el text?

b Explica resumidament què s'exposa en cada part.

Fes una llista dels arguments que dona l'autor per a demostrar que l'existència dels cocodrils a les clavegueres de Nova York és poc probable.

ANALITZA

3 ●●○ Indica de quin tipus és el text que has llegit. Justifica la teva elecció:

- ☐ Narratiu
- ☐ Expositiu
- ☐ Descriptiu
- ☐ Argumentatiu
- ☐ Instructiu
- ☐ Conversacional

4 ●●○ Digues si la història dels al·ligàtors de Nova York és una llegenda urbana o no a partir de les característiques d'aquest tipus de text que has après en la pàgina 85.

- Justifica la teva elecció amb exemples del text.

5 ●●○ Copia tots els adjectius del text que qualifiquen els al·ligàtors o s'hi refereixen.

6 ●●○ Reescriu aquestes oracions fent servir el màxim de paraules i expressions sinònimes, sense que en canviï el sentit:

a De vegades diuen que els cocodrils són cecs.

b Alguns van aconseguir sobreviure i proliferar.

c Amb el temps s'han adaptat a l'ambient que els envolta.

d Aquests rèptils s'alimentaven de deixalles.

e S'han tornat albins ja que viuen en perpètua foscor.

f Diuen que els americans són una mica excèntrics.

7 ●●○ Troba en el text un exemple de cada una d'aquestes formes verbals:

a Present d'indicatiu

b Imperfet d'indicatiu

c Perfet perifràstic

d Imperfet de subjuntiu

8 ●●○ Separa en síl·labes aquests mots del text. Indica si tenen un diftong o un hiat:

serien

desapareixer

ambient

perpètua

tendència

subterrànies

APLICA

9 ●●● Busca més versions de la llegenda urbana dels al·ligàtors de Nova York. Exposa per escrit quines diferències hi ha entre les diverses versions.

INVESTIGA

10 ●●○ Busca informació sobre els cocodrils i els al·ligàtors en una enciclopèdia o a internet. Després, redacta un text expositiu en què expliquis les diferències entre aquestes dues classes de rèptil.

- Completa el teu text amb fotografies d'aquests animals.

És un cocodril o un al·ligàtor?

11 ●●○ A més de la temperatura i de l'exposició al sol, hi ha més causes per les quals un al·ligàtor de Florida no podria sobreviure a les clavegueres de Nova York.

- Esbrina quines són aquestes causes i exposa-les.

CREA

12 ●●● Escriu un relat de terror en primera persona basat en la llegenda urbana dels al·ligàtors que viuen a les clavegueres de Nova York.

JA HAS ACABAT?

Avalua't amb el test del quadern interactiu.

6

PINTAR AMB PARAULES, RETRATAR AMB MOTS

El text descriptiu

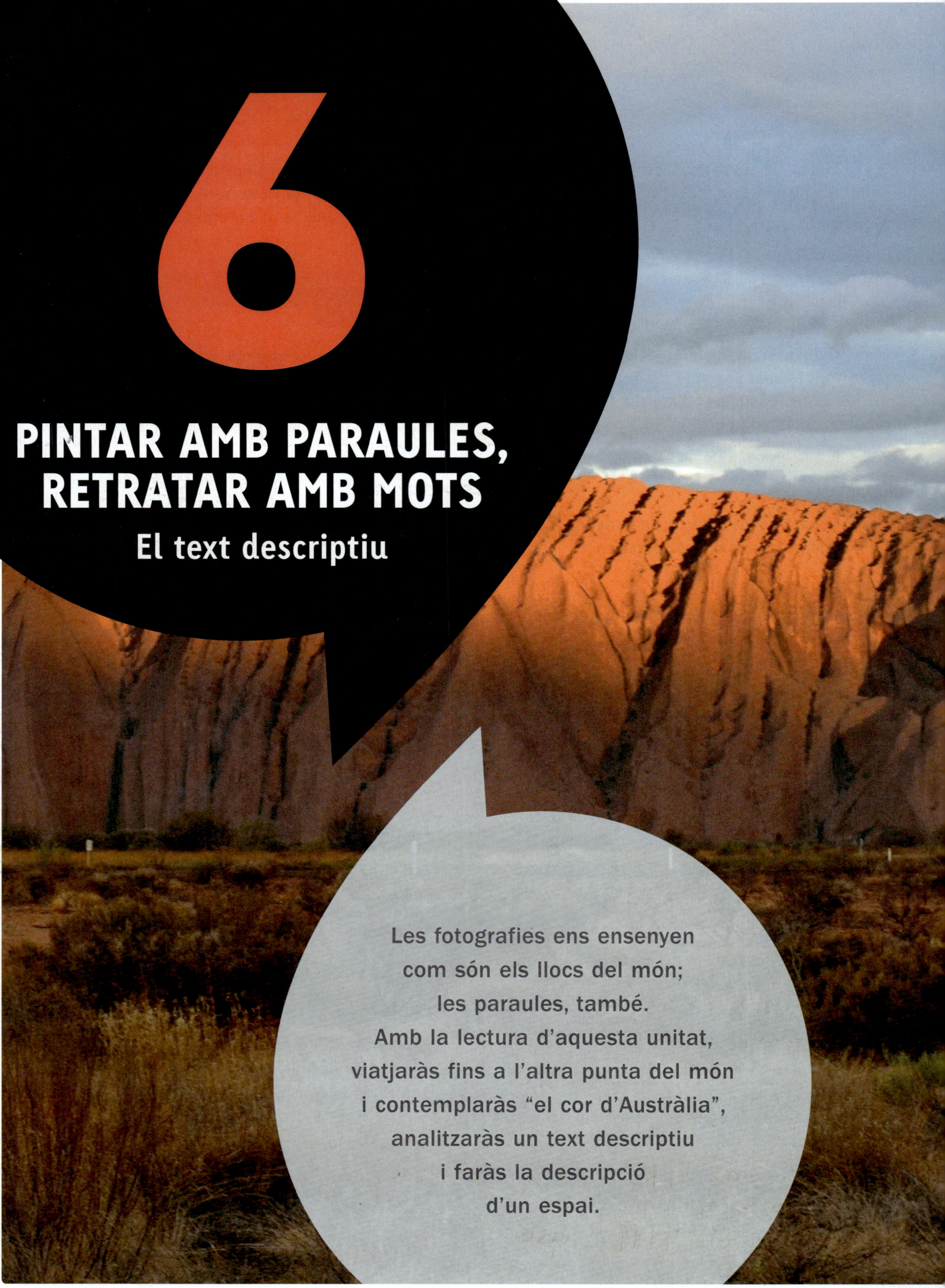

Les fotografies ens ensenyen
com són els llocs del món;
les paraules, també.
Amb la lectura d'aquesta unitat,
viatjaràs fins a l'altra punta del món
i contemplaràs "el cor d'Austràlia",
analitzaràs un text descriptiu
i faràs la descripció
d'un espai.

EN EL QUADERN INTERACTIU

? COMENÇA
Activitat inicial.

POTS FER-HO
Minirepte sobre els continguts de la unitat.

INFORMA'T
Recursos digitals per a treballar els continguts.

A PRACTICA
Activitats interactives.

✓ AVALUA'T
Test de la unitat.

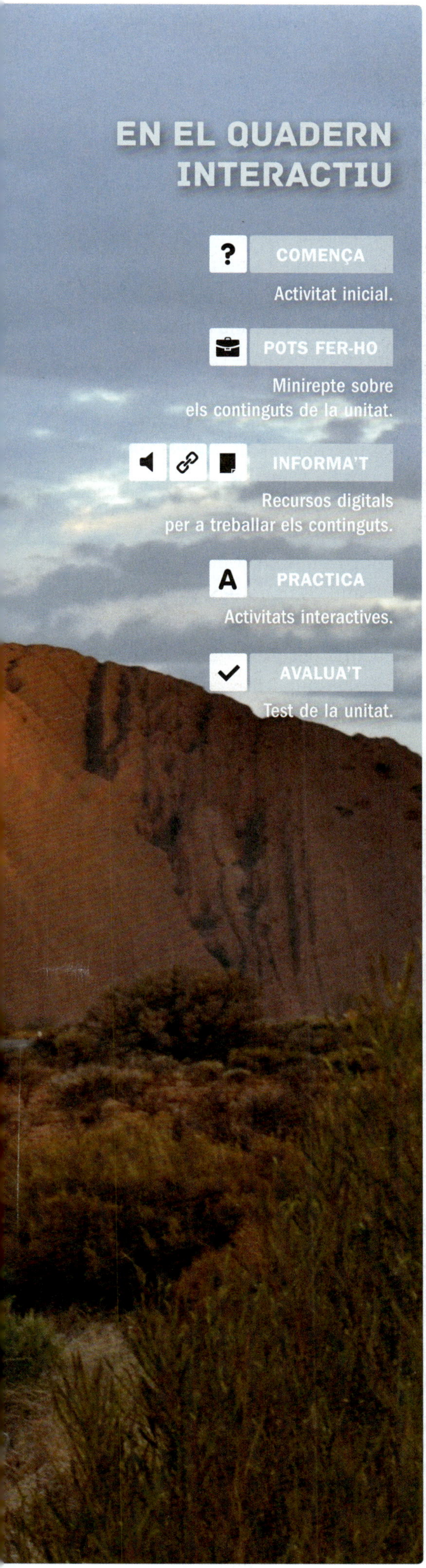

Pasqual Que meravellós! Una gran comparació, Anna!

Anna És que cada gira-sol... és una posta de sol!

Lola Jo crec que tot és naturalesa, tot és semblant a la mare Terra.

Genís Us trobo molt poètics, avui!

Quins països o indrets t'agradaria conèixer?

Si haguessis de planificar un viatge, quins llibres o textos consultaries?

Fixa't en el títol. A quina part del país localitzaries el "cor d'Austràlia"? Quin monument natural important hi ha allà?

BUMERANG. VIATGE AL COR D'AUSTRÀLIA

Xavier Moret

Quan per fi va aparèixer l'Uluru (Ayers Rock, segons els europeus), vaig aparcar el Toyota a la vora de la carretera i em vaig enfilar dalt d'un turó per poder-la contemplar bé. La roca era enfront meu —contundent, enigmàtica, regnant enmig d'un desert absolutament pla i exercint de cor d'una terra inhòspita.* Em moria de ganes d'arribar-hi, de veure-la de prop, de tocar els seus murs vermellosos, gairebé orgànics, però abans d'arribar-hi vaig haver de parar a Yulara, el poble artificial nascut per a allotjar els nombrosos visitants a una vintena de quilòmetres d'Uluru.

—Entre 1931 i 1946 van pujar l'Uluru només vint-i-dues persones —em va explicar el Greg, un dels nois de l'oficina de turisme vestit amb uns ridículs pantalonets curts—.* Saps quantes n'hi pugen ara? Unes quatre-centes mil cada any. El 1969 van ser ja vint-i-tres mil i deu anys després, seixanta-cinc mil. Era clar que havíem de fer alguna cosa per a absorbir el flux de visitants. Es va decidir construir Yulara a una distància prudencial de l'Uluru perquè no molestés la visió de la roca.

—I hi venen tan sols per la roca?

—Per què més hi podrien venir?

El somriure del Greg em va fer adonar que havia fet una pregunta estúpida.

—I què té la roca?

—Et puc donar les dades objectives, però no el secret de l'Uluru. Fa 3,6 quilòmetres de llarg i 348 metres d'alt. Hi ha qui diu que tan sols una novena part de la roca és visible i que la resta està sota terra. Altres diuen que són dos terços els soterrats. Els aborígens* diuen que és sagrada i començo a creure que és veritat. —Va accentuar el somriure—. D'altra manera no s'explica per què atreu tanta gent de tot el món.

[...]

Després de reservar plaça al càmping, vaig pagar la quota d'entrada al parc nacional i em vaig acostar a contemplar la posta de sol des de ben a prop de la roca. Les ombres del vespre feien que l'Uluru, erosionat pel vent i la pluja, arrodonit pel pas dels anys, mostrés la increïble varietat de les seves formes corbes i els seus continus canvis de color. Vaig donar-hi la volta sense baixar del cotxe, lentament, meravellat pels detalls que m'anava revelant aquell misteriós monòlit:* coves, barrancs, camins oberts per l'aigua, esquerdes, forats que feien pensar en figures capricioses (animals paralitzats en ple-

Amb quina mena de vehicle viatja el protagonista?

Què contemplava el narrador? Què és el "cor d'Austràlia"?

* Com és un indret "inhòspit"?

* L'observació sobre el Greg, és objectiva o subjectiva?

Per què és "artificial" el poble de Yulara?

Per què era "estúpida" la pregunta del narrador?

* Què significa el mot *aborigen*?

na cursa, persones en actituds estranyes, calaveres rialleres...). Vaig aparcar el Toyota al Sunset Park. Per descomptat que no vaig ser l'únic. Centenars de persones atretes per la roca es disposaven a contemplar la posta de sol en una actitud que recordava *Encontres en la tercera fase* de Spielberg.* L'espectacle estava a punt d'arribar en el seu moment culminant i algunes agències disposaven fins i tot de taules plegables plenes de copes de xampany per a brindar a la llum de la posta.

—És una tradició australiana —em va comentar una guia uniformada.

—Això sí que són tradicions...

—La pròxima vegada apunta't al nostre *tour* i tindràs dret a copa.

Em va passar el prospecte de l'agència. Ni allà no em podia lliurar de la publicitat.

Quan l'espectacle de la posta va començar, tothom va retenir l'alè. L'únic soroll que se sentia era el del clic de les càmeres i el brunzir dels vídeos. A mesura que la llum s'anava apagant, la roca canviava de color a una velocitat increïble, gris, groc, ocre, vermell..., fins a acabar en un roig encès que semblava que sortís del seu interior, com una brasa incandescent que estenia el seu regne sobre les àrides terres del desert.

En el moment suprem, quan un últim raig de sol llepava la roca de biaix,* es va fer un silenci absolut, d'emoció continguda, que va deixar pas a un sospir d'alleujament quan es va imposar la fosca. Les mirades que s'intercanviaven eren de satisfacció unànime,* com si flotés un núvol d'energia positiva que faria que d'un moment a l'altre tothom es posés a ballar i a proclamar la pau i l'amor universals. A poc a poc, però, les mirades van anar perdent lluïssor i, amb una certa resignació, la gent va anar pujant als cotxes per tornar al poble artificial.

Asseguren els que han sobrevolat la roca que des de l'aire és com una gran taca roja en forma de ronyó, però els viatgers romàntics prefereixen dir que té forma de cor. En qualsevol cas, és evident que l'Uluru té l'estrany poder d'hipnotitzar els viatgers. Va ser precisament Groome qui la va definir com "el cor orgànic d'Austràlia" i són molts els que encara ara parlen de la força espiritual del lloc. De lluny, pot incitar a la rialla. De prop, no hi ha més remei que donar-los la raó. L'Uluru és, sens dubte, un lloc ple de força i d'energia, d'una força que no es pot arribar a comprendre, però que és allà, enmig del desert, exercint de cor enigmàtic d'Austràlia.

* De quin "misteriós monòlit" parla?

* Coneixes l'argument d'aquesta pel·lícula de Steven Spielberg? La gent, amb quina actitud contemplava la posta de sol, doncs?

Quina tradició australiana es descriu?

Què significa que el raig de sol "llepava la roca de biaix"?

* Què vol dir l'adjectiu *unànime*?

Investiga

sobre l'autor i fes-ne la fitxa!

- Lloc i any de naixement.
- Professió, a més de la d'escriptor.
- Títols de llibres de viatges que ha escrit.
- Títols de novel·les que ha escrit.
- Premis i reconeixements que ha obtingut.

COMPRENSIÓ

1 ••○ Resol les preguntes següents sobre la lectura:

a Quins noms propis té l'anomenat "cor d'Austràlia"? Explica per què et sembla que en té més d'un.

b Quantes persones el visiten cada any? Quin és el moment del dia més apreciat per a contemplar-lo?

c El narrador ha fet el viatge pel seu compte o l'hi ha organitzat una agència de viatges? Justifica la resposta amb frases del text.

d Quines "dades objectives" sobre l'Uluru exposa, el Greg? Per què són "objectives"?

e L'Uluru, quina força o poder exerceix sobre els viatgers? Explica-ho amb les teves paraules.

2 ••○ Tria la definició correcta de cada substantiu:

turó

a Elevació no gaire alta del terreny.

b Part muntanyosa d'una contrada.

c Punt més elevat d'una muntanya.

flux

a Pujada de la marea. El contrari de reflux.

b Moviment continu d'allò que es mou en una direcció determinada.

c Sense força, suau.

aborígens

a Persones que són d'un altre país.

b Antics habitants d'un país.

c Primers habitants d'un país, en contraposició amb els que s'hi han establert posteriorment.

monòlit

a Monument que consisteix en una sola pedra alta plantada a terra.

b Monument que té una base quadrada i una columna alta, més ampla de baix que de dalt, que acaba en forma de piràmide.

c Lent per a posar-la davant d'un sol ull.

prospecte

a Full d'una revista.

b Imprès de petites dimensions que s'utilitza per a anunciar una obra, un establiment, etc.

c Llibre de poca extensió.

3 ●●○ Ordena cronològicament aquests fets de la lectura:

a ☐ S'imposa la fosca.

b ☐ Paga l'entrada al parc nacional.

c ☐ Contempla la posta de sol.

d ☐ Aparca el cotxe a la vora de la carretera.

e ☐ S'atura al poble de Yulara.

4 ●●○ Relaciona aquests adjectius del text amb el seu significat:

A contundent
B culminant
C suprem
D inhòspit
E incandescent
F unànime
G capriciós
H àrid
I orgànic

a ☐ Relatiu o pertanyent a un òrgan o a un sistema d'òrgans. Relatiu o pertanyent als éssers vius.

b ☐ Vivament lluminós a causa de la seva alta temperatura.

c ☐ Desproveït d'humitat, estèril, sense vegetació.

d ☐ Que produeix una gran impressió i convenç; que una cosa és clara i no pot ser discutida.

e ☐ Fet a capritx o que sembla fet a capritx. Que té una gràcia estranya i crida l'atenció.

f ☐ Dit d'un indret, que no és acollidor, que no té bones condicions per a viure-hi.

g ☐ Que culmina; que és el més alt o el més important.

h ☐ Superior a tots els altres.

i ☐ Dit d'una opinió, una decisió, un sentiment, etc., amb què tothom està d'acord.

ANÀLISI

5 ●●○ Assenyala els passatges del text més clarament descriptius.

6 ●●○ Copia tots els adjectius que el narrador fa servir per a qualificar l'Uluru —"la roca" o "el monòlit"— i els seus murs i formes.

- Copia també les comparacions que s'hi refereixen.

7 ●●○ Torna a llegir atentament el text i dibuixa una panoràmica de l'Uluru i els seus voltants:

- Tingues en compte les "dades objectives" sobre l'Uluru que exposa el Greg.

CERT O FALS?

☐ Els llibres de viatges són narratius i poden tenir passatges descriptius i dialogats.

☐ Només hi ha descripcions en les novel·les i els contes.

☐ En les descripcions no hi sol haver adjectius.

☐ En un text narratiu hi predominen els verbs i en un de descriptiu, els substantius i els adjectius.

1

Quin substantiu del text prové del nom d'una llengua indígena australiana, *wo-mur-rang*, que ens ha arribat a través d'un mot anglès?

2

Quins nombres que apareixen en el text són escrits amb lletres? On porten els guionets?

3

Quin mot del text és una onomatopeia?

8 ••○ Copia les paraules del text que estan en cursiva i explica, en cada cas, per què estan destacades així.

9 ••○ Justifica o explica el títol del text que has llegit.

- Proposa un altre títol que també sigui adequat.

10 ••○ Explica per escrit si el text t'ha agradat i per què.

ESTUDI DE LA LLENGUA

11 ••○ Busca els substantius de la lectura que són qualificats pels adjectius de l'activitat 4.

Ara, fes el mateix amb els adjectius que has anotat en resoldre l'activitat 6.

12 ••• Busca en el text exemples de cada una de les estructures del sintagma nominal (SN):

✓ Substantiu

✓ Determinant + substantiu

✓ Determinant + substantiu + adjectiu

13 ••○ Identifica les formes verbals personals del primer paràgraf del text, copia-les i indica en quin temps verbal estan.

14 ••○ Copia totes les expressions de temps i de lloc que hi hagi en el text que has llegit.

15 ••○ Esbrina el significat de cada una de les frases fetes següents i explica'l:

a Rodar el món i tornar al Born.

b Córrer la Seca, la Meca i la Vall d'Andorra.

c No haver vist el món per un forat.

Ara, digues què signifiquen aquestes expressions:

a Mal viatge!

b Bon viatge!

c Viatge sense tornada.

d Viatge rodó.

El camí de Sant Jaume ha inspirat molts llibres de viatges.

El text descriptiu explica com són els objectes, els llocs, els paisatges, els ambients, els animals, les persones...

El **llibre de viatges** descriu les observacions d'un viatger durant el seu viatge, normalment de plaer, i per això és considerat un text descriptiu, però també recull les seves experiències, per la qual cosa té molts dels elements dels textos narratius.

Una mica d'història

Els viatges sempre han estat un dels grans temes de la literatura. Es considera que la història dels llibres de viatges comença amb l'*Odissea* d'Homer (segles VIII-VII aC), un poema èpic que narra el llarg retorn a casa d'Ulisses després de la guerra de Troia.

En l'època medieval, les cròniques dels viatgers explicaven als lectors com era el món. N'és un exemple *El llibre de les meravelles del món*, del mercader i explorador Marco Polo (1254- 1324), que va viatjar per Armènia, Pèrsia, el Padir, el desert de Gobi i va arribar, a través de les estepes de Mongòlia, als confins de Catai (Xina) i, finalment, a Pequín.

Segles després, l'avenç de la ciència, els descobriments geogràfics i el Romanticisme afavoreixen, també, l'aparició de grans llibres de viatges: *Una ullada a la vida polinèsia*, de R. L. Stevenson, *Viatge a Amèrica*, d'Alexis de Tocqueville, *El viatge del "Beagle"*, de Charles Darwin, etc.

Al segle XX, el viatger viatja pel gust de viatjar; els escriptors escriuen sobre el que han vist i sobre les experiències dels viatge. En la literatura catalana, cal destacar els llibres de Josep Maria Espinàs.

Com són els llibres de viatges?

Els llibres de viatges combinen la **descripció** i la **narració**.

- Són **descriptius**, perquè el viatger explica com són els paisatges i els ambients, els costums de la gent, i en descriu les característiques amb l'ús abundant de substantius i adjectius.
- Són **narratius**, perquè hi és present la figura d'un narrador —el viatger, l'autor mateix— que explica, generalment en passat i en primera persona, uns fets sobre el que li succeeix als indrets i en els ambients que coneix durant el decurs d'un viatge.
- Són **subjectius**, perquè descriuen les experiències personals d'un viatger i recullen les seves observacions personals.

Altres textos descriptius relacionats amb els viatges

Les **guies de viatges**, els articles de les **revistes de viatges** i els **fullets turístics** són un recurs valuós per a les persones que volen planificar un viatge i/o informar-se sobre un lloc. Són més **objectius** que els llibres de viatges, ja que la intenció principal no és transmetre a un públic l'experiència personal d'un viatger, sinó informar-lo sobre quins són els indrets i les rutes que valen més la pena de visitar. Sovint poden incloure, també, fragments instructius, que indiquen els passos que s'han de seguir per a arribar a un indret o la manera de procedir en determinats llocs, i passatges explicatius.

FAUNA DEL PARC NACIONAL D'AIGÜESTORTES I L'ESTANY DE SANT MAURICI

L'altitud del **Parc Nacional d'Aigüestortes i Estany de Sant Maurici** oscil·la entre els 1.200 m i els 3.033 m, i la diferent orientació de les seves valls ha donat lloc a una gran diversitat d'ambients i espècies vegetals: boscos mixtos de caducifolis al fons de la vall, boscos de coníferes com el pi roig, l'avet o el pi negre i prats alpins a les zones més altes.

ELS HABITANTS DE LA MUNTANYA

Els diferents ambients i paisatges vegetals porten aparellats una fauna pròpia adaptada a les condicions ecològiques de cada indret.

El **GALL FER** (*Tetrao urogallus*) és una gran au que viu als boscos de pi negre. El mascle es distingeix pel plomatge fosc i la cua molt ampla, una taca vermella sobre l'ull i unes de blanques a les potes i a la cua. Fa el niu entre els matollars al peu dels pins.

Els grans espais alpins, crestes, circs glacials, tarteres i comes, són el territori de l'**ISARD** (*Rupicapra rupicapra*). Aquest mamífer herbívor, amb unes banyes curtes llises amb la punta corbada en forma de ganxo, viu als llocs alts i tresca pels indrets més escabrosos amb una agilitat sorprenent. A l'hivern, baixa de cota i viu als boscos subalpins.

L'**ESCURÇÓ** (*Vipera aspis*) és una serp verinosa que es coneix per tenir el cos curt i gruixut i una cua curta, ben diferenciada del cos, la nineta de l'ull vertical i el cap ample triangular amb el morro aixecat. Prefereix els indrets oberts i assolellats. A l'estiu, és actiu al matí, ben d'hora, i al crepuscle.

Un dels representants de la fauna lligada a l'aigua és la **LLÚDRIGA** o **LLÚDRIA** (*Lutra lutra*), un mamífer que té el tronc llarg i flexible i les potes força petites amb els cinc dits units per una membrana que els facilita la natació. Com que es tracta d'un animal fluvial, neda amb gran habilitat i té el pèl curt, que li impedeix que l'aigua li arribi a la pell. Habita a les ribes dels rius amb vegetació abundant, on s'alimenta de peixos. És una espècie de la muntanya mitjana i de la part alta de la terra baixa.

El gall fer viu als boscos de pi negre.

L'escurçó és una serp verinosa que viu als indrets assolellats.

La llúdriga, animal fluvial, viu a la muntanya mitjana.

[JOSEP NUET, "Capturant la natura", *Descobrir.cat* (fragment)]

Pautes d'anàlisi
d'un article d'una revista de viatges

FIXA'T EN l'organització de la informació:

- Si hi ha una introducció.
- Si hi ha subtítols que divideixen el text en apartats.
- Si el text està organitzat en paràgrafs.

FIXA'T EN la presentació del text:

- Si el cos o mida de la lletra és sempre el mateix.
- Si hi ha frases o paraules destacades.
- Si hi ha elements gràfics.

FIXA'T EN el tipus de text que hi predomina:

- Si és més explicatiu que descriptiu o viceversa.
- Si les descripcions són objectives o subjectives.

FIXA'T també en aquests aspectes:

- El tipus de llenguatge:
  - Si és culte i acurat o col·loquial.
- El vocabulari:
  - Si és precís o imprecís.
  - Si és especialitzat, propi d'un camp del saber.
- El temps verbal que hi predomina.
- Si hi ha abundància de substantius i adjectius.

1 ●○○ Digues si les afirmacions següents sobre el text que has llegit són certes o falses:

a La flora i la fauna del parc estan directament relacionades amb la diferent orientació de les seves valls.

b La paraula *fauna* fa referència a les espècies vegetals i la paraula *flora*, a les animals.

c Els mots llatins en lletra cursiva indiquen el nom científic dels animals.

d Els boscos caducifolis no perden les fulles a l'hivern.

2 ●○○ Classifica en una taula els noms dels animals, les espècies vegetals i les formes del relleu que apareixen en el text.

3 ●●○ Completa en un full a part una taula com aquesta sobre els animals del text:

ANIMAL			CARACTERÍSTIQUES FÍSIQUES	HÀBITAT	COSTUMS
Nom comú	Nom científic	Classe			
gall fer					
isard					
escurçó					
llúdriga o llúdria					

4 ●●● Busca informació sobre el Parc Nacional d'Aigüestortes i Estany de Sant Maurici i escriu un text en què expliquis de manera resumida els aspectes següents sobre el parc:

Hidrologia · Clima · Flora i fauna
Geologia i geomorfologia · Paisatge

5 ●●○ Analitza el text que has llegit segons les pautes d'anàlisi.

Planifica i prepara

Imagina't que ets l'autor o l'autora d'un llibre de viatges i que has d'escriure un capítol del llibre sobre un dels indrets següents:

El massís de Montserrat

Les cascades del riu Iguaçú

El cercle megalític de Stonehenge

La Calçada del Gegant

Primer, treballeu per parelles o en grups reduïts.

– **Trieu un dels indrets anteriors i busqueu-ne informació. Documenteu-vos sobre aquests aspectes:**

- La localització o situació geogràfica.
- L'entorn natural.
- Les característiques generals.
- Les característiques que el fan únic.
- Els aspectes culturals que s'hi relacionen.
- Alguna tradició, llegenda, mite o fet històric que hi estigui relacionat, si és que n'hi ha cap, curiositats, etc.

– **Imprimiu o fotocopieu la informació que hàgiu trobat.**

A Subratlleu el que us sembli rellevant.

B Anoteu la informació més important en un full a part.

- No copieu paràgrafs ni passatges sencers.
- Preneu notes o apunts amb les vostres paraules. Feu frases curtes en forma de llista i/o anoteu el que cregueu important de manera resumida.

C Busqueu més fotografies de l'indret per a fer-vos una idea millor de com és.

– **Quan redactis el text individualment, recorda que ets un autor de llibres de viatges; escriu el teu text en primera persona.**

- Pren com a model la lectura d'aquesta unitat.

Escriu i revisa

Ara, escriu indivudualment el capítol del teu llibre de viatges a partir dels apunts que heu pres.

1. **Imagina't que has visitat l'indret.**
2. **Tingues en compte que algunes de les descripcions o explicacions que en faràs les pot dir un personatge.**
2. **Escriu el text. Inclou-hi:**

A Una descripció objectiva de l'indret:
- Situa'l geogràficament (localització, entorn natural...).
- Exposa'n les característiques generals i les particularitats.

B Una descripció subjectiva, personal:
- Explica (inventa't el que calgui):
  – Les sensacions que et produeix.
  – Com et sents quan el contemples.
  – Si et fa venir records, etc.
- Fes servir adjectius i comparacions.

C Altres informacions que hàgiu recollit.

Revisa el text segons el model de la lectura i el que has après en la pàgina 105.

- **L'has escrit en primera persona?**
- **Has fet servir adjectius i comparacions?**
- **Has fet errors ortogràfics? Corregeix-los i esmena tot allò que sigui millorable.**

El repte

En grups, redacteu un fullet turístic sobre una gran ciutat.

1. **Busqueu-ne informació:**
   - País i situació geogràfica, nombre d'habitants, clima, atractius principals, etc.
2. **Escriviu un text descriptiu a partir de la informació que hàgiu trobat.**
3. **Completeu el text amb altres informacions sobre la ciutat: curiositats històriques, plats típics, festes destacades, etc.**
4. **Organitzeu el text en apartats i subapartats i, després, reviseu-lo.**
5. **Busqueu fotografies representatives i confeccioneu el fullet.**
6. **Pengeu els fullets a la classe i valoreu-los.**

+ Propostes

Per parelles, planifiqueu el viatge que us agradaria fer amb els companys a final de curs!

- **Heu de tenir en compte la destinació, el mitjà de transport, la durada del viatge, l'allotjament, els llocs que visitareu i el pressupost total.**
- **Exposeu la vostra proposta a la resta de la classe i trieu la millor!**

ORTOGRAFIA Els signes de puntuació

1 Per a què serveixen?

Els signes de puntuació fan que un text escrit sigui comprensible i indiquen a la persona que el llegeix quina entonació hi ha de donar (admiració, sorpresa, interrogació, dubte...). Cada signe té uns usos, i quan escrivim, és convenient saber-los.

La coma

La **coma** (,) és un signe de puntuació que indica una pausa breu en el text. D'entre tots els signes, és el que té més usos:

■ Separa els elements d'una enumeració o una sèrie:

- *Porteu tot el que calgui per a parar taula: els coberts, els plats, els gots, les tovalles...*

■ Separa les interjeccions, les exhortacions o els vocatius (elements que serveixen per a cridar una persona). La coma pot anar abans o després d'aquests:

- *Nil, vine i endreça les joguines.*
- *Vine, Nil, i endreça les joguines.*
- *Vine i endreça les joguines, Nil.*

■ Indica que s'ha elidit el verb entre el subjecte i el primer complement; és a dir, que se sobreentén. Fixa-t'hi:

- *El primer autobús del dia surt de l'estació a les sis del matí i el segon surt a les set.* ▸ *El primer autobús del dia surt de l'estació a les sis del matí i el segon, a les set.*

■ Delimita o separa aclariments o incisos. Per exemple:

- *La Núria, aquella amiga teva de Reus, ara viu a Lleida.*

■ Separa elements de la frase que són substituïts per pronoms:

- *El lavabo, el trobareu al fons a la dreta.*

Observacions:

■ No es posa coma entre el subjecte i el verb. Tampoc no se'n posa entre el verb i el seu complement obligatori:

- *La Maria compta els diners que ha estalviat.*
- *Ell confia molt en el seu pare.*

■ No es posa coma entre el penúltim i l'últim element d'una enumeració o sèrie quan hi ha les conjuncions **i**, **o**:

- *Al mercat ens han ofert de tot: mitjons, faldilles, sabates, bosses, roba de llit i draps de cuina.*

■ En l'encapçalament d'una carta, tant hi pot haver dos punts com una coma. En canvi, en la fórmula de comiat, abans de la signatura, s'hi escriu una coma, perquè el verb ja se sobreentén.

1 ●●○ **Puntua les oracions següents amb el signe de puntuació adequat:**

a S'han de presentar en un termini de dos dies la fotocòpia del DNI el full de la matrícula tres fotografies i el número del compte corrent.

b Li agrada la llibreria nova perquè pot triar entre llibres de detectius còmics novel·les il·lustrades i revistes juvenils.

c L'ha convençut perquè surti de casa faci l'encàrrec vagi al banc compri al mercat...

2 ●○○ **Explica la diferència de significat que hi ha entre aquestes dues frases:**

a Josep Maria i Xavier, anireu amb l'equip contrari.

b Josep, Maria i Xavier, anireu amb l'equip contrari.

3 ●●○ **Corregeix els errors:**

a El lleig i antiquat edifici de formigó, ens va decebre.

b La música sortia, d'un ordinador que hi havia en un dels escriptoris de l'habitació.

c La filla, del botiguer ja va a la universitat.

d Tu somies truites!

El punt

El punt (.) indica en el text una pausa forta, més gran que la de la coma. Hi ha tres tipus de punts:

- El **punt i seguit**, que indica el final d'una oració dins d'un mateix paràgraf: *Ha fet un dia plujós. La boira no ha escampat fins ben bé les vuit del vespre.*
- El **punt i a part**, que separa els diferents paràgrafs d'un text.
- El **punt final**, que indica el final d'un text.

Observacions:

- Mai no duen punt final els títols o els subtítols d'un text, els avisos, els rètols i els titulars.
- Sempre que es pugui, s'ha de fer servir el punt i seguit per a evitar frases massa llargues i fer-les més entenedores.

El punt i coma

El **punt i coma** (;) assenyala una pausa mitjana en el text: és més forta que la de la coma, però més breu que la del punt. Els seus usos són els següents:

- Separa oracions que tenen una relació de significat estreta: *Feia fresqueta; malgrat tot, van anar a la platja.*
- Separa grups d'elements, sèries o enumeracions llargues que ja contenen comes. Fixa-t'hi:
  - *Al Pol li va tocar el ram; a l'Eva, la figureta, i a la Bet, la nina.*

Els dos punts

Els **dos punts** (:) indiquen una pausa que serveix per a cridar l'atenció sobre el que s'introdueix a continuació, que pot ser:

- Una **enumeració** o **sèrie**. Per exemple: *He comprat tot això: cinta adhesiva, retoladors, cola, cartolines i paper fi.*
- La **citació** d'un text o de les paraules d'algú:
  - *El capítol comença així: "La revolució industrial s'inicia..."*
  - *Com diu ell: "Qui no vulgui pols que no vagi a l'era."*
- Una **explicació**, **una conseqüència** del que s'ha dit, una **conclusió** o un **exemple**:
  - *Per fi s'ha decidit: a partir del dia 1 deixarà de fumar!*
  - *En català, la lletra a, quan s'accentua, duu accent obert:* àlber, àvia...

Observacions:

- Els dos punts mai no es posen en les enumeracions o sèries precedides pel verb *ser*. Per exemple: *Els mesos de l'any són gener, febrer, març...*

4 ●●○ **Substitueix el segon verb repetit de cada oració per una coma:**

a El pare ha anat a Barcelona i la mare ha anat a Girona.

b Tenien tanta son, que la Maria ha dormit fins a les deu i la Sílvia ha dormit fins a les dotze.

5 ●●○ **Substitueix un dels punts i seguit d'aquest text per un punt i a part i justifica la teva decisió:**

El sopar d'aquella nit va ser un model d'organització: la sala era prou gran pel nombre de convidats, la taula feia goig (les estovalles eren de fil i els coberts eren de plata). El servei va ser excel·lent. L'endemà, a les sis del matí, ja era a la porta de l'hotel, esperant un taxi per a dirigir-se a l'aeroport.

6 ●●○ **Substitueix les comes per punts i coma quan calgui:**

a A la reunió anual, hi van assistir en Joan, el director, l'Helena, la subdirectora, i en Bru, el secretari.

b La reunió va acabar més tard del que es preveia, malgrat això, alguns dels participants encara van continuar discutint.

ORTOGRAFIA Els signes de puntuació

7 ●●○ Explica l'ús dels dos punts en aquestes oracions:

a *Aloma*, de Mercè Rodoreda, comença així: "—L'amor em fa fàstic!"

b Va quedar callat quan li van preguntar qui era Napoleó: no n'havia sentit a parlar mai.

c Per a elaborar una bona massa per a fer panellets, cal seguir aquests passos: procurar tenir tots els ingredients (ametlla picada, sucre, ous, moniato i ratlladura de llimona), trossejar-los, barrejar-los bé i amassar una estona la pasta fins que quedi ben lligada.

8 ●○○ Explica quina diferència hi ha entre el signe d'interrogació i el d'admiració. Posa'n exemples.

9 ●●○ Digues si els punts suspensius de cada frase indiquen sorpresa, dubte o suspens:

a No... Caram... No sembla ella...

b I l'Oscar a la millor pel·lícula és per a... *12 anys d'esclavitud*!

c Ho sabia... Sabia que al final del capítol ens assabentaríem que la víctima era viva.

El signe d'interrogació

El **signe d'interrogació** (**?**) serveix per a indicar que cal donar una entonació especial a una frase o a una part d'una frase. Aquest signe s'escriu al final d'una pregunta. Exemples: *Qui ho ha dit? Què vols: te o cafè?*

Observacions:

■ En les preguntes llargues s'hi pot escriure al davant un signe d'interrogació d'obertura (**¿**) per a facilitar-ne la lectura:

- *¿Ha vingut a buscar-te aquell xicot que va marxar fa uns anys a l'estranger i que feia tant de temps que no veies?*

■ Després del signe d'interrogació no es posa mai un punt, però la paraula següent s'escriu amb majúscula:

- *Quina prefereixes? Pots triar.*

El signe d'admiració

El **signe d'admiració** (**!**), o **signe d'exclamació**, serveix també per a indicar que cal donar una entonació especial a una frase o a una part d'una frase. Aquest signe s'escriu al final d'oracions amb què l'emissor vol expressar alegria, sorpresa, queixa, etc.: *Que divertit!*

Observacions:

■ Després del signe d'interrogació no es posa mai un punt, però la paraula següent s'escriu amb majúscula.

- *Quin fred que fa! Vaig a buscar l'anorac.*

Els punts suspensius

Els **punts suspensius** (**...**) indiquen una pausa produïda per una interrupció:

■ Perquè qui parla s'interromp per a expressar temor o suspens o deixa la frase inacabada perquè el receptor ja sap què vol dir. Per exemple: *El lladre ha estat ell. És un...*

■ Perquè equivalen a l'abreviatura **etc.** en una enumeració o sèrie: *Compra molta fruita: cireres, peres, préssecs, meló...*

Observacions:

■ Abans dels punts suspensius mai no s'escriu una coma.

■ S'escriuen al costat del mot que segueixen, sense espai entremig, i només en són tres.

■ Mai no s'escriuen després de l'abreviatura **etc.**

■ Posats entre claudàtors (**[...]**), indiquen que s'ha suprimit una part del text que s'està reproduint textualment: *En llevar-me, em vaig adonar que en passaria alguna* [...]. *I així va ser.*

Les cometes

Les **cometes** s'utilitzen per a destacar fragments de text dins d'un altre text. N'hi ha de tres classes: les baixes o llatines (« »), les altes o angleses (" "), que són les més utilitzades, i les simples o senzilles (' '). Es fan servir en els casos següents:

- Reproduir, de manera literal, les paraules que diu o que pensa algú. Per exemple: *Tarradellas va dir: "Ja soc aquí."*
- Transcriure exactament fragments de text extrets d'una publicació: *El titular d'avui és aquest: "Al-Qaeda nega l'autoria de l'atemptat".*
- Indicar que a una paraula se li dona un sentit especial, diferent del que té. Per exemple: *Va fer "cantar" l'acusat.*

Els parèntesis

Els **parèntesis** (**()**) serveixen per a delimitar aclariments breus, informacions complementàries, com ara les dates del naixement i la mort d'algú, o dades secundàries: *La majoria de vegades (o nou de cada deu) aprova els exàmens.*

Els aclariments també poden anar entre guions o comes.

El guionet i el guió

- El **guionet** es fa servir per a partir les paraules a final de línia, per a formar paraules compostes (*gira-sol*) o per a relacionar un mot amb un altre (*El partit Barça-Madrid*).
- El **guió**, que pot ser llarg (—) o mitjà (–), es fa servir en un diàleg, per a indicar quan parla cada personatge i, com un signe doble, per a indicar o aïllar les intervencions del narrador:

—Què vols?

—No vull res —va dir—, no t'amoïnis.

Com un signe doble, serveix també per a introduir elements de contrast, observacions, comentaris...:

- *La DGT —la Direcció General de Trànsit— insisteix que...*

Recorda

- La **coma**, el **punt**, el **punt i coma**, els **dos punts** i els **punts suspensius** indiquen una pausa.
- El **signe d'interrogació** i el **signe d'admiració** assenyalen l'entonació que hem de donar a la frase.
- Les **cometes** destaquen una part d'un text, els **parèntesis** delimiten aclariments i el **guió** es fa servir generalment en els diàlegs dels textos narratius.

10 ●●○ Explica per a què es fan servir les cometes i els punts suspensius entre claudàtors del text següent:

¿Podria deixar tanta tendresa? [...] Davant de cada edifici important ell li havia dit: "T'estimo." Li havia dit "t'estimo" quan travessaven un carrer [...]. Escrivia "t'estimo" sobre un trosset de fusta que arrencava a la capsa de llumins [...].

MONTSERRAT ROIG, "Felicitat", dins *Tots els contes*. Edicions 62

11 ●●○ Posa parèntesis on calgui en aquestes oracions:

a Va decidir que no aniria a Nova York era un viatge de vuit hores d'avió.

b Totes les persones que coneixia o gairebé totes li deien que no tenia raó.

12 ●●○ Escriu guions on creguis que són necessaris:

A l'escola de Kalfermatt érem una trentena de nens [...].

Atenció! El del fons, Joseph Müller!

Sí, senyor Valrügis? vaig respondre.

Què escrius mentre jo faig la classe d'història?

Prenc apunts, senyor.

JULES VERNE, *El senyor Re sostingut i la senyoreta Mi bemoll*. Diputació de Barcelona

ANALITZA

1 ●●○ Identifica les cinc comes d'aquest text que són incorrectes perquè haurien de ser punts i seguit:

Els peixos i els arbres s'assemblen, s'assemblen en els anells, els arbres en tenen al tronc. Si féssim un tall transversal a un arbre, els podríem veure: un anell per a cada any transcorregut, és així com es pot saber l'edat de l'arbre, els peixos també tenen anells, però a les escates. I, de la mateixa manera que passa amb els arbres, amb aquests anells podem saber quants anys té l'animal.

Els peixos no paren mai de créixer, nosaltres, sí. Nosaltres minvem a partir de la maduresa. El nostre creixement s'atura, i els ossos es comencen a ajuntar, el cos s'encongeix.

KIRMEN URIBE, *Bilbao - New York - Bilbao*. Edicions 62

Ara, reescriu el text substituint les comes incorrectes pels punts i seguit corresponents.

2 ●●○ Llegeix aquest text i explica per a què serveix cada un dels signes de puntuació indicats:

FLOR D'AIGUA

S'obre ran de l'aigua més neta del món:(a) la dels llacs,(b) que és feta d'esponja de neu. És petita, blanca-(c) vori, melissa, tarongí. És una flor que beu. Els pètals fan cullera,(d) recullen l'aigua,(e) quan són ben plens s'ajunten de pressa en poncella perquè l'aigua no vessi i se la beuen. Després es baden mandrosets i reposen. Quan estan descansats, tornen a beure. Cada nit fan igual. A l'acabament de la florida la planta arronsa les tiges i deixa les seves minyones,(f) les flors,(g) soles amb l'aigua.(h) Tot el profit de tant i tant beure era per a la planta. Per a les flors, no res.

MERCÈ RODOREDA, *Viatges i flors*. Edicions 62

3 ●●○ Llegeix aquest text i, després, resol les activitats:

El president del Futbol Club Barcelona, Sandro Rosell, ha explicat que Tito Vilanova li va plantejar que només volia assumir el paper que li corresponia com a tècnic del Barça. En una entrevista al programa *El matí de Catalunya Ràdio*, Rosell ha revelat què li va comentar Tito Vilanova quan li van proposar si volia fer-se càrrec del primer equip del Barça: "**Em va dir que ell només volia fer d'entrenador, i jo li vaig contestar que això era exactament el que havia de fer, d'entrenador**". Rosell ha puntualitzat que Guardiola només feia d'entrenador, però com que era una persona que comunicava tan bé i, a més a més, la gent li preguntava de totes les coses, i ell contestava a tothom, va semblar que feia de més coses que d'entrenador. En canvi, Rosell apunta que Tito li va comentar que a ell, quan li fessin aquelles preguntes, no les volia respondre, que ell volia respondre si li preguntaven pel lateral dret, pel lateral esquerre, si el porter estava millor, si la jugada la va assajar... Aquestes coses.

www.ccma.cat, 27/06/2012

a Fixa't en l'oració destacada i explica per què està escrita entre cometes (" ").

b Imagina't el diàleg o conversa que van mantenir Sandro Rosell i Tito Vilanova i escriu-lo.

- Recorda que les intervencions dels interlocutors d'un diàleg s'indiquen amb un guió llarg (—).

4 ●●● Segueix l'exemple i converteix les parelles d'oracions que hi ha a continuació en una sola oració:

- *El lladre va sortir del banc corrent.*
- *El lladre va escapar-se de la policia.*
- ▸ *El lladre, que va sortir del banc corrent, va escapar-se de la policia.*

a En Joan té un oncle que sap de tot.

A En Joan té molta sort.

b Aquest restaurant és nou.

B El restaurant m'agrada molt.

APLICA

5 ••• Completa les oracions següents amb els signes de puntuació adequats en cada cas:

parèntesis | punt final | cometes | coma | dos punts

a El meu pare■ a qui agradaven molt els refranys■ solia dir-nos al migdia ■i de vegades també al vespre■ ■ ■A la taula i al llit■ al primer crit■ ■

dos punts | coma | signe d'interrogació | punt

b A quina ciutat t'agradaria viatjar■ A mi m'agradaria anar a uns quants llocs■ Nova York■ Tòquio■ Berlín■ Amsterdam■ etc■

signe d'interrogació | parèntesi | coma | guionet | punt final

c Maria■ saps quant tarda el tren Barcelona■ Saragossa a fer el recorregut■ Preguntem-ho a la taquilla on venen els bitllets de l'AVE ■*alta velocitat espanyola*■ ■

signe d'admiració | punts suspensius | coma | punt i seguit | dos punts

d Això és increïble■ ■ ha decidit que deixa la universitat■ Ai■ ■ no sé si s'ho ha pensat bé■

coma | cometes | dos punts | punt final

e La meva germana■ la Montse■ sempre diu■ ■la música amansa les feres■ ■

6 ••○ Puntua els textos següents:

a La meva germana petita la Montse encara canta Sol, solet, vine'm a veure'm, vine'm a veure'm

b A la festa van venir l'Àngel que és el germà del Toni el Toni la Maria la Jordina que és la meva cosina el Pere el Pau el Tomàs i els meus veïns

c En la circular, hi diu Cal que tots els alumnes portin equipament esportiu xandall, samarreta i vambes roba i calçat adequats per a anar per la muntanya una muda completa i sac de dormir.

PREPARA

7 ••○ Llegeix bé aquest text i fes les activitats que hi ha a continuació abans que te'l dictin:

DICTAT

Però això què és?, penso mentre desembolico aquesta cursilada.

Prou es veu que això, això!, és un diari. Un d'aquests quaderns per a poder-hi escriure la vida, els pensaments, les penes, les alegries, els enamoraments... Saps què vull dir?

Al·lucina, Carlota!, em dic. L'àvia Isabel, la mare del pare, sempre ha estat així de rareta. Mai no entén que les coses importants per a mi no són les mateixes que ho semblaven a ella quan tenia la meva edat.

Total, vinga a esperar amb candeletes el meu aniversari i..., plaf!, el dia que faig catorze anys, en comptes de regalar-me el disc compacte pel qual xalo d'ençà de fa un mes, ella va i em porta aquesta horterada.

Estic a punt d'obrir la boca per deixar anar la meva contundent opinió sobre aquest quadern folrat, de plàstic de color rosa, amb una gran taca lila.

GEMMA LIENAS, *El gran llibre de la Carlota*. Empúries

a Busca en el text un exemple d'una enumeració i fixa't en el signe de puntuació que en separa els elements.

b Busca en el text un exemple en què la coma serveixi per a delimitar un vocatiu.

c Explica per a què s'han fet servir els punts suspensius del text.

LLEGEIX

HOSTALRIC

El primer que es veu quan s'arriba a Hostalric per la carretera són les seves muralles. La població està situada damunt d'un turó volcànic, encerclada per un recinte medieval que data dels segles XII-XV. De les entrades per les quals s'hi accedeix, cal destacar-ne el portal de Barcelona, el de les Hortes i el de les Vinyes. Al llarg dels 600 metres de muralles, bastant restaurades, s'aixequen vuit torres cilíndriques, que componen la característica imatge d'Hostalric. La que està situada a l'extrem més oriental, la torre dels Frares, de 33 metres d'alçada, és la més destacable per la seva situació estratègica de control a l'entrada de la població. La més ben conservada és la torre d'Ararà. Des de les torres es contempla una magnífica vista si el dia és clar. A la llunyania s'entreveu el castell de Montsoriu.

A la part alta de la vila s'alça el castell d'Hostalric, que va ser declarat monument historicoartístic, així com les muralles, l'any 1963. Construït al segle XI per ordre dels vescomtes de Cabrera, al llarg dels segles s'ha anat modificant i reconstruint (l'aspecte actual és del segle XVIII), de resultes dels diversos conflictes bèl·lics que hi han tingut lloc. Les dependències internes s'han convertit en un restaurant.

A la vila hi ha una xarxa de 3 quilòmetres de mines subterrànies, excavades entre 10 i 20 metres sota terra. Són més antigues que les muralles i probablement servien com a via d'emergència en cas de setge. Aquests túnels subterranis estrets, amb un important desnivell, constitueixen una petita aventura per al visitant. L'església parroquial de Santa Maria, del segle XVI, i la modernista casa de la vila completen la visita a la població.

La Guia RACC de Catalunya,
RACC Automòbil Club / Edicions 62

COMPRÈN

1 ●●○ Identifica la paraula del text que correspon a cada una de les definicions següents:

a *m.* Porta d'entrada d'una ciutat.

b *adj.* Relatiu o pertanyent a l'estratègia.

c *m.* i *f.* Noble que té una categoria inferior al comte i superior al baró.

d *loc. prep.* Com a conseqüència de.

e *adj.* Relatiu o pertanyent a la guerra.

f *f.* Construccions, habitacions o llocs que estan unides o depenen d'un edifici.

g *f.* Pas subterrani. Galeria subterrània per a captar i conduir aigua.

h *m.* Fet d'encerclar una ciutat, una fortalesa, etc., per a lluitar contra els qui la defensen i conquistar-la.

2 ●●○ Respon aquestes preguntes:

a On està situat Hostalric?

b Què configura la imatge característica d'aquesta població?

c Quantes torres té la muralla? Quin nom rep la que està situada més a l'est?

d Què hi ha a dalt de tot de la vila? A quin segle es va construir? S'ha mantingut intacte al llarg del temps? Per què?

e Què és una "casa de la vila"? Digues dos mots que en siguin sinònims.

3 ●●○ Fes una llista de tots els monuments i llocs d'interès d'Hostalric segons el text. Després, resol aquestes qüestions:

a Has visitat cap d'aquests monuments o llocs d'interès? Si és així, explica per escrit quin et va agradar més i per què, si coneixes gaire la vila o hi has estat poc, amb qui hi vas anar i quan, etc.

b Si no coneixes Hostalric, explica quin d'aquests llocs o monuments t'ha cridat més l'atenció i per què i quins altres monuments t'agradaria visitar.

ANALITZA

4 ●●○ Copia els adjectius qualificatius del text.

Ara, copia tots els sintagmes nominals (SN) que tinguin l'estructura següent:

Determinant + nom + adjectiu

5 ●○○ Copia totes les formes verbals del text i indica si estan en passat, present o futur.

6 ●●○ Explica si el text anterior és narratiu o descriptiu i justifica la resposta.

- La informació que proporciona és objectiva o subjectiva?

7 ●●○ Justifica si el text que has llegit podria pertànyer a una guia de viatge.

APLICA

8 ●●○ Cerca més dades d'Hostalric (la situació geogràfica, el nombre d'habitants, la història, etc.) i reescriu el text que has llegit completant-lo amb més informació.

- Per a fer-ho, consulta la pàgina web oficial de la població (www.turismehostalric.cat/).

9 ●●○ Escriu en singular el fragment següent:

Les mines subterrànies són més antigues que les muralles i probablement servien com a via d'emergència en cas de setge. Aquests túnels subterranis estrets, amb un important desnivell, constitueixen una petita aventura per al visitant.

10 ●●○ Completa aquest altre fragment amb les vocals que hi falten:

- Encr q l'ofrt d'lltjmnts s mns, l'trcti trstc d l vl, fmntt prncplmnt n l ptrmn mnmntl, s nngbl.

RESUMEIX

11 ●●○ Llegeix la llegenda local d'Hostalric, que trobaràs en l'enllaç següent, i fes-ne un resum:

www.turismehostalric.cat/ca/coneix_hostalric/pagina/36

CREA

12 ●●○ Fes una descripció de la població on vius de manera que resulti una guia útil per a un possible visitant. Tingues en compte aquests aspectes i altres que consideris rellevants:

Localització geogràfica

Dades i fets històrics rellevants

Llocs d'interès i/o monuments importants

Festes i/o tradicions locals

Tingues en compte, també, els punts següents:

- Segueix el model del text anterior que has llegit.
- Tingues en compte que les descripcions que facis han de ser objectives.
- Completa el text amb fotografies representatives.
- Mostra el teu text a la resta de la classe perquè els teus companys el valorin i t'ajudin a millorar-lo. Després, esmena el que creguis convenient.

JA HAS ACABAT?
Avalua't amb el test del quadern interactiu.

7

LLEGIM IMATGES

El text narratiu IV

Has sentit a dir mai que una imatge val més que mil paraules? Potser no ens hem de prendre aquesta afirmació al peu de la lletra, però el que sí que és clar és que les imatges també ens expliquen coses. Pensa en els còmics, per exemple, que són textos narratius. I en les tires còmiques; moltes no tenen cap mot i, no obstant això, *les llegim*.

EN EL QUADERN INTERACTIU

COMENÇA
Activitat inicial.

POTS FER-HO
Minirepte sobre els continguts de la unitat-

INFORMA'T
Recursos digitals per a treballar els continguts.

PRACTICA
Activitats interactives.

AVALUA'T
Test de la unitat.

Genís A vegades no l'entenc de res quan parla.

Lluís Una metàfora visual és un estat d'ànim o sensació expressat mitjançant una imatge.

Lola I no feu cap onomatopeia? Sou uns avorrits...

Anna Se suposa que són divertits, aquest parell? Hi hauria d'haver sortit jo!

Qui és Batman? N'has llegit cap còmic o n'has vist cap pel·lícula? Quin o quina?

Què és un còmic? Quines característiques té? Explica-ho breument.

Qui és l'autor de la foto? Per què molts còmics solen tenir dos autors? Esbrina-ho.

BATMAN: BARCELONA, EL CAVALLER I EL DRAC

Mark Waid i Diego Olmos

Amb qui parla la noia?

Què té d'especial Bruce Wayne? Com va vestit? Per a què es deu estar preparant? Explica-ho d'una manera general; no cal que entris en detalls.

Per què Wayne penja el telèfon a la noia?

Què significa la paraula *potencial*?

Quin personatge parla en la vuitena vinyeta? Per què no apareix en la vinyeta?

Qui diries que és el "cavaller"? És a dir, qui "s'ha de mostrar"?

Investiga
sobre els autors i sobre la història de Batman!

- Lloc i any de publicació del còmic del qual has llegit un fragment.
- Lloc i any de naixement dels autors, Mark Waid i Diego Olmos.
- Altres còmics que hagin escrit i dibuixat.
- Títol i any d'edició de la primera història sobre Batman.
- Nom dels autors originals.
- Nom d'altres autors de còmics de Batman.
- Motiu que va empènyer Batman a convertir-se en superheroi i lluitar contra el crim.

COMPRENSIÓ

1 ●●○ **Busca a internet la portada del còmic Batman: Barcelona, el cavaller i el drac i descriu Batman.**

- Les seves característiques físiques.
- La seva indumentària.

Ara, documenta't sobre Batman, si no coneixes aquest personatge:

- Si té poders sobrenaturals o no; en què consisteix el seu poder.
- Si amaga la seva identitat i, si és així, quina és.
- On viu, etc.

2 ●●○ **Llegeix aquest article informatiu referent a la publicació del còmic de les pàgines anteriors:**

> **BATMAN, ENTRE ROSES I SENYERES**
>
> **L'heroi ratpenat, en la seva nova entrega, té com a missió liquidar una reencarnació del drac de Sant Jordi a la ciutat de Barcelona.**
>
> Dues històries, la llegenda de sant Jordi i les aventures de Batman, es troben en la nova història del superheroi, "Batman, el cavaller i el drac". L'home ratpenat s'endinsa en la llegenda del patró de Catalunya i es desplaça pels carrers de Barcelona amb la missió de liquidar Killer Croc, una reencarnació del drac de sant Jordi, que comet assassinats en sèrie de noies de la ciutat.
>
> La trama transcorre per diversos escenaris de Barcelona [...]. A més, l'assalt final de l'heroi contra el seu principal enemic coincideix amb la diada de Sant Jordi [...].
>
> elsingular.cat, 28/05/2009

Ara, resol aquestes qüestions sobre el text anterior i sobre el còmic que has llegit:

a Digues qui és "l'home ratpenat" i assenyala'l en el còmic. Per què se l'anomena així en l'article?

b Digues quin nom rep l'antagonista de Batman i assenyala'l en el còmic també. Quin significat té el seu nom en la nostra llengua?

c Justifica el títol del còmic: "El cavaller i el drac". Quin personatge és "el cavaller"? Quin és "el drac"?

d Qui eren els cavallers antigament? Quines qualitats i virtuts tenien? Avui dia, amb quin significat es fa servir aquest mot?

e Creus que un superheroi com Batman pot ser considerat un cavaller modern? Per què?

f Quins elements del còmic indiquen que l'acció se situa a Catalunya? Quins edificis o indrets de Barcelona hi identifiques? Assenyala'ls.

3 ••○ Contesta aquestes preguntes sobre el fragment del còmic anterior:

a Batman prové d'una família adinerada o humil? Justifica la resposta amb frases del text.

b Qui és Bruce Wayne? Creus que la noia que li truca sap que Wayne i Batman són la mateixa persona?

c Qui et sembla que pot ser la noia?

d Per què fuig espantada la gent?

e El fragment que has llegit pertany al principi o al final del còmic? Tingues en compte la informació de l'article anterior per a contestar.

ANÀLISI

4 ••○ Fixa't en les vinyetes del còmic i contesta:

a El cos dels personatges es mostra sempre de la mateixa manera (per exemple, de cos sencer)?

b En quines vinyetes només se'n mostra la cara? En quines vinyetes els personatges es mostren fins a la cintura?

c En quina vinyeta es mostra un element de molt a prop?

d En quina es mostra una visió general de l'espai on transcorre l'acció?

Respon ara aquestes altres preguntes:

a Quin nom reben els espais tancats que contenen els textos de les intervencions dels personatges? Totes són iguals?

b Quines tenen una forma diferent? Què indiquen?

c Què indiquen els punts suspensius de la bafarada de la tercera vinyeta?

d La paraula *sigh* de la setena vinyeta és catalana? A quina llengua pertany? Què significa?

5 ••○ Explica què és una onomatopeia i contesta:

a N'hi ha cap en el còmic? Què indica?

b Aquesta onomatopeia és escrita dins o fora d'una bafarada? Té el mateix tipus de lletra i la mateixa mida que el text de les bafarades? Per què creus que es fa així, normalment?

c Et sembla una onomatopeia que segueix l'ortografia de la llengua catalana? Justifica la resposta.

Ara, posa exemples d'onomatopeies i digues quins sons o sorolls imiten.

CERT O FALS?

- ☐ Els còmics narren històries.
- ☐ El còmic és un tipus de text narratiu.
- ☐ L'onomatopeia és un recurs que només es fa servir en novel·les, contes, relats.
- ☐ Les vinyetes dels còmics sempre són de la mateixa mida.

1

Quin manlleu del text significa "home ric i atractiu, especialment jove, que cerca seduir les dones"?

2

Per quin substantiu català substituiries el mot anglès *sigh*?

3

Quins sinònims de *ratpenat* coneixes? Digue'n, com a mínim, dos.

6 ••○ Digues si les afirmacions següents sobre el fragment de còmic anterior són certes o falses:

a ☐ Hi ha la intervenció d'un narrador extern.

b ☐ Hi ha una metàfora visual (un estat d'ànim o sensació expressat mitjançant una imatge).

c ☐ Hi ha línies cinètiques, és a dir, línies que indiquen moviment.

d ☐ Els colors són alegres.

e ☐ Les ombres són bastant contrastades.

f ☐ El traç de les línies dels dibuixos és suau per a donar la sensació de calma, quietud, tranquil·litat.

ESTUDI DE LA LLENGUA

7 ••○ Reescriu el text de les bafarades del còmic anterior en forma de diàleg. Pots incloure-hi intervencions d'un narrador extern. Recorda:

- Has de fer servir un guió llarg cada vegada que canviï el personatge.
- En el diàleg, les intervencions del narrador s'escriuen enmig de la intervenció del personatge (entre dos guions llargs) o al final (entre un guió llarg i un punt).

8 ••○ Per parelles, escriviu tots els mots que conegueu que pertanyin al camp semàntic del còmic.

9 ••○ Busca en el còmic paraules que tinguin aquests grups de vocals i anota-les:

- ✓ Un diftong creixent
- ✓ Un diftong decreixent
- ✓ Un triftong
- ✓ Un hiat

Ara, busca-hi exemples de mots que pertanyin a les categories gramaticals següents:

- ✓ Determinant possessiu
- ✓ Adverbi
- ✓ Determinant indefinit
- ✓ Pronom

10 ••○ Reescriu el fragment següent substituint els substantius per altres de sinònims o per expressions sinònimes:

No penses en què diran els llibres d'història de l'últim dels Wayne, l'hereu absolut de tot el llegat de la família? Que duia una vida despreocupada de playboy... És una deshonra per al teu cognom.

Alguns vitralls d'esglésies i catedrals mostren imatges que narren passatges de la història sagrada o de la vida d'un sant.

Les imatges o il·lustracions ens ajuden a comprendre millor un text, com, per exemple, les dels llibres de ciències o les que trobem en un full d'instruccions, o constitueixen una part fonamental d'una narració, com en el cas dels contes infantils o dels còmics; fins i tot, soles, sense text, també poden ser llegides com una narració. Per exemple, les pintures d'un retaule ens poden contar una història. Així mateix, les tires còmiques també ens expliquen una història breu, de vegades sense text o amb molt poc.

El còmic i els seus elements

Un **còmic** és una història explicada mitjançant una successió de vinyetes que contenen dibuixos i text alhora. Hi ha còmics humorístics, de ciència-ficció, etc. Els elements bàsics del còmic són aquests:

- La **vinyeta**, que és cada un dels espais, normalment en forma de quadrilàter, en què es divideix la història mitjançant dibuixos i textos. Pel que fa al text, hi ha la **bafarada** o espai que conté el que diu un personatge. Poden tenir formes diferents segons si el personatge parla, pensa, està enfurismat o espantat, crida... i consta d'un apèndix, el **delta**, que assenyala el personatge que parla o que indica si una veu ve de fora de la vinyeta. Si el que es vol reproduir és la veu del narrador, es fa servir el **cartutx**, un espai tancat, normalment rectangular, que sol situar-se a la part superior de la vinyeta.

En les vinyetes també hi podem trobar **onomatopeies**, que són mots que imiten sons o sorolls (*atxim*, *catacrac*...), **metàfores visuals**, que indiquen estats d'ànims o sensacions mitjançant imatges, com una bombeta encesa (una idea), estrelles (dolor), etc., i **línies cinètiques** o traços que indiquen el moviment d'un objecte o d'un personatge.

- El **pla**, que és l'enquadrament del dibuix de la vinyeta. N'hi ha de diferents tipus segons la distància dels elements dibuixats respecte de l'observador: **pla general** (mostra l'entorn o escenari en què es troben els personatges), **pla sencer** (mostra el personatge de cos sencer ocupant gairebé tot l'espai de la vinyeta), **pla americà** (mostra la figura del personatge o dels personatges fins a l'alçada dels genolls), **pla mitjà** (els personatges es mostren de cintura cap amunt), **primer pla** (es veu la cara o el rostre del personatge), **pla detall** (mostra un objecte, la part d'un objecte o una part del cos del personatge de molt a prop), etc.
- L'**angle de visió**, que és el punt de vista des del qual s'observa el personatge o l'acció. N'hi ha de diferents tipus, com, per exemple, l'**angle normal** (l'acció té lloc a l'alçada dels nostres ulls), l'angle en **picat** (el dibuixant mira l'acció des de dalt i representa el personatge de dalt a baix) i l'angle en **contrapicat** (el dibuixant mira l'acció des de baix i representa el personatge de baix a dalt).

La tira còmica

Una tira còmica és una historieta il·lustrada que consta d'un nombre reduït de vinyetes, normalment en posició horitzontal, que contenen una fracció d'història o una història completa molt breu que segueix l'estructura bàsica de plantejament, nus i desenllaç. Les tires còmiques es publiquen periòdicament en diaris, revistes i publicacions d'internet.

A

PATRICK MCDONNELL, "El Dog i el Muix" (adaptació d'Albert Jané), *Cavall Fort*, núm. 1184

B

CHARLES M. SCHULZ, *Sempre endavant, Charlie Brown! Peanuts*. Edicions 62

C

PICANYOL, "Ot el bruixot", *Cavall Fort*, núm. 879

D

PICANYOL, *Ot el bruixot*, núm. 5. La Galera

Pautes d'anàlisi
d'una tira còmica

FIXA'T EN les imatges:

- Els personatges.
- L'espai on té lloc l'acció: si apareix definit o a penes és suggerit.
- Si hi ha elements que indiquin el temps en què té lloc la historieta que s'explica.
- Si hi ha metàfores visuals i què signifiquen.
- Si hi ha línies cinètiques i què indiquen.
- Els tipus de pla del dibuix de cada vinyeta:
  - pla general
  - pla sencer
  - pla americà
  - pla mitjà
  - primer pla
  - pla detall
- L'angle de visió del dibuix de cada vinyeta:
  - normal
  - en picat
  - en contrapicat

FIXA'T EN el text:

- Si hi ha bafarades o no i com són.
- Si hi ha intervencions d'un narrador i on apareixen.
- Si hi ha onomatopeies i, si n'hi ha, què indiquen.
- El tipus i la mida de les lletres.
  - És sempre el mateix, varia?

1 ●●○ Indica quines de les afirmacions següents són certes:

a ☐ Les tires còmiques A i B no són narratives perquè no es poden dividir en principi, nus i desenllaç.

b ☐ La tira còmica C no és narrativa perquè no conté bafarades ni, per tant, diàleg.

c ☐ Les tires A, B i D són narratives; la tira C és descriptiva.

d ☐ Les quatre tires còmiques són narratives.

e ☐ En la tira A hi ha la intervenció d'un narrador extern, exposada en un cartutx.

f ☐ En la tira C hi ha línies cinètiques.

g ☐ L'angle de visió de les quatre tires és normal.

2 ●●○ Divideix les vinyetes de cada una de les tires còmiques en principi, nus i desenllaç.

- Escriu una frase que resumeixi cada una d'aquestes parts narratives.

3 ●●○ Escriu la tira còmica B en forma de diàleg:

- Pots incloure-hi intervencions d'un narrador extern.
- Recorda que has de fer servir guions.

Ara, fes el mateix amb la tira D. Busca en el diccionari, si cal, el significat de les onomatopeies.

4 ●●○ Analitza una de les tires còmiques anteriors i indica quins punts de les pautes d'anàlisi es compleixen.

Ara, busca una tira còmica d'un d'aquests personatges i analitza-la, també, seguint les pautes d'anàlisi:

- Garfield
- Mafalda
- Calvin & Hobbes

TALLER El text narratiu IV

Planifica i prepara

T'atreveixes a crear una tira còmica?

- Per parelles, inventeu-vos l'argument d'una història breu que tingui un desenllaç còmic. Si voleu, podeu partir d'un acudit.
  - Tingueu en compte que hi ha d'haver pocs personatges.
- Redacteu la vostra historieta en forma de diàleg.

Tingueu en compte aquests aspectes del llenguatge dels còmics:

- Les bafarades, que poden tenir formes diferents segons que el personatge parli, pensi, somiï, etc.
- Els plans que poden tenir els dibuixos de les vinyetes:

pla sencer

pla americà

pla mitjà

primer pla

pla detall

pla general

- Els angles de visió dels dibuixos:

normal

en picat

en contrapicat

Escriu i revisa

A partir del diàleg que heu escrit, organitzeu els fets de la historieta en vinyetes.

1 **Feu un esbós de cada vinyeta.**
- Què hi haurà dibuixat?
- Com serà el pla de cada dibuix?
- Des de quin angle el dibuixareu?

2 **Definiu les bafarades de cada vinyeta segons els diàlegs:**
- On situareu cada bafarada?
- De quin personatge sortirà?
- De quin tipus serà?

3 **Recordeu:**
- El text ha de ser breu i senzill.
- Determinades informacions que en un text s'escriuen amb paraules, en un còmic estan dibuixades o representades amb:
  - onomatopeies
  - línies cinètiques
  - metàfores visuals
- La forma de les bafarades pot ser diferent segons les emocions o els estats d'ànim del personatge.

4 **Elaboreu les vinyetes definitives i, si voleu, acoloriu-les.**

Revisa la tira còmica a partir de les pautes de la pàgina 127.

- **Els diàlegs són breus i clars? S'entenen?**
- **Heu tingut en compte els elements del còmic?**
- **Heu comès errors ortogràfics?**

El repte

Confeccioneu un llibret amb les millors tires còmiques.

1 **Pengeu a la cartellera de la classe totes les tires còmiques.**

2 **Cada grup, presenteu la tira que heu elaborat als vostres companys i expliqueu-los quins recursos heu utilitzat i per què.**

3 **Decidiu quines us han agradat més i per què.**

4 **Recolliu les millors tires en un llibret i feu-ne una còpia per a tots els alumnes. També les podeu publicar en el blog de la classe.**

+ Propostes

Cerqueu altres tires còmiques, còmics i novel·les gràfiques i feu un treball d'investigació.

1 **Dividiu-vos en grups i busqueu-les a la biblioteca del vostre centre o localitat.**

2 **Trieu-ne una i informeu-vos-en.**

3 **Cada grup s'encarregarà d'exposar als seus companys l'obra que hagi triat. Seguiu aquests punts:**
- Doneu informació del guionista i el dibuixant.
- Resumiu-ne l'argument.
- Exposeu les característiques dels personatges principals.
- Expliqueu per què l'heu triat: què us ha agradat més i per què, què us ha cridat més l'atenció...

1 L'oració

Una **oració** és un conjunt de mots amb significat complet i lògic i que està delimitat per dues pauses. En una oració, hi distingim dues parts: el **subjecte** i el **predicat**:

El Daniel m'ha enviat un missatge.
Subjecte — Predicat

Tant el subjecte com el predicat són **sintagmes**, és a dir, un mot o un conjunt de mots amb una estructura pròpia organitzada a l'entorn d'un nucli i que desenvolupen una funció dins l'oració.

- El **subjecte** és un **sintagma nominal** (**SN**) —el seu nucli és un **nom**— que ens informa de qui o de què parlem.
- El **predicat** és un **sintagma verbal** (**SV**) —el seu nucli és un **verb**— que diu alguna cosa sobre el subjecte.

Els castellers han carregat un pilar de vuit amb folre.
Nucli (nom) — Nucli (verb)
SN Subjecte — SV Predicat

La concordança

Entre el subjecte i el predicat hi ha d'haver una relació de **concordança**; és a dir, el subjecte i el verb sempre han de concordar en nombre i en persona: *El**s** alumne**s** fa**n** fila*. No hi ha concordança, per exemple, en **El**s** alumne**s** **fa** fila*; per tant, aquest conjunt de mots no forma una oració.

Gràcies a la concordança, podem esbrinar quin és el subjecte d'una oració. El subjecte serà l'element que es modifica quan canviem la persona o el nombre del verb. Fixa-t'hi:

- ***El soroll** em molest**a**.* ▸ ***Els sorolls** em molest**en**.*

El subjecte el·líptic

Si bé una oració consta de subjecte i predicat, de vegades el subjecte no hi és perquè ja se sobreentén. Aquest subjecte que no és explícit, però que se sobreentén, s'anomena **subjecte el·líptic**. Fixa-t'hi:

- [Ell] *No vindrà, avui*.

En una oració, però, hi ha un element del qual **no** podem prescindir: el **verb**, que ha d'estar conjugat. Per exemple: *El nou president de l'associació* és un sintagma nominal (SN), però no és una oració perquè no té verb.

Observacions

Quan escrivim una oració, mai no hem de posar una coma entre el subjecte i el predicat. Per exemple: *L'Anaís ha fet un dibuix;* però mai **L'Anaís, ha fet un dibuix*. El final d'una oració s'indica amb un punt.

1 ●●○ **Identifica el subjecte i el predicat de cada oració:**

a En Pol beu aigua.
b Els esportistes s'eixuguen la suor del front.
c No m'agraden els alls.
d Necessito un entrepà ja de bon matí.
e Els del grup fan esport gairebé cada dia.

2 ●●○ **Corregeix els errors de concordança dels titulars següents:**

a El ministre de Justícia prenen possessió del càrrec
b Els turistes estrangers gasta un 30% més
c El metro de Barcelona compleixen noranta anys
d Comença les obres al túnel de les Glòries

3 ●●○ **Indica el subjecte el·líptic de cada una de les oracions següents:**

a Sovint s'oblida de trucar.
b Ja arriben tard.
c Ha tingut dos cadells.
d Hem comprat un pastís.
e No teniu ganes de treballar.
f Tinc ganes de jugar a futbol.

2 El sintagma nominal

Un **sintagma** és un grup de paraules que s'organitza a l'entorn d'un nucli. Tingues en compte, però, que un SN pot ser constituït per un únic mot, el nucli. El nucli és, per tant, l'element imprescindible del SN. Segons quina sigui la categoria gramatical del nucli, hi ha diversos tipus de sintagmes: el **sintagma nominal** (SN), que té com a nucli un nom, el **sintagma verbal** (SV), que té com a nucli un verb, el **sintagma adjectival** (SAdj), que té com a nucli un adjectiu, el sintagma **adverbial** (SAdv), que té com a nucli un adverbi. El **sintagma preposicional** (SPrep) és un SN precedit d'una preposició.

Estructura del sintagma nominal (SN)

El **sintagma nominal** (**SN**) té, doncs, un nucli que és un **nom** *(la meva* ***germana*** *petita)*. Recorda, però, que els pronoms substitueixen el nom. Per tant, un pronom pot formar un SN: *La* ***Neus*** (SN) *ve ara* ▸ ***Ella*** (SN) *ve ara*.

El **nucli** del SN pot anar acompanyat per complements que precisen o amplien el significat del nucli i que hi poden aparèixer o no. Per tant, l'estructura bàsica del sintagma nominal és (determinant) + nucli + (complement). Aquests complements poden ser els següents:

- Els **determinants**, que poden ser articles (***les*** *cadires*), demostratius (***aquell*** *lloc*), possessius (*la* ***seva*** *mare*), quantitatius (***pocs*** *nens*), numerals (***deu*** *dies*), indefinits (***diverses*** *solucions*), etc.
- Els **complements del nom**, que poden ser adjectius (*la taula* ***verda***), sintagmes preposicionals (*la taula* ***de fusta***), un altre sintagma nominal (*el riu* ***Ebre***) o oracions (*el regal* ***que més t'agrada***).

Funcions dels sintagmes

El sintagma nominal pot funcionar com a **subjecte** de l'oració, com a **complement del verb** —per exemple, com a complement directe (*Llegiu* ***el prospecte***) o com a atribut (*L'auró és* ***un arbre***)— i com a **complement del nom** (*Roma,* ***la ciutat eterna***).

Recorda

- Una **oració** és formada per dos grups de mots, el **subjecte** i el **predicat**, que sempre **concorden** en nombre i en persona.
- Un **sintagma** s'agrupa a l'entorn d'un **nucli**, que n'és l'element imprescindible, i fa una determinada funció dins d'una oració.
- El **SN** pot fer de **subjecte** o de **complement**, tant del verb com del nom.

4 ●●○ Assenyala els sintagmes nominals de les oracions següents:

a Les sabates noves són cares.
b Li he regalat un llibre.
c Teniu molts dubtes.
d En Bru encara no camina.
e Ella és increïble.
f La seva moto corre massa.
g La vida és bonica.

5 ●●○ Indica el nucli de cada un dels SN de les oracions de l'activitat anterior.

6 ●●○ Indica de quin tipus són els sintagmes següents:

a la llum del sol
b neva intensament
c al pati
d molt ràpid
e de quadres
f nosaltres

7 ●●○ Indica l'estructura de cada un d'aquests SN:

a els plaers de la lectura
b dos gols de penal
c aquells dies gloriosos
d una gran mentida
e el secret que vol explicar
f estius calorosos

ANALITZA

1 ●○○ Classifica les paraules següents segons la seva categoria gramatical:

família · muntanya · envermellir · golafre · pocs
diversos · lexema · exercir · ceptre · perfumat
dia · fluida · força · tallar · aquells · volum
tendre · completar · closca · ple
plenitud · ensumar

SUBSTANTIUS	ADJECTIUS	VERBS	DETERMINANTS

2 ●●○ Indica quins d'aquests grups de paraules formen una oració i quins no. Justifica la teva elecció en cada cas:

a Ruixats intensos al litoral.

b Han superat totes les proves.

c Les ametlles és una mica salades.

d L'arbre és ple de fruita.

e Potser no mai parlar et vaig.

f Hi el verb.

g El Daniel cantar cançons a la dutxa.

3 ●●○ Explica quina diferència fonamental hi ha entre un sintagma nominal i un sintagma verbal.

4 ●●○ Identifica els sintagmes nominals (SN) d'aquestes oracions (tingues present que una oració pot tenir més d'un SN):

a La cuinera frega els plats.

b La nena va retallar un paper.

c El paleta ha trencat el mirall.

d El noi comprava a la botiga.

e El venedor ha repassat el preu.

f L'alumne clica la icona.

Ara, copia les oracions i afegeix determinants i/o complements als SN que has identificat. Després, separa el subjecte i el predicat de les oracions.

5 ●●○ Identifica els sintagmes nominals (SN) de les oracions següents:

a Hem acabat el treball de matemàtiques.

b Aquesta pel·lícula no ens ha agradat.

c Rentaré els pantalons negres.

d Ha fet una llarga declaració.

e El president del govern està de viatge.

f Allà veuràs un petit bar.

g No ens ha sorprès la notícia.

h Li ha encantat la teva bicicleta nova.

i Em menjaria una llesca de pa amb oli.

j Només vindran alguns amics.

k S'han endut la meva cartera.

Ara, digues si els SN que has identificat fan de subjecte de l'oració o de complement del verb.

6 ●●● Llegeix aquest text i analitza'n els sintagmes destacats. Indica de quin tipus són i quina és la seva estructura:

La paraula *runner* és **la paraula de moda**. Tothom en parla **a l'oficina** i amb la família. **Tu** també ets *runner*? **Cada vegada** som més els aficionats a córrer. I cada vegada **més empreses** s'apunten a produir productes especials: des de roba fins a pans. És **un esport senzill, gratuït i agraït** socialment. La majoria, però, no tenen en compte l'alimentació. Córrer, com qualsevol activitat física, té **un risc potencial** que comença quan no hi ha una preparació, un estat físic bàsic, repòs (dia sí dia no), **una hidratació correcta** o **una bona nutrició** que ens ajudi a recuperar l'energia, l'oxidació i el desgast muscular.

www.etselquemenges.cat

APLICA

7 ●●○ Escriu sintagmes nominals que tinguin les estructures següents:

a nucli (pronom)

b determinant article + nucli (nom propi)

c determinant article + determinant possessiu + nucli (nom comú)

d determinant indefinit + nucli (nom comú) + complement del nom (adjectiu)

e determinant + nucli (nom comú) + complement del nom (sintagma preposicional)

8 ●●○ El subjecte de les oracions següents és el·líptic. Proposa'n un d'adequat per a cada oració i anota'ls.

- Els SN en funció de subjecte que proposis han de tenir les estructures *a*, *b* i *c* indicades en l'activitat anterior.

a Té una son que no s'aguanta dempeus.

b Ens va obrir la porta.

c Sempre arriba tard.

d Canta com els àngels.

e Va conèixer la meva mare a l'institut.

f Ha posat al seu fill, o sigui, al meu cosí, el nom d'Oriol.

9 ●●○ Copia les oracions següents eliminant les comes que siguin incorrectes:

- Recorda que mai no es posa coma entre el subjecte i el predicat d'una oració; tampoc no se'n posa entre el verb i el seu complement obligatori.

a L'altre dia, el mestre, es va deixar enredar.

b Malauradament, he suspès l'examen.

c La Montse, porta la mona per al seu fillol.

d Tots els treballadors de l'oficina, han plegat puntuals.

e S'ha espatllat, l'ordinador.

f Pels carrers, la gent, et mira.

g En Joan s'ha comprat, un ordinador.

PREPARA

10 ●●○ Llegeix bé aquest text i fes les activitats que hi ha a continuació abans que te'l dictin:

DICTAT

Aquesta llibreta me l'ha regalat un veí meu, que és carnisser i té els dits molt gruixuts. La mare diu que són com botifarrons i que els té així de tant tallar carn, que això s'encomana, com la grip. Però jo no sé si m'ho diu de broma, perquè un que toca la trompeta no té pas els llavis com si estigués tocant la trompeta. O sí.

M'estima molt, el veí carnisser, que es diu senyor Mariano, perquè quan vaig néixer es veu que tenia molta pressa per sortir de la panxa de la mare i vaig arribar a aquest món dins la carnisseria. Estava comprant i encara li faltaven quinze dies. Aleshores va passar una cosa una mica misteriosa: va trencar aigües, i no m'ho feu explicar perquè no sé ben bé què és això de trencar aigües, perquè ja em direu com es pot arribar a trencar l'aigua.

JAUME CELA, *Set raons per estimar els meus pares*. Editorial Cruïlla

a Tria tres oracions del text i assenyala'n el subjecte i el predicat.

b Busca-hi tres oracions que tinguin un subjecte el·líptic.

c Busca en el text:
- un sintagma nominal
- un sintagma verbal
- un sintagma adjectival
- un sintagma preposicional

d Busca-hi també un exemple de SN que tingui cada una d'aquestes estructures:
- nucli
- determinant + nucli
- determinant + nucli + complement

e Copia totes les paraules que duen accent o dièresi i explica, en cada cas, per què en porten.

f Classifica les paraules del text segons que s'escriguin amb *b* o amb *v*.

LLEGEIX

Feudals

* CLERGUE.

ORIOL GARCIA QUERA, "Feudals", *Cavall Fort*, núm. 1238

COMPRÈN

1 ●●○ Busca en el diccionari cada un d'aquests mots del còmic anterior i copia'n la definició correcta segons el context. Proposa'n, també, sinònims adequats, sempre que sigui possible.

levita • falcó • jurisdicció
consagració • monestir • arrabassar

2 ●●○ Llegeix el text següent. És el resum dels fets anteriors al fragment de còmic que has llegit:

En Jordà i els seus dos acompanyants han vist una possible presa que aixeca el vol, un ànec, i li disparen fletxes. En aquell precís moment, però, apareix el falcó del levita Pons per caçar-lo.

Ara, torna a llegir el fragment de còmic i resol les activitats:

a Quins fets s'hi narren? Explica'ls resumidament.

b Quants personatges hi ha? Digue'n el nom, si apareix en el text.

c On són els personatges? De qui són aquestes terres? Qui n'és l'autoritat en el moment dels fets?

d Com descriuries la conversa que mantenen els personatges: cordial, tensa, tibant, relaxada, furibunda...?

e Quins fets passats menciona el levita Ponç?

f En quina època històrica transcorren els fets del còmic? En què et bases per a contestar?

3 ●○○ Digues de quin mot prové la paraula falconeria i què significa. Explica quina relació té amb la història que has llegit.

ANALITZA

4 ●●○ Digues si les afirmacions següents sobre el còmic anterior són certes o falses:

a ☐ En la primera i la segona vinyetes hi ha un pla detall.

b ☐ En la cinquena vinyeta hi ha un pla sencer.

c ☐ No hi ha cap pla americà.

d ☐ L'angle de visió de la quarta vinyeta és en picat.

e ☐ La sisena vinyeta mostra un primer pla.

Ara, digues en quina vinyeta hi ha un pla general.

5 ●●○ Resol les qüestions següents:

a Hi ha línies cinètiques en el fragment del còmic que has llegit?

b Hi ha cap metàfora visual?

c Què signifiquen els punts suspensius de la bafarada de la quarta vinyeta?

d Comenta el tractament del color de l'última vinyeta. Per què creus que el dibuixant ho ha fet així?

APLICA

6 ●●○ Per parelles, imagineu-vos la continuació del diàleg del còmic i escriviu-lo.

• Hi han d'intervenir tots els personatges.

INVESTIGA

7 ●●○ Esbrina si els personatges que apareixen en el còmic van existir realment.

JA HAS ACABAT?
Avalua't amb el test del quadern interactiu.

8

EXPOSA'T

El text expositiu

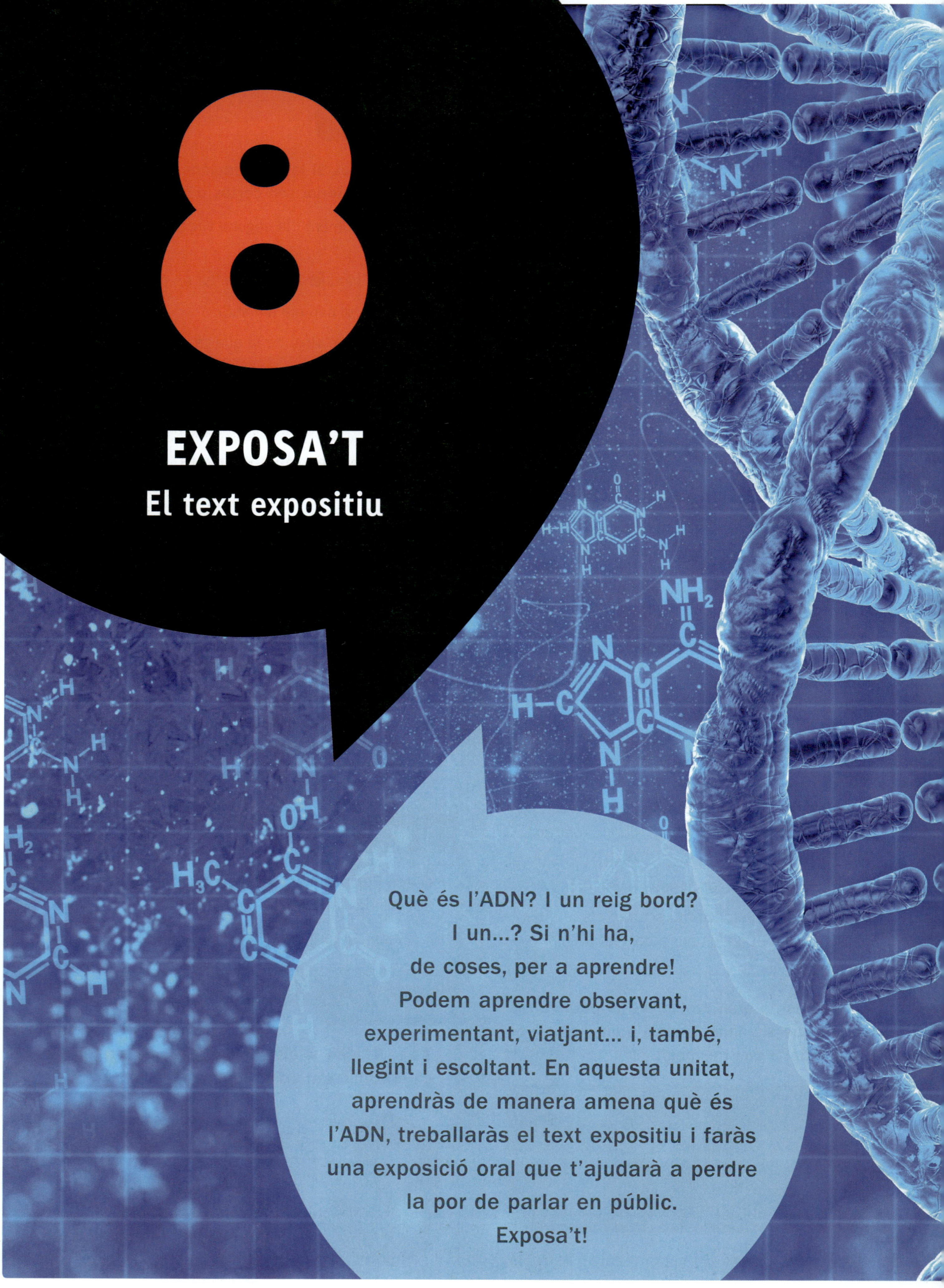

Què és l'ADN? I un reig bord? I un...? Si n'hi ha, de coses, per a aprendre! Podem aprendre observant, experimentant, viatjant... i, també, llegint i escoltant. En aquesta unitat, aprendràs de manera amena què és l'ADN, treballaràs el text expositiu i faràs una exposició oral que t'ajudarà a perdre la por de parlar en públic. Exposa't!

EN EL QUADERN INTERACTIU

COMENÇA
Activitat inicial.

POTS FER-HO
Minirepte sobre els continguts de la unitat.

INFORMA'T
Recursos digitals per a treballar els continguts.

PRACTICA
Activitats interactives.

AVALUA'T
Test de la unitat.

Andrea És fascinant, això de la cadena d'ADN!

Lluís Sabeu que només un 1% ens diferencia dels primats?

Pasqual Uau! Tenim moltes més coses comunes amb els animals del que ens pensem!

Lola Uf, hem de fer una exposició oral sobre aquest tema... No em fan gens de gràcia, aquestes coses.

Com explicaries l'origen de la vida?

Quins temes científics t'interessen més? N'has exposat mai cap a classe?

Qui és l'autor de la foto? Esbrina-ho.

ELS LÍMITS DE LA VIDA

David Bueno, Salvador Macip i Eduard Martorell

La Lara és una adolescent hospitalitzada que ha de mantenir-se desperta tota la nit per a superar un dels moments més crítics de la seva malaltia. No estarà sola; una metgessa l'acompanyarà, i amb ella mantindrà una llarga conversa sobre l'origen de la vida i altres temes d'interès científic.

La Lara dubta uns moments.

—Sí i no. No sé què m'espera demà. D'una banda, no em faria res que aquesta nit durés per sempre, saps? Però, de l'altra, tinc ganes que tot això s'acabi d'una vegada.

—T'entenc.

—No, no em pots entendre perquè això no ho estàs vivint tu!

La sortida* de la Lara fa que l'habitació quedi de sobte en silenci.

—Perdona —diu al cap de només uns segons, tota atabalada—. No és culpa teva, tu només mires d'ajudar, i sembla que jo no ho apreciï, i no és cert, de veritat, ho aprecio molt, que estiguis amb mi, i... doncs això, que no et pensis el que no és.

—No passa res —diu la Carme fent cara amable—. Són moments difícils per a tu. Tens dret a enrabiar-te!

—Ja ho pots ben dir... Però va, allarguem una mica més la nit, que no s'acabi aquí. —Gira els ulls en blanc—.* Continua explicant-me com és de fantàstica la vida, a veure si em convences que realment val la pena, au...

—Em sembla que fa estona que t'he convençut —diu la Carme seguint-li el joc—, però per mi cap problema. Puc estar parlant d'això tantes hores com faci falta!

—Doncs, llavors, explica'm el proper pas. Com passem de la formació de les primeres molècules necessàries per a la vida, aquestes que em deies, a la tremenda complexitat de tots els éssers vius que existeixen i han existit? A veure si ets capaç d'explicar-m'ho només amb un parell de frases.

—I amb menys i tot: amb una sola paraula. ADN. La culpa és de l'ADN.

—L'ADN.

—Sí, l'ADN. Saps què és?

—És clar, l'àcid desoxiboridin... Espera, que m'he embolicat. Desoxi...

* Què significa el mot "sortida" en el context d'aquesta frase?

* Què vol dir "girar els ulls en blanc"? Què indica aquest gest?

Què explica la "tremenda complexitat" de tots els éssers vius que existeixen?

—...ribonucleic —completa la Carme.

—Això mateix. Mai no em surt a la primera.

—Doncs l'ADN és la clau de tot. El material genètic* és format per una llarguíssima cadena de molècules* unides l'una darrere l'altra, que coneixem amb el nom d'ADN.

—Ah, genètica! Sempre m'ha agradat la genètica —diu la Lara, animada. Això la distraurà de tots aquests pensaments que li estan omplint el cap—. Va, gens i ADN. Com anava, això?

—L'ADN, com et deia, hem d'imaginar-lo com una gran cadena. —La Carme fa un gest a l'aire, per indicar una línia molt llarga—. Però a diferència de les cadenes que fem servir per a lligar les bicicletes, les baules* de les quals són iguals, l'ADN és format per quatre tipus diferents de baules, que es van repetint moltes vegades. Les anomenem amb les lletres A, T, C i G, que són les inicials del seu nom químic.

—Sí, sí, ja ho vaig recordant... L'ordre d'aquestes lletres és el que determina la informació genètica que conté, oi?

—Veig que ho recordes bé. És com un codi secret, si tu vols, com un llenguatge que, per a construir les paraules, fa servir quatre lletres en lloc de les 28 que té el nostre alfabet.

—Perdona —la interromp la Lara—, però és que sempre m'ha semblat poc eficient, això. Molt fantàstic, l'ADN, la clau de tot i bla, bla, bla..., però només té quatre lletres? Ja ho veus. No es poden construir gaires paraules amb quatre lletres!

—Què vol dir que no? Les combinacions són immenses! Mira, per exemple, usant el nostre idioma i només quatre lletres per a fer paraules, no és el mateix dir GAT ATACA que TACA A GAT. La informació d'aquestes dues frases és completament diferent, oi? L'ordre d'una o dues lletres té un impacte immens en el que volem dir. Oi que quan llegeixes no confons la paraula *cas* amb la paraula *sac*, malgrat que totes dues tenen les mateixes lletres, i saps que indiquen coses diferents? Doncs amb el material genètic passa el mateix. I ara imagina't no solament tres lletres, sinó milions i milions, l'una darrere l'altra. La varietat de combinacions i la quantitat d'informació que poden contenir és fenomenal. Tota una enciclopèdia de dades!

—Prou dades perquè un mosquit es diferenciï d'un elefant!

* Què és el material genètic? I una molècula?

Què estudia la genètica?

De quina "cadena" parla la Carme?

* Què és una baula?

Quants tipus de "baules" hi ha en l'ADN? Sempre estan disposades en el mateix ordre? Per què?

De què depenen les diferències biològiques que hi ha entre un mosquit i un elefant?

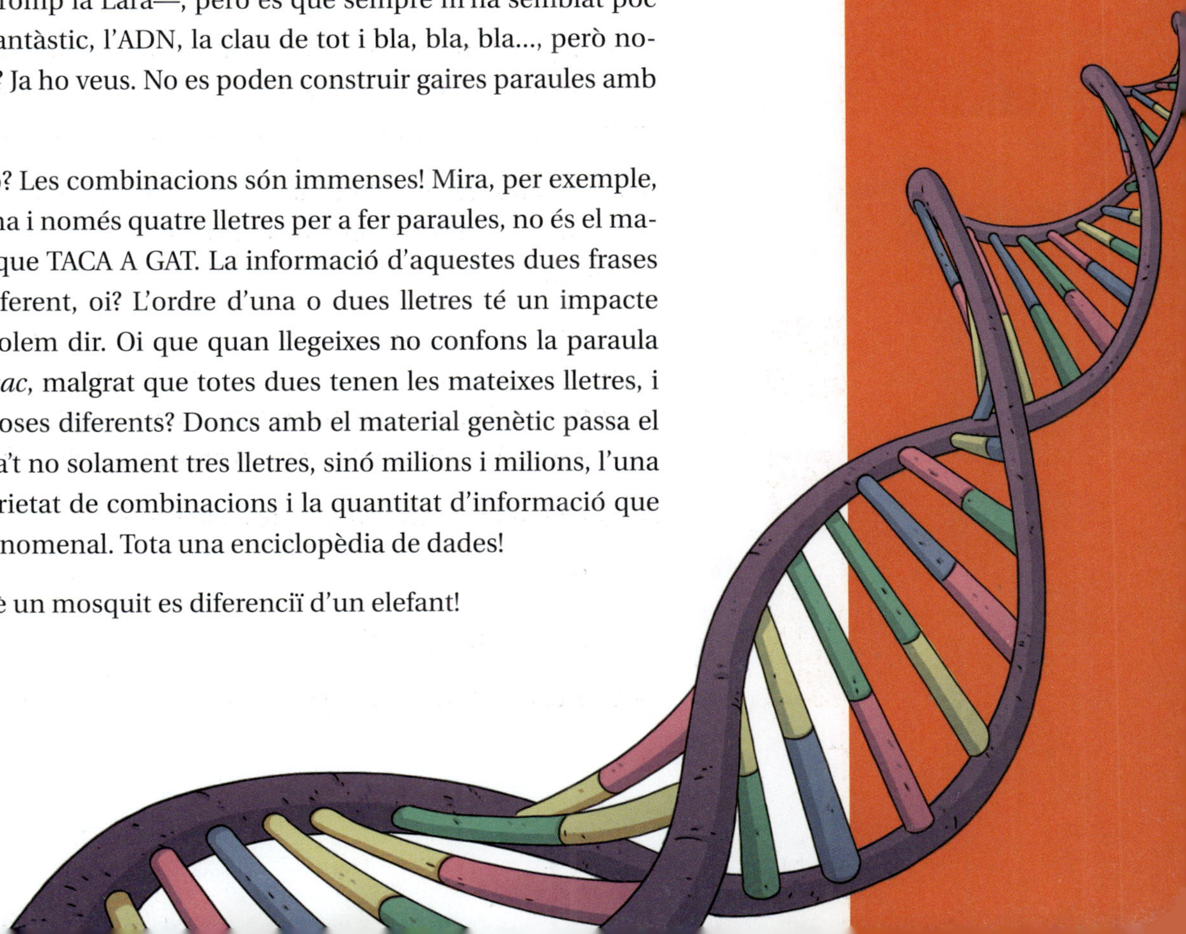

Investiga
sobre cada un dels autors i fes-ne la fitxa!

- Lloc i any de naixement.
- Professió, a més de la d'escriptor.
- Altres textos de divulgació científica que ha escrit.
- Novel·les que ha escrit per a un públic juvenil, si és el cas.

COMPRENSIÓ

1 ••○ Indica quines de les afirmacions següents sobre el text anterior són certes i explica per què les altres són falses:

a ☐ El mot ADN vol dir el mateix que *àcid desoxiribonucleic*.

b ☐ L'ADN és comparat amb una cadena curtíssima de molècules.

c ☐ Les "baules" d'una cadena d'ADN no són iguals.

d ☐ L'ADN és format per quatre tipus diferents de "baules", que els científics anomenen *A*, *T*, *C* i *G*.

e ☐ La informació genètica d'un ésser viu està determinada per l'ordre de les "baules" de la seva cadena d'ADN.

f ☐ La cadena d'ADN d'un mico i d'un ocell són iguals.

g ☐ Com que les "baules" de la cadena d'ADN només són de quatre tipus, les combinacions possibles són molt reduïdes.

h ☐ A la Lara no li interessa la genètica.

Ara, tria la definició correcta del concepte ADN segons el text:

a Llarguíssima cadena de molècules unides l'una darrera l'altra que formen unes baules que es van repetint moltes vegades.

b Llarguíssima cadena d'àcids desoxiribonucleics units l'un rere l'altre que formen unes baules que es van repetint moltes vegades.

c Molècula que fa única cada espècie i que permet la diversitat dels éssers vius.

2 ••○ Indica l'ordre correcte d'aquestes frases segons la lectura:

a ☐ La Carme compara l'ADN amb una cadena formada per tipus diferents de "baules".

b ☐ La Lara vol saber què explica la tremenda complexitat de la vida.

c ☐ La varietat de combinacions i la quantitat d'informació que "les baules" poden contenir són molt grans.

d ☐ La Carme diu que la clau per a entendre la complexitat de la vida és l'ADN.

3 ••○ Explica amb les teves paraules el significat de les tres frases finals de la lectura. Per a fer-ho, contesta:

- Per què els éssers vius són, des del punt de vista biològic, tan complexos i diversos?
- A què es refereix, la Carme, quan diu que el material genètic és "tota una enciclopèdia de dades"?

4 ••○ Explica per escrit què has après amb la lectura d'aquesta unitat.

ANÀLISI

5 ••○ Digues quin tipus de text o quins tipus de textos predominen en el fragment que has llegit:

☐ argumentatiu ☐ conversacional ☐ narratiu

☐ instructiu ☐ explicatiu ☐ descriptiu

6 ••○ Assenyala les afirmacions que poden aplicar-se al text que has llegit:

a ☐ La informació se'ns dona a través d'un diàleg entre dos personatges.

b ☐ El text divulga una informació científica.

c ☐ Els exemples serveixen per a fer més entenedor el que s'explica.

d ☐ Les idees s'exposen de manera desordenada.

e ☐ El títol no té cap relació amb el que s'exposa a continuació.

f ☐ La frase final pot servir de conclusió al que s'ha exposat.

g ☐ Una de les paraules clau del text és *ADN*.

h ☐ Es pot considerar un text expositiu oral.

7 ••• Consulta una enciclopèdia i esbrina el nom químic que correspon a cada una de les inicials de les "baules" A, T, C i G que formen l'ADN.

8 •○○ Indica quines de les paraules següents pertanyen a l'àmbit científic:

àcid · genètica · bicicleta · molècula · lletres · químic · paraules
enciclopèdia · desoxiribonucleic · pensaments

Ara, escriu cinc paraules més que també pertanyin a l'àmbit científic.

ESTUDI DE LA LLENGUA

9 ••○ Un acrònim és una abreviació formada amb lletres o segments inicials o finals extrets dels mots que componen una frase, que és pronunciable com un mot ordinari. Esbrina el significat dels acrònims següents:

ADN ▸ àcid desoxiribonucleic

a sida — d ONU — g MNAC

b radar — e ERASMUS — h UNESCO

c làser — f mòdem — i Incasòl

CERT O FALS?

☐ La finalitat d'un text explicatiu és informar sobre un tema.

☐ Quan fem una explicació, no és convenient posar exemples.

☐ Les explicacions o exposicions orals sempre han de tractar temes científics.

☐ El text dona a conèixer un tema al públic; per tant, podem dir que el divulga, que és divulgatiu.

1

Quina paraula del text té més síl·labes? Quantes en té?

2

Quina és l'única paraula del text que duu dièresi? Per què en porta?

3

Quin verb del text sembla que pertanyi a la tercera conjugació, però, en realitat, pertany a la segona?

10 ●○○ **Escriu el màxim de paraules diferents a partir del mot casa canviant-ne una sola lletra cada vegada.**

11 ●●○ **Separa les paraules següents en síl·labes i, després, classifica-les en una taula com la que hi ha a continuació:**

necessàries · paraules · formació · coneixem · distraurà
diferència · informació · quantitat · enciclopèdia · enrabiar

DIFTONG		HIAT
creixent	decreixent	

12 ●●● **Contesta les preguntes següents:**

a Per què no porta dièresi l'infinitiu *construir*?

b Per què s'accentua el mot *molècules*?

c Per què *àcid* s'escriu amb *-d* final i no pas amb *-t*?

d Per què no s'apostrofa el sintagma *la informació*?

13 ●●○ **Justifica l'ús dels punts suspensius en cada una de les frases del text següents:**

a És clar, l'àcid desoxiboridin... Espera, que m'he embolicat.

b Sí, sí, ja ho vaig recordant...

c Molt fantàstic, l'ADN, la clau de tot i bla, bla, bla..., però només té quatre lletres?

14 ●●● **Indica la funció sintàctica dels complements destacats de les frases següents:**

a Explica'm **el proper pas**.

b La culpa és **de l'ADN**.

c Prou dades perquè un mosquit es diferenciï **d'un elefant**!

d Mai no em surt **a la primera**.

e Les combinacions són **immenses**.

15 ●●● **Indica l'element o persona a què fa referència el pronom destacat de cada una de les frases següents:**

a Si ets capaç d'explicar-**m'ho** només amb un parell de frases.

b I ara imagina'**t** no solament tres lletres.

c Diu la Carme seguint-**li** el joc.

d Em sembla que fa estona que **t'**he convençut.

Els continguts d'una conferència o d'una exposició oral són textos expositius.

Recorda que el text expositiu —o explicatiu— presenta un tema i després l'amplia o el desenvolupa amb dades i exemples amb la intenció d'informar el receptor.

Són textos expositius, per exemple, els llibres de text, les enciclopèdies, els articles de divulgació d'una revista, els reportatges, les exposicions orals, etc.

L'exposició oral

L'exposició oral és una explicació sobre un tema que una persona fa davant d'un públic amb la finalitat d'informar-lo. Una exposició oral ha de tenir les parts següents:

- La **introducció** o presentació del tema principal de què es parlarà. Per començar, es poden fer preguntes al públic sobre el tema per a motivar-lo, explicar una anècdota que hi estigui relacionada i/o explicar per què és important el tema o per què té interès.
- **Desenvolupament.** Cal ordenar els temes i subtemes perquè al públic li quedi clar quins són els principals i quins són els secundaris. Durant l'exposició cal justificar i argumentar bé les idees exposades. Aquesta part, doncs, ha de ser **rigorosa** i ha d'estar ben **documentada**, és a dir, la persona que fa l'exposició oral s'ha d'haver informat prèviament sobre el tema de què parla i, si li convé, pot fer citacions dels textos consultats o dir al públic d'on ha tret una informació determinada o de qui és una idea que exposa. És important calcular el temps que es tardarà a desenvolupar cada idea, tema o subtema per a no excedir-se.
- **Conclusió** o **resum** de les idees principals d'una manera clara, per tal que l'oient pugui recordar-les. A continuació, es pot convidar el públic a fer preguntes o a iniciar un col·loqui sobre el tema.

A l'hora de fer una exposició oral, és important el suport de determinats aparells audiovisuals per a fer més entenedora l'explicació. Per exemple: es pot connectar un ordinador portàtil a una pantalla o a una pissarra digital per a mostrar al públic diapositives, fotografies, il·lustracions, taules, gràfics, etc. mitjançant programes informàtics com el PowerPoint o el Prezi.

La infografia

Una infografia és una representació gràfica que s'elabora mitjançant un ordinador. Serveix per a transmetre informació gràficament i per a entendre millor allò de què s'informa. Tot i que hi predominen els signes no lingüístics (gràfics, pictogrames, ideogrames, dibuixos...), les infografies es consideren textos explicatius perquè donen informació sobre alguna qüestió o tema. La seva característica principal, però, és que ho fan de manera sintètica i gràfica. Solen utilitzar-se com a acompanyament de textos breus, especialment periodístics, però també en textos científics divulgatius, en manuals i llibres de text, etc.

EL REIG BORD

Reig de fageda, oriol foll, monjola borda, matamosques

Amanita muscaria

Del grec *amanítēs*: espècie de bolet; derivat de *Ámanos*, muntanya entre la Cilícia i Síria on se suposa que els bolets d'aquest gènere eren molt abundants, i del llatí *muscaria*, relatiu a les mosques (el bolet conté substàncies amb capacitat de matar mosques).

Hàbitat

Creix preferentment en boscos caducifolis, a les fagedes, sota els bedolls i en boscos de coníferes de l'estatge montà, sobretot a les comarques pirinenques i al Montseny, i en esteperars acidòfils.

Característiques

Barret de 6 a 20 cm de diàmetre, globulós de jove i completament protegit per un vel general. Quan el vel s'esquinça, deixa al damunt un conjunt de flocs blancs o groguencs, sovint disposats en cercles concèntrics. Cutícula de color vermell viu, fàcilment decolorada pel pas del temps o el rentat de la pluja.

Làmines amples, denses i blanques.

Carn blanca, grogosa sota la cutícula, sense olor apreciable i gust molt lleuger, dolç.

Peu cilíndric, de 6-25 x 1,5-3 cm, trencadís, blanc, fibril·lós, amb anell membranós, blanc, flocós en el marge, situat a la part alta. A la base, la volva apareix fragmentada en berrugues disposades en anells concèntrics que envolten el peu.

Cal saber

La bellesa d'aquest bolet no és acompanyada per la seva bondat, ja que és tòxic i provoca, entre 1 i 4 hores poc després d'haver-se'l menjat, trastorns de l'aparell digestiu, diarrees, vòmits i sequedat de boca, seguits d'alteracions nervioses, confusió mental i al·lucinacions. Hi ha moltes referències històriques en consonància amb les seves propietats al·lucinògenes i amb el seu consum, ja sigui accidental o intencionat.

Probablement, el reig bord ha estat el primer dels al·lucinògens utilitzats per l'home. Ja fa més de 3.500 anys, una estranya planta, el *soma*, era venerada a l'Índia per les seves propietats psicotròpiques. Després de molts estudis s'ha arribat a la conclusió que el *soma* era l'*Amanita muscaria*.

[RAMON PASCUAL, *Guia dels bolets dels Països Catalans*. Editorial Pòrtic (adaptació)]

Pautes d'anàlisi
d'un text expositiu

FIXA'T EN l'estructura del text:

- El títol.
- La presentació.
- El desenvolupament.
- Si hi ha una conclusió.

FIXA'T EN els elements característics dels textos expositius:

- Pel que fa a l'organització del text:
  - Si hi ha subtítols que divideixen el text en apartats.
  - Si el text està organitzat en paràgrafs.
- Pel que fa als elements gràfics:
  - Si el cos o mida de les lletres és sempre el mateix.
  - Si hi ha paraules destacades.
  - Si hi ha fotografies i si van acompanyades d'un text explicatiu.
  - Si hi ha dibuixos, esquemes o taules.
- Si s'anomenen les fonts consultades.

TINGUES EN COMPTE aquests punts si has d'exposar oralment un text:

- Mira el públic.
- Vocalitza bé i no t'expliquis massa de pressa.
- No mantinguis una postura rígida ni donis l'esquena al públic mentre parlis.
- Transmet entusiasme i energia.
- Fes alguna pausa quan vulguis recalcar la importància del que has dit.

1 ●●○ Busca en el diccionari els mots següents i copia'n el significat segons el text que has llegit:

caducifoli · bedoll · barret · cutícula
concèntric · membranós

2 ●●○ Contesta aquestes preguntes sobre el text:

a Quins altres noms rep el reig bord?

b Quin nom científic té? En quina llengua està, aquest nom científic? Què significa el mot *muscaria*?

c On s'acostuma a trobar aquest bolet?

d Quina olor desprèn la seva carn?

e És comestible? Per què?

f Des de quan es té constància de la seva existència?

3 ●●○ Consulta un diccionari o una enciclopèdia i explica què signifiquen o a què fan referència les paraules i els sintagmes següents:

- Ámanos
- boscos caducifolis
- esteperars acidòfils
- bolet al·lucinogen
- propietats psicotròpiques

4 ●●○ Digues en quantes parts pots dividir el text anterior i indica on comencen i on acaben. Després, contesta:

a Què s'explica en cada part?

b El text està documentat? S'indiquen les fonts d'informació?

c Hi ha una conclusió?

5 ●○○ Copia les paraules i sintagmes que estan en cursiva i explica per què estan destacades així.

6 ●●○ Analitza el text expositiu que has llegit i indica quins punts de les pautes d'anàlisi es compleixen.

Planifica i prepara

En grups, prepareu una exposició oral sobre dos, tres o quatre bolets (segons si feu grups de dos, de tres o de quatre):

camagroc

cep

farinera borda

bolet de pi

1 **Trieu els bolets sobre els quals us agradaria fer l'exposició i busqueu-ne informació en més d'una font (d'internet o en paper):**

- En una guia de bolets.
- En una enciclopèdia.
- En la pàgina web del programa de TV3 *Caçadors de bolets*.

2 **Fotocopieu o imprimiu la informació i subratlleu-ne les dades rellevants.**

– **Feu servir colors diferents segons el tipus d'informació:**

- nom científic del bolet
- descripció i característiques
- lloc on creix
- observacions, etc.

– **Anoteu les referències dels llibres i/o de les pàgines web en què heu trobat la informació.**

3 **Completeu una taula de doble entrada com aquesta, que segueix l'estructura del text sobre el reig bord de la pàgina 144, o elaboreu-ne una de semblant, segons la informació que trobeu:**

NOM COMÚ	PRESENTACIÓ	HÀBITAT	CARACTERÍSTIQUES	CAL SABER
camagroc				
cep				
farinera borda				
bolet de pi				

4 **Busqueu fotografies dels bolets triats.**

5 **Cada un de vosaltres exposarà la informació sobre un dels bolets. Tingueu en compte el següent:**

- L'exposició sobre cada bolet ha de durar uns cinc minuts.
- Heu de fer servir un to i un llenguatge formals.
- Prepareu un document de PowerPoint amb les imatges que us semblin necessàries per a fer més entenedora la vostra explicació.

Escriu i revisa

Organitza la informació que et tocarà exposar.

1 **Escriu un guió per a tenir-lo a mà en el moment de l'exposició. Pot tenir els punts següents:**

A PRESENTACIÓ:

- Nom comú i possibles sinònims (altres noms que rep el bolet).
- Nom científic.

B HÀBITAT:

- Llocs on creix.
- Temporada en què es recull.
- Si és fàcil o difícil de trobar i per què, etc.

C CARACTERÍSTIQUES:

- Aspecte general (color, mida, textura...).
- Com és el barret.
- Com és el peu, etc.

D OBSERVACIONS O ALTRES ASPECTES QUE CALGUI SABER:

- Si és comestible i si és apreciat des del punt de vista gastronòmic.
- Si és tòxic i quin grau de toxicitat té.
- Curiositats i/o altres aspectes que valgui la pena d'explicar.

2 **Repassa el guió i passa'l en net.**

- Destaca'n les paraules clau.

3 **Assaja l'exposició a casa abans de fer-la davant els companys.**

4 **Abans de fer l'exposició, comprova que l'equipament informàtic funciona correctament.**

Demana als teus companys que valorin la teva exposició segons el que heu après en la pàgina 143 i les pautes d'anàlisi de la pàgina 145.

El repte

En grups, elaboreu un reportatge televisiu, de quinze minuts de durada, sobre el fenomen social d'anar a buscar bolets.

- **Distribuïu-vos les tasques: presentador del reportatge (veu en off), entrevistadors, càmeres i responsables del guió que servirà de fil conductor de les entrevistes i de les explicacions dels bolets trobats.**
- **Prepareu un guió amb les preguntes que fareu als boletaires i comerciants que venen bolets.**
- **Filmeu les entrevistes.**
- **Filmeu un boletaire buscant bolets i demaneu-li que us en faci les explicacions pertinents. Filmeu primers plans dels bolets que trobi.**
- **Redacteu les explicacions sobre els bolets trobats, reviseu-les i, després, enregistreu-les.**
- **Editeu el reportatge amb el programa adequat. Si ho creieu oportú, poseu-hi una música que li sigui escaient.**

+ Propostes

Mireu els reportatges i valoreu entre tots quin és el millor per a publicar-lo en el blog del curs o en la pàgina web del vostre centre.

1 ●●○ **Explica quina diferència hi ha entre una forma personal i una forma no personal d'un verb.**

2 ●●○ **Classifica els verbs següents en formes personals i no personals:**

comporten · queixar-se
busquen · aprenen · fent
rebre · hagut · agrada · sortint
pacto · filar · bullit · inflamat

3 ●●○ **Indica de quin tipus són les formes verbals no personals de l'activitat anterior i a quina conjugació pertanyen.**

4 ●●○ **Separa el lexema i el morfema dels verbs següents:**

a callo · callarien · callat
b cobrirem · cobrirà · cobrissis
c sabent · sabés · sabran
d cantàvem · cantaries cantaré
e recordaran · recordar recordàreu

5 ●●○ **Explica com es formen els temps compostos fent servir aquestes dues formes verbals com a exemple:**

havia servit – van renunciar

1 El verb: característiques

El **verb**, que és el nucli del sintagma verbal, és a dir, del predicat, és l'element imprescindible de l'oració i ha de concordar amb el subjecte en nombre i en persona: *Ella menj**a** pa. Elles menj**en** pa.*

En els verbs, podem distingir dos components:

- El **lexema**, arrel o radical, que és la part fixa del verb i n'expressa el significat. Per exemple, totes les formes del verb *ballar* tenen la part invariable **ball-**: ***ball**o*, ***ball**es*, ***ball**a*, ***ball**em*, ***ball**eu*, ***ball**en*.
- El **morfema**, desinència o terminació, que és la part variable del verb que permet conjugar-lo (*ball**àvem***, *ball**aré***...) i expressa la informació gramatical: la **persona** (primera, segona, tercera), el **nombre** (singular o plural), el **temps** (present, passat o futur), l'**aspecte** (que pot ser **perfectiu**, si l'acció ja és acabada, o **imperfectiu**, si no ho és) i el **mode** (**indicatiu**, si expressa alguna cosa amb existència real, **subjuntiu**, si l'expressa amb existència dubtosa, o **imperatiu**, si expressa una ordre).

A banda de les formes conjugades del verb, hi ha les **formes no personals**, anomenades així perquè no tenen morfema de persona ni de temps. Malgrat això, tenen unes desinències pròpies:

- L'**infinitiu** acaba en **-ar**, **-er/-re** o **-ir**: *resar*, *prémer*, *vendre*, *sortir*.
- El **gerundi** acaba en **-ant**, **-ent** o **-int**: *resant*, *venent*, *sortint*.
- El **participi** acaba en **-at**, **-ut** o **-it**: *resat*, *venut*, *sortit*.

2 Temps verbals simples i compostos

Els verbs es classifiquen en simples i compostos.

- Els **temps simples** són constituïts per un sol element, que es forma afegint morfemes verbals al lexema (*cant-**o***, *busc-**a***, *pens-**en***). Són simples els temps presents d'indicatiu i de subjuntiu, els temps imperfets d'indicatiu i de subjuntiu, el passat simple, el futur, el condicional i l'imperatiu.
- Els **temps compostos** es formen amb dos elements, que poden ser:
  - El verb auxiliar **haver** seguit del **participi** del verb que es vol conjugar: *he cantat*, *hem sortit*, *haurem cantat*, *hauran estudiat*...
  - El verb auxiliar **anar** seguit de l'**infinitiu** del verb que es vol conjugar: *vaig cantar*, *vas cantar*, *vau cantar*, *vam cantar*, *van cantar*... Aquestes formes verbals amb el verb auxiliar *anar* reben el nom de **formes perifràstiques**.

Cada temps verbal simple, excepte l'imperatiu, en té un de compost corresponent: *jo canto / jo he cantat*, *jo cantava / jo havia cantat*, *jo cantaré / jo hauré cantat*.

3 Les perífrasis verbals

Les perífrasis verbals són formades per dues formes verbals:

- La primera és un **verb auxiliar** conjugat: ***puc*** *fer*, ***segueix*** *fent*...
- La segona és un **verb en forma no personal**, que és el que aporta el **significat**: *puc* ***fer***, *segueix* ***fent***...

Les dues formes verbals, que poden estar unides per una preposició (*ha* ***de*** *venir*), expressen una idea conjunta. N'hi ha de diversos tipus; les més freqüents indiquen **obligació** (*haver de* + infinitiu: *He d'estudiar*), **necessitat** (*caldre* + infinitiu: *Cal comprar el llibre*), **probabilitat** (*deure* + infinitiu: *No contesta: deu dormir*), **continuïtat** (*continuar* + gerundi: *Ho continua pensant*), **duració** (*estar* + gerundi: *Està anant cap a casa*) i **conseqüència** (*quedar* + participi: *El cas queda resolt*).

4 Classes de verbs

Segons la relació amb el subjecte, poden ser de diferents tipus:

- Verbs **personals**: exigeixen un subjecte, tot i que cal tenir en compte que aquest pot estar elidit: [*Jo*] *No vindré*.
- Verbs **impersonals**: no tenen subjecte i només es conjuguen en tercera persona del singular. Els més usuals són *caldre*, *haver-hi* (*Calen diners; No n'hi ha*) i els verbs meteorològics (*Avui plou, Ahir nevava*).

Segons la relació amb els complements, n'hi ha de dos tipus:

- Verbs **predicatius**, que tenen un significat ple. Els verbs predicatius poden ser **transitius**, que demanen un complement directe perquè el sintagma verbal tingui sentit complet (*He fet* ***una coca*** ["una coca" és el CD de *fer*]; *M'explica* ***la lliçó*** ["la lliçó" és el CD de *explicar*]) o **intransitius**, que no demanen cap complement directe perquè el sintagma verbal tingui sentit complet (*L'atleta corre, L'Anna badalla*), però poden portar un complement indirecte (CI), complements circumstancials (CC) o un complement preposicional (CPrep).
- Verbs **atributius**, com *ser*, *estar* i *semblar*, que tenen un complement obligatori, l'**atribut**.

Recorda

- Els verbs poden ser **simples** o **compostos**.
- Segons la relació amb el subjecte, els verbs poden ser **personals** o **impersonals**. Segons la relació amb els complements, poden ser **predicatius** o **atributius**.

6 ●●○ Assenyala els verbs de les oracions següents i classifica'ls en temps simples i temps compostos:

a Els nois juguen a handbol.
b He menjat pa amb xocolata.
c Li agraden les novel·les.
d Han après de pressa.
e No van venir puntuals.
f Vaig néixer l'any 1973.
g No ho facis tot!

7 ●●○ Identifica les perífrasis verbals d'aquestes oracions:

a He de fer una pila de deures.
b Cal llevar-se d'hora cada dia.
c Continuen pensant el mateix.
d Deu venir en el pròxim tren.
e El rebut queda pagat.

8 ●●○ Indica l'estructura de cada una de les perífrasis de l'activitat anterior i digues de quin tipus són.

9 ●●○ Classifica els verbs següents en atributius o predicatius:

ser · estar · adonar-se · menjar
dir · anar · jugar · semblar
fabricar · superar · quedar-se
anar-se'n · tocar-hi · portar

ANALITZA

1 ●○○ Identifica els verbs d'aquest poema i indica la conjugació a què pertanyen:

ELS VERBS DE LA JUGADA

Salta, controla, talla, busca, passa.
La pilota corre veloçment
sobre la gespa, per l'aire.

Recupera, centra, frena, aguanta, avança.
Els jugadors teixeixen un tapís
amb l'únic fil d'una pilota màgica.

Sorprèn, supera, envia, rebota, llança.
Vint-i-dos jugadors i una pilota
fan un univers inacabable.

Corre, afina, perd, prepara, tapa,
pica, toca, dribla, remata, xuta.
El gol enfonsa els uns i exalta els altres.

DAVID JOU

Ara, escriu les formes no personals de cada verb.

2 ●●○ Separa el lexema i el morfema de les formes verbals següents:

batem · plorares · collís · neva · anem · cullo
dormiu · porto · donéssim · perfumat · acabo
presentaran · equilibrant · tallar · sorgirà · mengi
envieu · amaguin · segresten · planxi
cridaves · ensumaren

3 ●●○ Assenyala la perífrasi verbal de cada una d'aquestes oracions:

a Has de sortir menys.

b Continua dient que no és culpable.

c No hauríeu de creure les seves històries.

d El Pau ja deu ser al gimnàs.

e Precisament estàvem parlant de tu.

f La brusa ha quedat tacada per sempre.

Ara, indica de quin tipus són les perífrasis anteriors (conseqüència, duració, obligació, probabilitat, continuïtat...).

4 ●●○ Llegeix el poema i resol les activitats:

SAXO

Érem esclaus de plantació,
privats de voluntat.
I l'amo, com un faraó,
ens feia caritat.

Tot ho donàvem al senyor,
pirata descarat,
que ens ho prenia sense por
i sense pietat.

O no pas tot, que la raó
i fins la dignitat,
ens la guardàvem al cantó
més íntim del costat.

Va arribar, en fi, l'abolició
i, doncs, la llibertat;
però vam viure de racó
com un ninot llençat.

Llavors vaig fer-me valedor
del poble dissortat.
Que, amb la música per munició,
no hi ha més bon soldat.

MIQUEL DESCLOT

a Identifica els verbs en forma personal i classifica'ls segons que siguin simples o compostos.

b Indica quins verbs compostos són formes perifràstiques.

c Troba un verb impersonal i un verb pronominal.

d Classifica els verbs del poema en una taula com aquesta:

VERBS ATRIBUTIUS	VERBS PREDICATIUS	
	TRANSITIUS	INTRANSITIUS

APLICA

5 ●●○ Reescriu les oracions següents convertint els mots destacats en una perífrasi verbal del tipus indicat entre parèntesis:

a **Tindràs l'obligació de sol·licitar** el certificat d'empadronament. (*obligació*)

b Veig força núvols a la Mola: **probablement plou.** (*probabilitat*)

c **Em vaig veure obligada a revelar-li** el secret. (*obligació*)

d **És necessari treballar** per a viure. (*necessitat*)

e **Hi ha la possibilitat que vinguis** a arreglar-me l'aixeta? (*possibilitat*)

6 ●●○ Conjuga adequadament els verbs indicats entre parèntesis i completa aquestes oracions:

a El nen ___ (*anar-se'n*) acompanyat.

b Jo ___ (*sortir-se'n*) gràcies al seu ajut.

c Els nens no ___ (*creure's*) les seves històries.

d ___ (*pensar-se*) que és molt intel·ligent.

e L'aigua ___ (*evaporar-se*) de pressa.

7 ●●○ Escriu una oració amb cada un dels verbs següents. Cada oració ha de tenir un atribut o un CD, segons si el verb és atributiu o transitiu.

veure · tocar · estar · fabricar · portar
semblar · ser

8 ●●● Escriu un complement obligatori per a cada un d'aquests verbs predicatius. Fixa't en l'exemple:

portar ▸ *portar* ***el material***

escriure · tenir · cantar · preocupar-se · parlar
fixar-se · renunciar

Ara, escriu oracions amb els verbs i els complements anteriors afegint-hi un complement no obligatori, com en l'exemple:

Els alumnes porten el material ***a la classe.***

PREPARA

9 ●●○ Llegeix bé aquest text i fes les activitats que hi ha a continuació abans que te'l dictin:

DICTAT

Ara sí que no pot entendre res, en David, en David Llort, que abans no entenia coses com "acotxar" o com "efemèride" o com "a la gatzoneta", que deia que eren massa difícils, i després jo li explicava que volia dir que abrigues algú al llit, o que és una aventura molt important que ha passat i que escrius en un llibre, o que arronses les cames com fa el caganer del pessebre. Que no és tan difícil, David, li deia jo. I ell em contestava que no sabia per què en els llibres que ens feien llegir a classe hi havia paraules que no es podien entendre [...]. Després, quan jo li deia que hi havia diccionaris i que hi havia un dit que es podia aixecar perquè l'Aaron ens ho expliqués, ell em contestava que era molt embolicat buscar-ho tot al diccionari.

JOSEP M. FONALLERAS, *L'illa més ràpida del món*. Arcàdia Editorial

a Busca en el text tres formes verbals personals i tres formes verbals no personals i anota-les.

b Troba en el text un exemple de temps verbal compost i digues si és una forma verbal perifràstica o no.

c Busca en el text un exemple de les formes verbals següents i copia-les:

- un verb personal simple
- un verb impersonal
- una perífrasi verbal
- un verb atributiu
- un verb predicatiu transitiu
- un verb pronominal

LLEGEIX

Consum d'aigua

Per quantificar el total d'aigua consumida cal sumar el consum directe d'aigua domèstica (la que fem servir cada dia) i l'indirecte (la quantitat d'aigua necessària per produir alguna cosa).

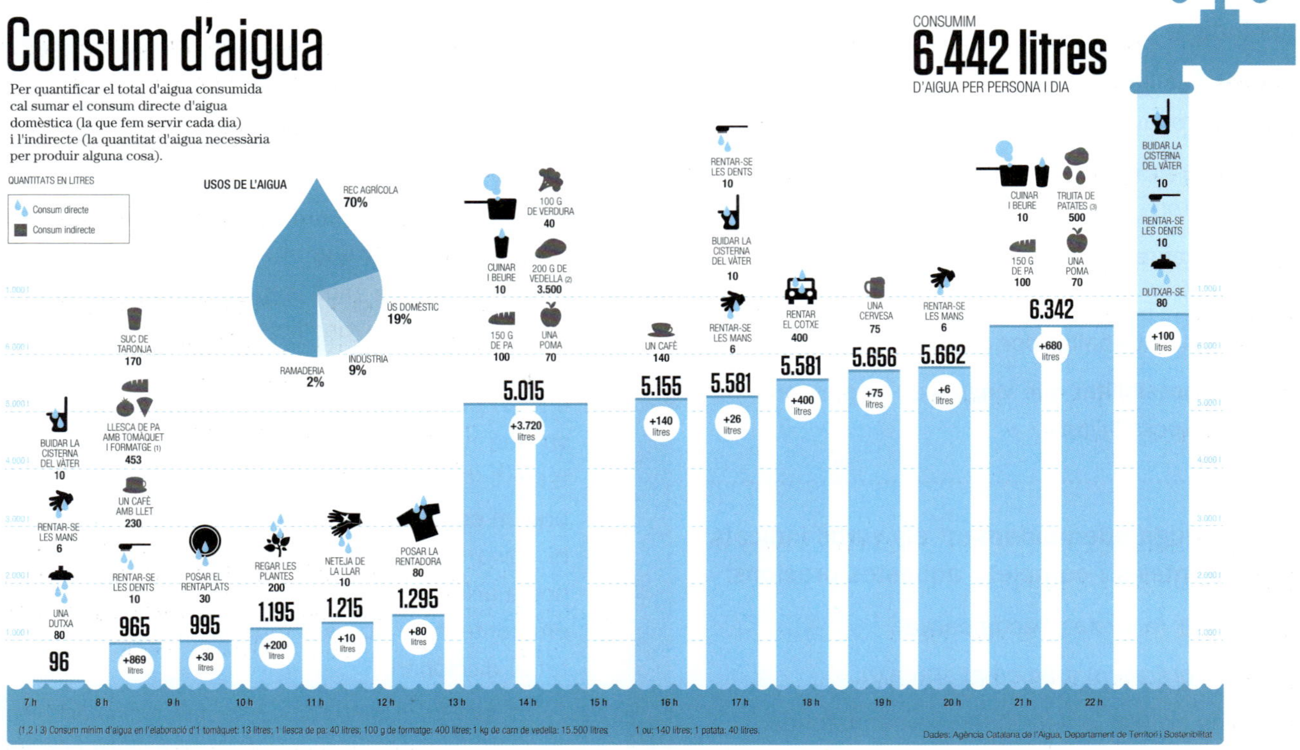

Matrimonis

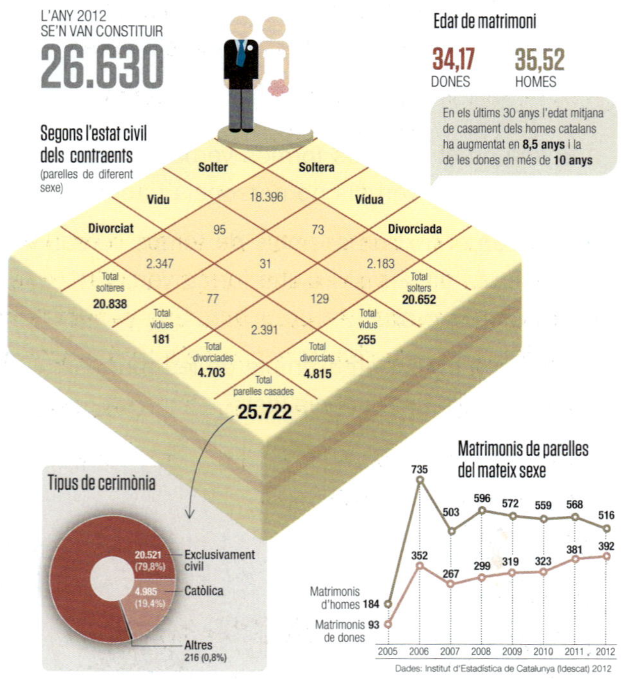

Naixements i adopcions

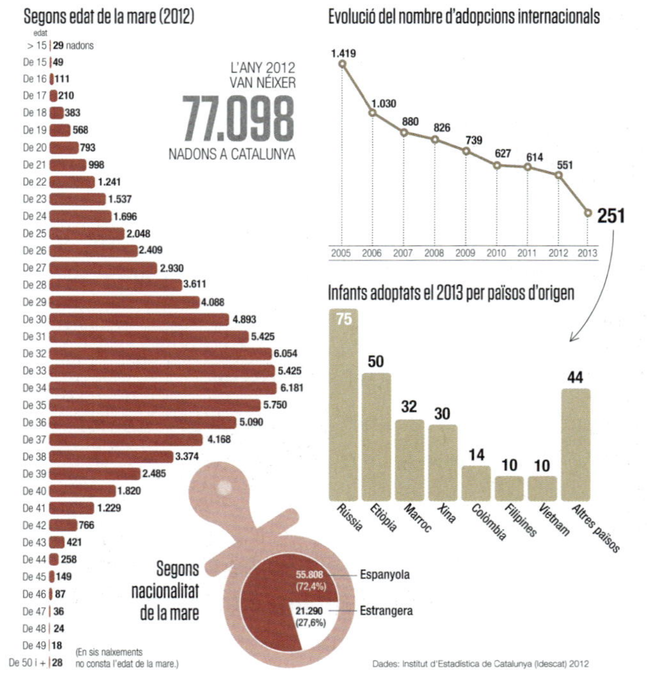

CARLES JAVIERRE, ESTHER UTRILLA I BWOKAA WANDCHER, *Catalunya en 70 gràfics*, Infographics llibres

COMPRÈN

1 ●●○ Contesta les preguntes següents sobre la infografia del consum d'aigua:

a D'on s'han extret les dades per a elaborar aquesta infografia?

b Per què hi predomina el color blau?

c Quants litres d'aigua consumim per persona i dia?

d Quins usos es fan de l'aigua?

e Què és el consum directe d'aigua domèstica? I el consum indirecte?

f Gràficament, com es diferencia el consum directe de l'aigua de l'indirecte?

2 ●●○ Contesta les preguntes següents sobre la infografia dels matrimonis:

a A quin any correspon la informació que aporten?

b De quin organisme o institució s'han obtingut les dades per a elaborar-les?

c Quants tipus de gràfic s'hi utilitzen? Quin nom reben els gràfics més petits?

d Què és l'estat civil d'una persona? Quins estats civils hi ha?

e Quin gràfic té en compte l'estat civil de les parelles de diferent sexe que es casen? En què et fa pensar aquest gràfic?

RELEXIONA

3 ●●○ Explica què podries fer diàriament per tal de disminuir el consum d'aigua.

ANALITZA

4 ●●○ Digues si les afirmacions següents sobre la infografia del consum d'aigua són certes:

a ☐ El moment de la jornada en què menys aigua utilitzem és al voltant de l'hora de sopar.

b ☐ Fer una truita de patates suposa un consum indirecte d'aigua.

c ☐ Regar les plantes implica fer un consum indirecte de l'aigua.

d ☐ Gastem la mateixa quantitat d'aigua quan buidem la cisterna del vàter, ens rentem les mans i ens rentem les dents.

e ☐ Gasta més aigua una rentadora que un rentaplats.

5 ●●○ Digues si les afirmacions següents sobre el gràfic de l'estat civil de les parelles que contrauen matrimoni són certes o falses:

a ☐ La majoria de casaments es fan entre solters.

b ☐ Els homes es casen més joves que les dones.

c ☐ La mitjana d'edat de la gent que es casa ha disminuït en els darrers 30 anys.

d ☐ La xifra total de matrimonis (26.630) no coincideix amb el total de parelles casades (25.722) perquè no s'hi han inclòs els matrimonis de parelles del mateix sexe.

e ☐ La majoria de casaments se celebren amb una cerimònia catòlica.

6 ●●● Llegeix i observa la infografia dels naixements i les adopcions a Catalunya i escriu un text en què resumeixis la informació que proporciona i expliquis les conclusions que se'n poden treure.

a Entre quines edats tenen més fills les dones?

b L'adopció internacional, en els darrers anys, ha crescut o ha decrescut?

JA HAS ACABAT?
Avalua't amb el test del quadern interactiu.

9

COM ES FA...

El text instructiu

En aquesta unitat,
t'enfrontaràs a un deure imperatiu:
treballar les característiques
del text instructiu.
I com que sabem que les lectures
et faran venir gana, et proposem
que redactis la recepta del plat
que més t'agrada!
Instrueix-nos, xef!

EN EL QUADERN INTERACTIU

COMENÇA
Activitat inicial.

POTS FER-HO
Minirepte sobre els continguts de la unitat.

INFORMA'T
Recursos digitals per a treballar els continguts.

PRACTICA
Activitats interactives.

AVALUA'T
Test de la unitat.

Lola Ja veig que no te'n surts ni amb el llibre de receptes...

Andrea A mi m'encanta cuinar! L'altre dia vaig fer uns canelons...!

Lluís Genís, que no veus que se t'adreça en la modalitat oracional exhortativa?

Genís Què? Jo només sé que tot eren crits i que la ceba es va cremar.

T'agrada cuinar? Qui te n'ha ensenyat? Quins plats saps fer?

Si no has cuinat mai, t'agradaria aprendre'n? Per què?

Menges sovint canelons? T'agraden? Saps com es fan? Explica-ho.

A quin gènere diries que pertany aquest text de Gemma Pasqual?

XÈNIA, TENS UN WHATSAPP

Gemma Pasqual i Escrivà

La Xènia és una adolescent que viu amb la seva àvia d'ençà que els seus pares van morir en un accident. Li agrada en Carles, però no sap que ell surt amb una altra noia.

El timbre de la porta la va fer aterrar* de cap. S'havia instal·lat en un altre planeta on s'estava molt bé. Era l'àvia, que necessitava ajuda. L'ascensor no funcionava i venia tota carregada del mercat.

—Ets una exagerada. Calia comprar tant? —la va renyar mentre pujava l'escala carregada de bosses amb la llengua fora.

La va ajudar a guardar les bosses a la cuina i, una vegada les bosses van ser buides, va córrer a tancar-se una altra vegada a la seva habitació. Però l'àvia la va aturar.

—Et necessito —li va dir mentre li lligava un davantal amb cors vermells i margarides blanques.

—Més magdalenes? —es va estranyar la Xènia.

—No. Canelons!

La Xènia va dibuixar* un somriure. No era l'única que afrontava els fantasmes del passat.

—Pela la ceba i trinxa-la molt petitona —li va ordenar l'àvia.

Els ulls de la Xènia es van negar* de llàgrimes i no només per la ceba. Va respirar fondo i es va sincerar amb l'àvia.

Va llegir a l'àvia els darrers WhatsApps que havia rebut d'en Carles, mentre aquesta tirava les làmines de canelons, d'una en una, en una olla grossa amb aigua bullent juntament amb un pessic de sal i un raig d'oli. Li va plantejar la decisió que afrontava. L'àvia l'escoltava atentament mentre remenava la pasta de tant en tant.

—I tu, què sents per ell? —li va preguntar estudiant la cara de la seva neta, mentre treia les làmines de canelons cuites i les posava dins un bol amb aigua ben freda per tal d'aturar-ne la cocció.

La Xènia va arronsar les espatlles amb impotència, mentre les seves mans estaven ocupades a assecar amb paper de cuina els canelons i els anava col·locant damunt una safata.

* Què significa el verb *aterrar* en el context de la lectura? Què vol dir que la Xènia "s'havia instal·lat en un altre planeta"?

* Per quin altre verb podries substituir el verb *dibuixar* d'aquesta frase sense que en canvïi el sentit?

Quan diem que algú "afronta" o ha d'afrontar "fantasmes del passat", a què ens referim?

* Què significa el verb *negar* en aquest context?

Per què se li neguen els ulls, a la Xènia?

—M'agrada, àvia. De veritat que m'agrada, però... —Es va tornar a encongir d'espatlles i va callar.

—No saps si pots confiar en ell... —va dir l'àvia amb delicadesa, mentre posava petits pilons de carn trinxada damunt les làmines i enrotllava els canelons.

La Xènia es va fregar el front sense dir res.

—El més important és no precipitar-se. Sé que ja ho saps, però l'única cosa que vull és que siguis feliç. T'ho mereixes. I que aquesta felicitat sigui amb en Carles, amb una girafa o sense companyia, això rai! Només vull veure't feliç. I mai no t'he vist tan feliç com amb en Carles.

L'àvia desfeia la mantega al foc per fer la beixamel. La Xènia va somriure dèbilment i va recolzar el cap al muscle de la seva àvia. Per més reconfortant que fos, li resultava impossible prendre una decisió.

—Però... —va dir la Xènia, i es va aturar.

L'àvia la va mirar en silenci durant un moment abans de plantejar amb cura el que pensava.

—Em sembla que estàs inventant pretextos* —li va dir mentre remenava la beixamel.

—No. Només tracto de resoldre aquesta situació. Però...

—Un altre però... Però res. —Es va aturar un moment i el to de la seva veu es va suavitzar—. No hi tens res a perdre. Tu sempre et queixes del final de les pel·lícules. Aquesta és la teva. Tu n'ets la protagonista i tu tries el final que vols.

La Xènia va mirar cap a un altre costat sense respondre. L'àvia tenia un somriure afectat* a la cara i la Xènia va sentir que el pols se li accelerava quan es va adonar de com era de definitiva la seva decisió.

"En realitat, vull fer-ho. No puc creure que de veritat ho faci", va pensar mentre posava uns dauets de mantega damunt els canelons i hi espargia* el formatge ratllat.

Què "mereix" la Xènia?
Per què li diu això l'àvia?

* Què és un pretext?

* Com és un somriure "afectat"?
Per què era afectat el somriure de l'àvia?

* Quin és l'infinitiu del verb *espargia*?
Què significa?

Investiga

sobre l'autora i fes-ne la fitxa!

- Lloc i data de naixement.
- Obres que ha publicat.
- Premis que ha obtingut.
- Altres activitats de l'autora relacionades amb la seva professió.
- Algun aspecte de la seva biografia que t'hagi cridat l'atenció.

COMPRENSIÓ

1 •○○ Digues si les afirmacions següents sobre la lectura són certes o falses:

a ☐ La Xènia arriba del mercat molt carregada.

b ☐ La Xènia i la seva àvia parlen d'en Carles mentre fan magdalenes.

c ☐ Per alguna raó, a l'àvia fer canelons li suposa superar algun fet difícil del passat.

d ☐ La Xènia no confia en la seva àvia.

e ☐ A la Xènia li agrada un noi que es diu Carles.

f ☐ La Xènia no sap quina decisió prendre amb relació a en Carles.

2 •○○ Contesta les preguntes següents sobre el fragment que has llegit:

a Quins personatges hi intervenen? Quin és el protagonista?

b Què fan durant la major part del temps en què tenen lloc els fets?

c La Xènia, de quina manera se sincera amb la seva àvia? Què li ensenya?

3 ••○ Llegeix aquestes paraules de l'àvia i digues d'una altra manera les que estan destacades en negreta sense que en canviï el sentit:

> Sé que ja ho saps, però l'única cosa que vull és que siguis feliç. T'ho mereixes. **I que aquesta felicitat sigui amb en Carles, amb una girafa o sense companyia, això rai!** Només vull veure't feliç.

Ara, fes servir la paraula rai en altres contextos per a exemplificar-ne el significat.

Finalment, explica què signifiquen aquestes altres paraules de l'àvia. Per a fer-ho, tingues en compte les preguntes que hi ha a continuació:

> Tu sempre et queixes del final de les pel·lícules. Aquesta és la teva. Tu n'ets la protagonista i tu tries el final que vols.

a A quin substantiu fan referència els pronoms *aquesta* i *teva*?

b La darrera frase té un sentit literal o figurat?

c A quin "final" es refereix l'àvia?

4 ••○ Explica què penses de la relació entre la Xènia i la seva àvia.

- Com és aquesta relació? Descriu-la.

5 ●●○ **Torna a llegir el darrer paràgraf de la lectura i, després, contesta:**

a Què indiquen les cometes de les dues oracions inicials?

b Què creus que “vol fer” la Xènia? Per què et sembla que li costa creure que “de veritat” ho vulgui fer? És a dir, quina “decisió” t'imagines que ha d'“afrontar” la Xènia?

ANÀLISI

6 ●●○ **Ordena aquestes accions segons la lectura i indica, en cada cas, quin personatge les fa:**

a ☐ Tirar d'una en una les làmines dels canelons en una olla amb aigua bullent juntament amb un pessic de sal i un raig d'oli.

b ☐ Remenar la beixamel.

c ☐ Assecar amb paper de cuina els canelons i anar-los col·locant damunt una safata.

d ☐ Pelar la ceba i trinxar-la.

e ☐ Posar petits pilons de carn trinxada damunt les làmines i enrotllar els canelons.

f ☐ Treure les làmines de canelons cuites i posar-les dins d'un bol amb aigua ben freda per a aturar-ne la cocció.

g ☐ Posar dauets de mantega damunt els canelons i espargir-hi el formatge ratllat.

h ☐ Remenar la pasta de tant en tant.

i ☐ Desfer la mantega al foc per fer la beixamel.

Digues si en la lectura es mencionen tots els passos que cal seguir per a fer canelons.

- Quins passos o indicacions no es mencionen? Si et cal, consulta una recepta de canelons.

Ara, busca l'ordre que l'àvia dona a la Xènia perquè l'ajudi a preparar els canelons.

- En quin mode verbal estan els verbs d'aquesta ordre?

Finalment, escriu la recepta per a fer canelons. Fes servir els verbs de cada pas en mode imperatiu.

7 ●●○ **Digues de quin tipus és el narrador del text que has llegit i justifica la resposta.**

- És un narrador intern o extern?

CERT O FALS?

☐ Les novel·les són textos instructius.

☐ En un text narratiu hi podem trobar instruccions.

☐ En les novel·les hi podem trobar diferents tipus de textos: instructius, descriptius, conversacionals...

1

Quin substantiu de la lectura deu el seu nom a un personatge bíblic?

2

Quin altre substantiu té el seu origen en el cognom d'un gurmet francès del segle XVII?

3

Quin mot homònim de la lectura que significa "cobrir d'aigua" pot ser un antònim de *afirmar* en un altre context?

ESTUDI DE LA LLENGUA

8 ●●○ Identifica els verbs d'aquest fragment i digues si les afirmacions que hi ha a continuació són certes o falses:

> Va llegir a l'àvia els darrers WhatsApps que havia rebut d'en Carles, mentre aquesta tirava les làmines de canelons, d'una en una, en una olla grossa amb aigua bullent juntament amb un pessic de sal i un raig d'oli. Li va plantejar la decisió que afrontava. L'àvia l'escoltava atentament mentre remenava la pasta de tant en tant.

a Tots els verbs estan en passat.

b Tots els temps verbals són simples.

c Tots els verbs estan en el mateix temps verbal.

d Totes les formes verbals estan en mode indicatiu.

Ara, indica la persona, el nombre, el temps i l'aspecte de cada un dels verbs en forma personal del fragment anterior.

9 ●●○ Relaciona cada un d'aquests sintagmes determinatius amb el substantiu adequat:

a un pessic de	1 sal
b un raig d'	2 sucre
c una fulla de	3 farigola
d una culleradeta de	4 oli
e un bri de	5 pebre
f una branca de	6 llorer
g un polsim de	7 safrà

10 ●●○ Classifica els mots pol·lisíl·labs de la lectura que duen accent en esdrúixols, plans i aguts. Explica, en cada cas, per què s'accentuen.

11 ●●● Indica a què o a qui fa referència cada un dels pronoms destacats d'aquestes frases del text. Per a fer bé l'activitat, tingues en compte el context de la lectura:

a L'àvia **la** va aturar.

b **Li** lligava un davantal amb cors vermells i margarides blanques.

c Pela la ceba i trinxa-**la** molt petitona.

d Sé que ja **ho** saps.

e Tu **n'**ets la protagonista.

f **Hi** espargia el formatge ratllat.

Les receptes de cuina són textos instructius.

Anomenem instructius els textos que indiquen els passos que s'han de seguir per a dur a terme satisfactòriament una acció.

L'objectiu del text instructiu és donar al receptor del text les pautes necessàries perquè pugui realitzar amb èxit una acció determinada com, per exemple, elaborar una recepta de cuina, muntar un moble o arribar fins a un lloc. També es consideren instructius els textos que recullen normes —per exemple, les d'un menjador escolar o les d'una casa de colònies— o consells diversos —sobre tècniques d'estudi, sobre com podem tenir cura de les plantes, com podem mantenir-nos en forma, etc.

Característiques del text instructiu

Hi ha textos instructius, com, per exemple, les receptes de cuina, en què l'**ordre** de les instruccions o dels passos que cal seguir és molt important. Però també hi ha textos en què aquest ordre no té importància; és el cas, per exemple, d'un text amb consells per a portar una vida saludable. Quant a la utilització d'il·lustracions o imatges, passa el mateix: hi ha textos en què són imprescindibles, com els fullets d'instruccions per a muntar un moble, i en d'altres no ho són tant, com en un text que doni consells per a estudiar. No obstant això, podem dir que tots els textos instructius tenen unes característiques pròpies:

- Utilitzen un **lèxic precís**, concret i un llenguatge clar, sense ambigüitats.
- Hi predomina la **modalitat oracional exhortativa**, ja que la finalitat és donar instruccions, ordres, consells o recomanacions. Per tant, es fan servir verbs en **mode imperatiu** (*posa*, *poseu*; *fes*, *feu*...) i **perífrasis d'obligació** (*haver de* + infinitiu; *caldre* + infinitiu o *caldre* + conjunció *que*: *has de fer*, *cal anar*, *cal que posis*, etc.).
- S'hi fa servir la segona persona del singular (*tu*) o del plural (*vosaltres, vós*) per tal d'adreçar-se amb més eficàcia al receptor. Si, en determinats contextos, és convenient suavitzar les ordres, se sol utilitzar el futur o el condicional (*fareu*, *posaràs*; *caldria que feu*...). També és habitual l'ús de les formes impersonals (*es fa*, *es posa*; *cal fer*...).
- El text consta sovint de **numerals** (ordinals, *1r*, *2n*, *3r*..., o cardinals, *1*, *2*, *3*...) **lletres** (*a*, *b*, *c*...) o **signes gràfics** (pics, guionets, quadradets) que indiquen l'ordre dels passos que cal seguir i/o que organitzen el text en forma de llista per a presentar-lo al receptor de la manera més clara possible. També s'acostumen a utilitzar diferents tipus i mides de lletres per a indicar la jerarquia o grau d'importància d'allò que es diu.
- En els textos en què l'ordre dels passos és important, abunden els **connectors** que indiquen aquest **ordre** i que ajuden a organitzar el text: *per començar*, *després*, *tot seguit*, *a continuació*, *finalment*, *per acabar*...

FRICANDÓ AMB MOIXERNONS

Aquest és el nom d'un plat pel qual, quan hi pensa, el català sent una especial nostàlgia. [...] Apareix a la carta de molts restaurants, es cuina encara a moltes cases i, més o menys, tothom el fa com vol.

Hauríem d'establir, però, d'entrada, que es tracta d'una creació estrictament catalana sobre el nom d'un plat francès, el *fricandeau*, amb el qual poca cosa té a veure, com no sigui que es tracta, en tots dos casos, de carn melosa amb salsa. [...] Però el nostre plat porta bolets, cosa que el diferencia dels guisats francesos. Ara bé, ¿quins bolets? La fórmula parla de moixernons, però habitualment es fa amb cama-secs, coneguts també amb el nom de carreroles, correroles, moixines, etc. Tots dos són bolets de prat, que creixen en eroles, però els cama-secs són molt abundants, mentre que els moixernons són escassos. [...] Resumint, el nostre fricandó amb moixernons no és ni *fricandeau*, ni el fem, habitualment, amb moixernons. Però és boníssim.

Posem els bolets en remull, amb aigua tèbia, un parell d'hores, com a mínim. Els trossos de carn, tallada fina —de la culata, el cap de mort, la tapa plana—, salpebrats, s'enfarinen i es fregeixen en oli d'oliva. Es reserven. En una cassola de cul gruixut, amb l'oli de fregir la carn, colat, s'hi fa sofregir una ceba grossa, tallada menuda, una cabeça d'alls i una pastanaga. Quan tot això ja ha pres color, sense cremar-se, i la ceba ja està ben desmaiada, s'hi aboquen un parell de tomates, pelades, sense llavor i trinxades a dauets. Es deixa que se sofregeixin. Quan aquest sofregit s'ha confitat, s'hi tira un vas de vi blanc sec i un ramellet d'herbes —llorer, farigola, orenga— i es deixa reduir. Llavors és el moment de posar a la cassola els trossos de carn que hem fregit. Els cobrim d'aigua o de caldo de vedella i deixem que tot faci un xup-xup melindrós fins que la carn sigui cuita —ha de quedar ben tova. Mentrestant, haurem escorregut els bolets i els haurem saltat en una paella amb un rajolí d'oli. Quan la carn és cuita, amb compte que no es desfaci, la separem del suc de la cocció i la reservem. Passem el suc pel colador xinès, el desgreixem i el tornem a posar a la cassola, ben neta, juntament amb la carn i els bolets saltats. Amb un trosset de pa fregit, un gra d'all i un grapadet d'ametlles torrades, fem una picada ben fina i l'aboquem a la salsa. Ho deixem tot a foc lentíssim per tal que bolets i picada s'integrin amb el suc i la carn. [...]

Aquesta és la fórmula bàsica. Però s'admeten variants, com ara afegir-hi cebetes o fer-lo sense bolets. O posar-hi un punt d'albergínia que, desfeta, donarà a la salsa un toc especial.

El fricandó amb moixernons, plat de les famílies benestants del país, ha entrat en la història de la literatura catalana de la mà de Salvador Espriu. Ell l'ha immortalitzat en la seva magnífica *Primera història d'Esther*. En un moment donat hi diu el rei: "[...] que els genis immortals em fortifiquin, per als embats del fricandó de demà." I contesta Aman: "Si la reina ens en dona, tant de bo que ens l'acompanyi amb un saborós suquet de moixernons, com ho solien condimentar a Sinera, per a Salom, de petit, la senyora Maria Castelló i les dues germanes Draper, i li surti tal com elles ho aconseguien: la cosa més bona del món."

[NARCÍS COMADIRA, *Fórmules magistrals. Un dietari*. Editorial Empúries]

Pautes d'anàlisi
d'un text instructiu

FIXA'T EN en els aspectes següents, pel que fa a les característiques textuals:

- Si el text conté paràgrafs amb els passos que cal seguir.
- Si s'hi fa servir un llenguatge precís i concret, sense ambigüitats.

FIXA'T EN els aspectes següents, pel que fa a les característiques gramaticals:

- Si es fa servir el mode imperatiu.
- Si es fan servir perífrasis d'obligació com *haver de* / *caldre* + infinitiu o bé *caldre* + *que*.
- Si es fan servir formes verbals impersonals.
- Si l'ordre dels passos s'indica amb:
  - numerals (*1*, *2*, *3*...; *1r*, *2n*, *3r*...)
  - lletres
  - guions, pics...
  - connectors (*en primer lloc*, *a continuació*, *després*, *finalment*...)

FIXA'T EN els elements gràfics del text:

- Si el cos, el tipus i la mida de la lletra són sempre els mateixos.
- Si hi ha frases o paraules destacades.
- Si hi ha dibuixos, fotografies, esquemes... per a facilitar-ne la comprensió.

1 ••○ Assenyala el paràgraf del text anterior en què hi ha cada un dels elements següents:

a La recepta de cuina pròpiament dita.
b L'origen del nom del plat.
c Una referència del plat en la literatura.
d Les variants de la recepta bàsica.
e La introducció del text.

2 ••○ Identifica els verbs i la locució verbal del text que corresponen a aquestes definicions:

a Cobrir de farina alguna cosa.
b Coure un menjar en oli bullent.
c Fregir lleugerament.
d Fer bullir lentament un líquid, com el suc d'un guisat.
e Fer que surti l'aigua o un altre líquid d'un recipient o d'un lloc fins que no en quedi gens.
f Coure una vianda a la paella, amb llard o oli, a foc viu i remenant-la de tant en tant.

3 ••○ Resol aquestes qüestions sobre el text:

a Anota el nom dels bolets que s'hi mencionen. Si no els coneixes, busca'n imatges.
b Explica què es necessita per a fer el sofregit d'un fricandó.
c Explica també què és una picada. Amb quins ingredients es fa?
d Anota la resta d'ingredients que es necessiten per a fer un fricandó.
e Digues, com a mínim, quatre maneres diferents d'anomenar el *tomàquet*.
  - Quina fa servir Narcís Comadira en el text?
  - Quina es fa servir en la varietat del català que parles tu?

f Explica què vol dir que la ceba estigui "desmaiada" i que el xup-xup sigui "melindrós".

4 ••○ Analitza el text que has llegit i indica quins punts de les pautes d'anàlisi es compleixen.

TALLER El text instructiu

Planifica i prepara

De quin plat, t'agradaria escriure'n una recepta?

- Tria un plat o unes postres que es facin a casa teva. Per exemple:

cuscús

esqueixada de bacallà

espinacs a la catalana

migas

crema

panellets

Informa't sobre com es prepara el plat o les postres que has triat.

1 **Tingues en compte aquests aspectes:**

- Els ingredients i les quantitats necessàries.
- El procés d'elaboració.
- El temps de cocció i/o de preparació de cada pas.
- Els estris de cuina necessaris.
- Si hi ha una manera específica de presentar-lo, de servir-lo o de menjar-lo.

2 **Determina també aquestes altres dades i anota-les:**

- El tipus de plat: un entrant, un primer, un segon o unes postres.
- El grau de dificultat: alt, mitjà o baix.
- El nombre de persones pel qual està pensada la recepta.
- Si es tracta d'un plat fred o calent.
- El temps total de preparació.

3 **Esbrina, si no ho saps, d'on és típic el plat que has triat.**

Cuina el plat que has escollit amb l'ajuda d'un adult!

- D'aquesta manera, quan en redactis la recepta, no t'oblidaràs de cap pas ni de donar alguna instrucció important.
- Demana a algú que et faci fotografies mentre el prepares.
- Quan hagis acabat, fotografia'l degudament presentat.

Escriu i revisa

Escriu la recepta.

1 **Redacta la capçalera de la recepta. Hi han de constar aquestes dades:**

- La llista d'ingredients i les quantitats expressades en unitats i/o grams o amb expressions com *un raig/rajolí de...*, *un polsim/pessic de...*, etc.
- El tipus de plat, el grau de dificultat, el temps de preparació, etc.
- La foto del plat que has cuinat.

2 **Escriu una introducció breu. Si ho creus necessari, explica:**

- D'on és típic el plat que has triat.
- Quins estris de cuina o atuells són necessaris per a elaborar-lo.
- Si es tracta d'un plat fred o calent.

3 **Redacta els passos de la recepta:**

A Escriu un paràgraf per a cada pas fent servir els connectors adequats: *en primer lloc*, *per començar*, *seguidament*, *finalment*, etc.
- Pots afegir-hi fotografies il·lustratives dels passos més complicats.

B Ordena'ls amb numerals.

C Fes servir un vocabulari precís, verbs en mode imperatiu i perífrasis d'obligació.
- Tria la persona gramatical: segona del singular (*remena*) o del plural (*remeneu*) o primera del plural (*remenem*).

4 **Finalitza el teu text explicant com s'ha de presentar o servir el plat i, si és necessari, com s'ha de menjar.**

Revisa la recepta segons les pautes d'anàlisi de la pàgina 163.

- **Els passos estan ben ordenats? Són clars? Els connectors són adequats?**
- **Has fet servir verbs en mode imperatiu? I perífrasis d'obligació?**

El repte

Posa a prova la teva recepta!

1 **Intercanvia la teva recepta amb la d'un company o companya.**

2 **Prepara a casa la recepta que t'ha tocat amb l'ajut d'una persona adulta.**

3 **Valora la recepta del company segons aquests criteris:**

- Si els passos són complets, estan ben ordenats i s'entenen.
- Si el text és correcte quant a l'ortografia i la gramàtica.
- Si ha fet servir verbs en mode imperatiu i perífrasis d'obligació.
- Si el plat t'ha agradat o t'ha sorprès.

4 **Revisa la teva recepta segons el que te n'ha dit el teu company i, si cal, millora'n la redacció.**

+ Propostes

Creeu un blog de cuina amb les vostres receptes.

- **Ordeneu-les segons si es tracten, de primers plats, de segons plats, de postres i segons l'època de l'any en què es mengen.**
- **Convideu el professorat i les vostres famílies a fer comentaris sobre les receptes. Entre tots, podeu millorar-les!**

GRAMÀTICA Els complements verbals

1 ●●○ **Transforma aquestes oracions actives en passives:**

a Picasso va pintar el *Guernica*.
b El foc crema la part alta de la muntanya.
c La Lourdes farà la migdiada.
d No hem vist l'escultura més bonica.
e Uns exploradors han descobert un jaciment arqueològic.

2 ●●○ **Identifica el CD de les oracions següents:**

a Li han donat una bona notícia.
b No veig cap banyista a la platja.
c La Caputxeta porta el cistell a l'àvia.
d Li han amagat la veritat.
e No facis tanta gresca.
f El meteoròleg diu que plourà.

3 ●●○ **Identifica el CI d'aquestes oracions:**

a Digues a en Pau que calli.
b La venedora ha triat la fruita a la mare.
c He hagut d'escriure el discurs per al president.
d Han lliurat el premi al guanyador.
e Ha confessat al mestre el que ha fet.

1 L'estructura del sintagma verbal

El verb, imprescindible per a construir una oració, és el nucli del **sintagma verbal** (SV). A més del verb, en el SV hi pot haver un conjunt de mots que s'agrupen al seu voltant: els **complements verbals**.

2 Els complements verbals

Segons el tipus de verb, els complements poden ser **obligatoris** (completen la informació que dona el verb) o **opcionals** (afegeixen informació sobre com es produeix l'acció): *El govern convocarà **el referèndum*** (complement obligatori: CD) ***al llarg del dia*** (complement opcional: CC).

El complement directe (CD)

Els **verbs transitius** demanen un complement directe (CD) perquè l'oració tingui un sentit complet: **Per fi he trobat. / Per fi he trobat **la clau***. N'hi ha altres, però, que en poden prescindir: *No beu. / No beu* [***begudes alcohòliques***].

Per a identificar el complement directe, podem transformar l'oració a veu **passiva**: convertim el subjecte de l'oració activa en complement agent de la passiva (introduït per la preposició *per*) i formem el verb passiu amb el verb *ser* (en el temps, el mode, la persona i el nombre del verb actiu) i el participi del verb actiu. El sintagma que esdevé el subjecte de la passiva és el CD. Fixa-t'hi:

- **Oració activa**: *El jutge* (Subj.) *ha dictat* *una resolució* (CD).
- **Oració passiva**: *Una resolució* (Subj. passiu) *ha estat dictada* (Verb passiu) *pel jutge* (Compl. agent).

Com a regla general, el CD va unit al verb **sense preposició**, tant si designa una cosa (*He vist **el cotxe***) com una persona (*He vist **l'Anna***). Excepcionalment, però, si designa una persona, s'introdueix amb la preposició **a** quan és un pronom personal fort (**mi**, **tu**, **ella**, **ell**, **nosaltres**...): *Avisa'm **a mi***; *Mira-la **a ella***.

El complement indirecte (CI)

El complement indirecte indica l'ésser animat (persona o animal) que rep el benefici o perjudici de l'acció verbal; és a dir, que n'és el **destinatari**. És introduït per la preposició **a** (o, més rarament, per la preposició **per a**). Segons el verb, pot acompanyar, o no, el CD:

Van dur *un regal* (CD) *al malalt* (CI).

Truca *a la Maria* (CI).

L'atribut

És el complement que acompanya els **verbs atributius** *ser*, *estar* i *semblar*. Indica una qualitat del subjecte i hi concorda en gènere i nombre: *La pera* [subj.] *està madura* [atribut]. ▸ *Les peres* [subj.] *estan madures* [atribut]. L'atribut pot ser un adjectiu, un sintagma preposicional, un sintagma nominal o una oració.

El complement predicatiu (CPred)

Com l'atribut, el predicatiu expressa una qualitat, però aquesta pot ser del subjecte o del CD, amb els quals concorda en gènere i nombre.

- **Complement predicatiu de subjecte**: *Ell* (Subj.) *va coix* (CPred). / *Ella* (Subj.) *va coixa* (CPred).
- **Complement predicatiu de CD**: *Ell troba l'Iu* (CD) *just* (CPred). / *Ell troba l'Eva* (CD) *justa* (CPred).

Com que el CPred es pot identificar perquè respon la pregunta "com?", el podem confondre amb un complement circumstancial de manera. Per a evitar-ho, cal tenir en compte que el complement predicatiu pot ser un adjectiu, un sintagma preposicional o un sintagma nominal i que el circumstancial equival a un adverbi.

El complement de règim (CR)

El complement de règim sempre va introduït per una preposició que exigeix el verb —*recordar-se de*, *queixar-se de*, *renunciar a*, *pensar en*, *comptar amb*, etc.— perquè l'oració tingui sentit complet: *No us adoneu* ***de res***. La diferència entre aquest complement i el CD és que el CR sempre porta preposició i el CD, generalment, no en porta.

El complement circumstancial (CC)

Aquest complement verbal no és imprescindible perquè una oració tingui sentit, però amplia la informació que expressa el verb. Pot anar al principi, al mig o al final de l'oració, i s'anomena **circumstancial** perquè expressa les circumstàncies en què té lloc l'acció, que poden ser de **lloc** (CCL), de **temps** (CCT), de **manera** (CCM), de **companyia** (CCC), d'**instrument** (CCI), de **quantitat** (CCQ), etc.

Avui (CCT) *l'Eva fa els deures a casa* (CCL) *amb la seva germana* (CCC).

4 ●●○ **Identifica l'atribut de les oracions següents:**

a L'Ada està contenta.
b L'Eloi sembla nerviós.
c Cervera és la capital de la Segarra.
d Va estar ocupat tot el dia.
e La veïna sembla una bruixa.

5 ●●○ **Identifica el complement predicatiu de les oracions següents:**

a La Maria dorm tranquil·la.
b Tothom pren en Bru per boig.
c Porten brutes les vambes.
d El seu tiet ha mort ric.

6 ●●○ **Assenyala el CR de les oracions següents:**

a Sempre es queixen de tot.
b Compto amb el teu ajut!
c L'han convidat a un granissat.
d Et rius de mi?

7 ●●○ **Assenyala els CC de cada oració i indica de quin tipus són:**

a L'altre dia va anar a peu a casa d'en Biel amb els seus germans.
b Tota la vida han treballat incansablement a la fàbrica per quatre xavos.

Recorda

- Els complements verbals són el CD, el CI, l'atribut, el CPred, el CR i el CC.

ANALITZA

1 ●●○ Copia les oracions següents i separa'n el subjecte i el predicat amb una barra. Després, indica si els complements verbals destacats són CD, CR o CC:

a Els nens de cinquè juguen **a futbol**.

b M'he rentat les dents **amb pasta dentifrícia**.

c El sibarita ha sopat **al restaurant**.

d Ningú no s'ha de refiar **dels enemics**.

e Ho has fet **d'una altra manera**?

f Vam haver de recórrer **als estalvis**.

g S'ha gastat **els diners que li van regalar**.

h No confia **mai** en el que li diuen.

2 ●●● Copia les oracions següents i separa'n el subjecte i el predicat amb una barra. Després, identifica'n els complements verbals i indica si són CD, CI, atributs, CC o CR:

a Tots estàvem deprimits.

b La mare posa tendrament el jersei al seu bebè.

c Han escalat l'Everest amb l'ajut d'un xerpa.

d Vaig fer una pregunta al policia amb amabilitat.

e L'ajudant estava vermell en acabar la feina.

f El rapsode va cantar una cançó als espectadors.

g L'estudiant no es va recordar de la resposta.

h El seu germà ha arribat a casa de matinada amb un amic.

3 ●●○ Assenyala l'oració correcta de cada parella. Fixa't com s'introdueix el CD:

a El públic va aplaudir **els actors**. / El públic va aplaudir **als actors**.

b Ves a visitar **els avis**. / Ves a visitar **als avis**.

c Adornaré **al menjador** amb garlandes. / Adornaré **el menjador** amb garlandes.

d Elles no coneixen **a la nova directora**. / Elles no coneixen **la nova directora**.

e He vist **la Montse**. / He vist **a la Montse**.

4 ●●○ Indica quina funció fan els complements verbals destacats d'aquest poema:

BATALLA ESPACIAL

Això era **un àngel**
que tenia
tres costats i tres angles:
era un triàngel.
Volava **per l'espai**
de pressa de pressa
i **tot d'una**
es va topar **amb un drac**
que tenia
quatre costats iguals
i quatre angles:
era **un quadrac**.
Van discutir
i es van barallar
a mig aire
a cops d'angle
contra els costats:
el quadrac tenia **més angles**,
però el triàngel els tenia **més aguts**.
A l'últim,
el triàngel va ferir **el quadrac**
i, estarrufat de la victòria,
va arrencar a volar
seguint una línia d'or
que era infinita.

ROBERTO PIUMINI / MIQUEL DESCLOT

5 ●●○ Digues si el complement destacat de cada parella d'oracions és un atribut o un complement predicatiu (CPred):

a Els corredors van arribar **cansats**.

A Els corredors estan **cansats**.

b En Ramon és **tímid**.

B En Ramon s'ha tornat **tímid**.

c El document està **rebregat**.

C El document arribarà **rebregat** a Correus.

d La negociació es presenta **complicada**.

D La negociació és **complicada**.

APLICA

6 ••○ Completa aquestes oracions amb els complements dels tipus indicats:

a ▬ (CCT) donarem ▬ (CD) als coloms.

b Han ofert beques ▬ (CI) .

c La cuinera ha bullit ▬ (CD).

d Escriu ▬ (CCM) ▬ (CD) en contra per al debat.

e ▬ (CCT) haurem de buscar un substitut ▬ (CI).

f La Lia compra patates xips ▬ (CI).

g Entrega el paquet ▬ (CI) en mà ▬ (CCT).

7 ••○ Continua les oracions afegint, en cada cas, dos complements verbals. Després, digues de quin tipus són.

a El ciclista no s'ha recordat de...

b Aquest xicot es fa...

c Els avis caminen...

d El gos dorm...

REFLEXIONA

8 ••○ Digues si les afirmacions següents són certes i explica quins errors tenen les falses:

a Una de les característiques gramaticals que permet distingir el CD d'altres complements és que no va introduït per cap preposició.

b Una oració només pot tenir un CC.

c L'atribut i el CPred poden ser constituïts per un adjectiu.

d El CI no duu mai preposició.

e El complement predicatiu i el CCM responen la pregunta "com?" i poden ser un adjectiu.

PREPARA

9 ••○ Llegeix bé aquest text i fes les activitats que hi ha a continuació abans que te'l dictin:

DICTAT

Després de molts anys de no fumar, el pare encén una cigarreta. Ho va deixar quan va néixer la seva filla i, d'ençà d'aleshores, ha estat massa ocupat per a trobar-ho a faltar. El fum li crema els pulmons **amb una boira aspra** que, en comptes de combatre, reactiva **amb pipades compulsives. Fa una estona**, la filla li ha explicat les raons per tant de temps de silenci, mal humor, problemes, insomni i discussions: no suporta ser l'única noia de l'institut amb pares no separats i els ha demanat, sisplau, que se separin. "Vull ser normal", els ha dit poc abans de sortir de l'habitació **amb llàgrimes als ulls.**

SERGI PÀMIES, "Sang de la nostra sang", *Si menges una llimona sense fer ganyotes*. Quaderns Crema

a Transforma aquestes oracions actives en oracions passives:

- El pare encén una cigarreta.
- El fum li crema els pulmons.
- La filla li ha explicat les raons.

b Digues de quin tipus són els complements circumstancials destacats del text.

c Identifica el CD d'aquesta oració del text:

- Després de molts anys de no fumar, el pare encén una cigarreta.

d Busca en el text els adjectius *ocupat*, *aspra*, *separats* i *normal* i digues si fan la funció de complement del nom (CN) o d'atribut.

e Explica la norma ortogràfica que segueixen les grafies destacades d'aquestes paraules del text:

deixar · néixer · massa · combatre

LLEGEIX

L'Adela, en Lluc i en Nicolau van deixar anar tot l'aire que havien retingut als pulmons. Ja no van ni protestar.

—Quin és el terç i mig de 100?

—Què?

—Ja ho heu sentit. El terç i mig de 100.

—Ni idea —va reconèixer en Nicolau.

—Voleu un full i un boli?

—*Profe*...

—El terç i mig de 100 és 50. Qualsevol terç i mig de qualsevol xifra és la seva meitat. El terç i mig de 80 és 40, i el de 62 és 31. Amb aquests jocs podeu aixecar la camisa a qualsevol.

—Això no són jocs —va negar l'Adela.

—Què t'hi jugues?

—A mi m'encantaria fer la guitza a l'estúpid a qui cau la bava quan veu la meva germana i que em farà classes aquest estiu per culpa del suspens —va somriure en Lluc animant-se.

—I a mi, a la bleda de la meva cosina, ves! —no se'n va poder estar en Nicolau.

—Segur que els enganxeu. Una endevinalla no és més que una sèrie de càlculs aritmètics. Preneu nota —va aconseguir captar el seu interès, perquè tots tres van parar esment, captivats per l'entusiasme—. Puc encertar qualsevol nombre que tingueu al cap. Qualsevol.

—Això no és possible —va vacil·lar en Nicolau.

—Duplica'l.

—Ja.

—Ara suma-hi dos.

—Ja.

—Divideix-lo per dos i digue'm el resultat.

—Cinc.

—Llavors el nombre que havies pensat inicialment era el quatre.

—Ostres! —en Nicolau va quedar bocabadat.

—Era el quatre? —va preguntar en Lluc al seu amic.

—Sí.

Tots dos van mirar en Felip Romero amb les celles arcades.

—Com ho ha fet?

—Heu de ser mentalment ràpids, però no és gens complicat. Primer li he demanat que dupliqui el nombre, és a dir, que el multipliqui per dos. Suposem que ha pensat el set. Molt bé, doncs set per dos són catorze. Li he dit que hi sumi un nombre, en aquest cas el dos. Catorze més dos són setze. Després li he demanat que el divideixi per dos. Setze entre dos són vuit. A aquest vuit, i això és el que no he dit a en Nicolau, cal restar-hi mentalment sempre la meitat del nombre que li he demanat que sumés després de duplicar-lo. Com que li he dit que sumés dos, la meitat és un. Vuit menys un, set.

—Que fort! —va reconèixer en Lluc.

—Però la clau sempre es troba en el nombre que tu li dius que hi sumi. Aquesta és la trampa. Si li dic que sumi dos, he de restar un al que ell em respongui després de fer totes les operacions.

—Esperi, que m'ho apunto —va dir en Nicolau.

Li va prendre el full i el bolígraf i va anotar:

Demanar que dupliqui el nombre.

Demanar que hi sumi dos.

Demanar que divideixi el resultat per dos.

Preguntar quin nombre ha obtingut.

I restar-hi la meitat del que ha sumat abans, és a dir, un.

JORDI SIERRA I FABRA, *L'assassinat del professor de matemàtiques.* Editorial Barcanova

COMPRÈN

1 ●○○ **Contesta aquestes preguntes sobre el text:**

a Quin tipus de text hi predomina: narratiu, instructiu...?

b Quants personatges hi intervenen? Com es diuen?

c Quina relació hi ha entre en Felip Romero i els altres personatges?

d Quin és el tema de la conversa?

e Quin tractament fan servir els alumnes per a adreçar-se a en Felip Romero?

2 ●●○ **Troba la frase feta del text que correspon a cada una de les definicions següents:**

a Enganyar algú.

b Molestar algú, destorbar-lo de reeixir.

Ara, escriu un verb o una locució verbal que signifiqui el mateix que aquestes frases fetes:

a Escampar la boira

b Caure la bava

c Picar l'ullet

d Parar esment

APLICA

3 ●●○ Pensa en els passos que s'han de seguir per a jugar a un d'aquests jocs:

el parxís

les dames

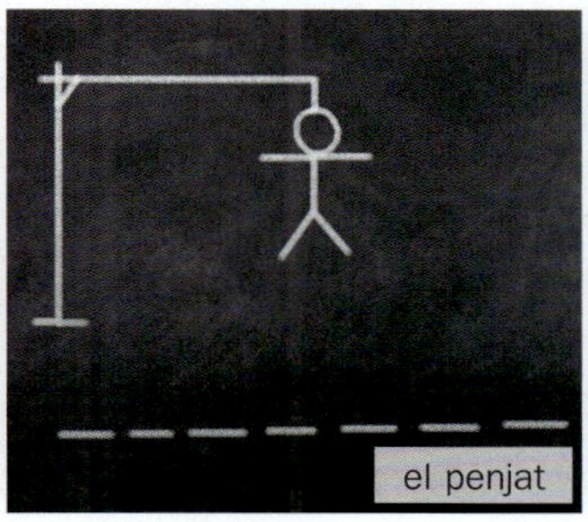

el penjat

el dòmino

Escriu les instruccions per a jugar-hi. Pots seguir aquest guió:

a Nombre de jugadors.

b Material necessari per a jugar-hi.

c Objectiu del joc.

d Terminologia del joc, si n'hi ha.

e Funcionament del joc.

f Normes.

ANALITZA

4 ●●○ Assenyala els fragments instructius del text que has llegit i explica per què ho són.

5 ●●○ Entre tots, feu una llista de tots els tipus de textos instructius que se us acudeixin.

a Busqueu mostres dels textos instructius que heu proposat i porteu-los a la classe.

b Poseu-los en comú i analitzeu-los.

6 ●●○ Troba en el text de Jordi Sierra i Fabra dos mots escurçats per apòcope; és a dir, les síl·labes finals s'han eliminat.

- Aquests mots pertanyen a un registre formal o informal?

7 ●●○ Busca en el text un mot que tingui cada una de les característiques següents:

- Un mot que s'escriu amb *l·l*.
- Un sinònim del verb *endevinar*.
- Un antònim de l'adjectiu *espavilat*.
- El partitiu del nombre 2 i del nombre 3.
- Una interjecció.

CREA

8 ●●● Feu grups de quatre i inventeu-vos un joc de taula del tipus del Trivial sobre el centre on estudieu. Tingueu en compte les qüestions següents:

- Penseu les preguntes i classifiqueu-les en diferents temes. Per exemple:
  - Història del centre.
  - Espais i instal·lacions.
  - Estudis i assignatures.
  - Exalumnes i exprofessors llegendaris, curiositats, etc.
- Redacteu les preguntes, corregiu-les i escriviu-les en cartronets de colors diferents segons el tema.
- Inventeu-vos les regles del joc: nombre de jugadors, funcionament i normes, penalitzacions i/o penyores, premis, etc.
- Elaboreu el tauler del joc segons les normes que us hàgiu inventat.
- Poseu-hi nom i jugueu-hi.

JA HAS ACABAT?
Avalua't amb el test del quadern interactiu.

10

AMB CAP I PEUS

El text argumentatiu

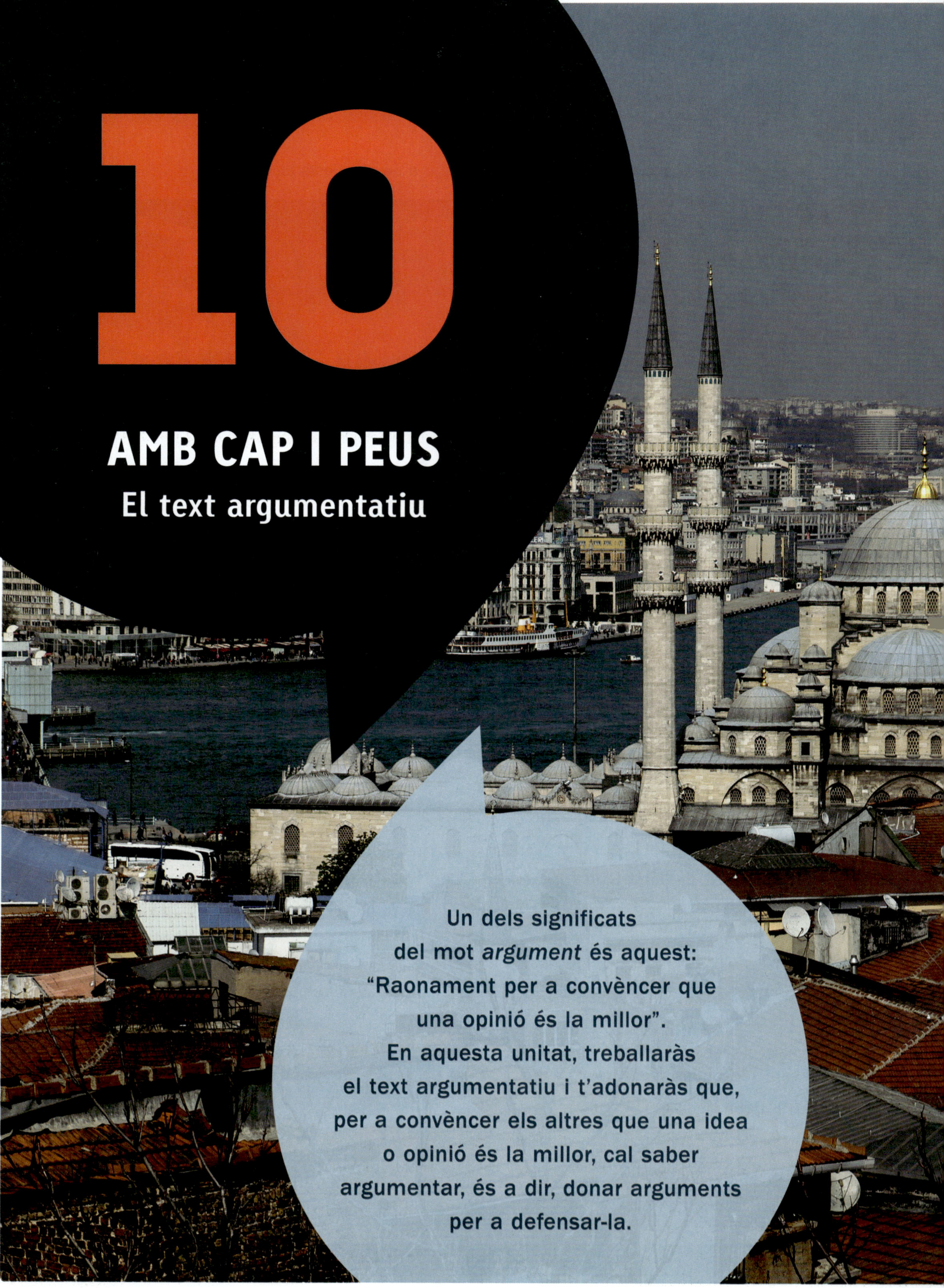

Un dels significats del mot *argument* és aquest: "Raonament per a convèncer que una opinió és la millor". En aquesta unitat, treballaràs el text argumentatiu i t'adonaràs que, per a convèncer els altres que una idea o opinió és la millor, cal saber argumentar, és a dir, donar arguments per a defensar-la.

EN EL QUADERN INTERACTIU

COMENÇA
Activitat inicial.

POTS FER-HO
Minirepte sobre els continguts de la unitat.

INFORMA'T
Recursos digitals per a treballar els continguts.

PRACTICA
Activitats interactives.

AVALUA'T
Test de la unitat.

Genís "Argumenta la teva resposta" és una frase que m'ha esguerrat el dia un munt de vegades.

Lola No us ha deixat amb intriga el fragment de *Kamal i els alfabetistes*?

Pasqual Això de les estructures argumentatives pot ser interessant de cara a convèncer els pares per a fer qualsevol cosa!

Anna Home, no devíeu pretendre treure-us la pregunta del damunt amb un "sí", oi?

Has tingut mai la sensació que et perseguien pel carrer? Explica-ho.

Quins viatges fora de Catalunya has fet?

Has llegit cap altre llibre d'Àngel Burgas? Quin?

KAMAL I ELS ALFABETISTES

Àngel Burgas

Kamal és un membre de la comunitat turca de Berlín que té la missió de salvar el món. En la seva aventura per a aconseguir-ho, Kamal es trobarà amb uns veïns ocupes, excompanys de classe..., i un dolent, el Gran K, que voldrà impedir, de totes les maneres possibles, el seu triomf.

Vam anar a buscar la mare i la tieta, que continuaven xerrant pels descosits assegudes a la terrassa de la cafeteria. Es devien estar explicant una xafarderia tan interessant, que cap de les dues no va fer comentaris, i ni tan sols es van sorprendre quan la Kima els va anunciar que un botiguer ens havia obsequiat, de franc, amb una camisa i un collaret.

—Que bé, nois. D'això, se'n diu tenir sort —va dir la tieta, i de seguida va cridar el cambrer, es va treure el moneder de la bossa, es va posar la jaqueta i es va alçar de la cadira, tot alhora, sense perdre el fil d'allò que estava explicant a la mare.

De tornada cap a casa, la Kima i jo anàvem darrere de les dues dones. Jo feia gronxar la bossa de plàstic amb la camisa, quan em vaig adonar que algú ens seguia. Es tractava de dos homes i una dona que caminaven darrere nostre. Us deveu preguntar què té això d'especial. Doncs vaig pensar que ens seguien a certa distància perquè:

a Els havia vist, immòbils, vora la taula de la cafeteria, mentre la mare i la tieta pagaven el compte.

b Els vaig tornar a veure quan avançàvem pel carrer Alemdar.

c Seguien encara les nostres passes al carrer Yerebatan.

d Van girar a la dreta, com nosaltres, a Kabasakal.

e Eren a la porta quan vam sortir de la mesquita* de Santa Sofia.*

I per què m'hi vaig fixar?

a Perquè no ens treien els ulls de sobre.

b Perquè l'home més gran duia un ocell sobre l'espatlla.

c Perquè la dona, tot i anar amb xador,* duia unes ulleres de sol molt modernes.

d Perquè el segon dels homes era el fill del botiguer.

Fins que no vam sortir de la mesquita no vaig dir a la Kima, en un xiuxiueig,* que dissimulés, que tres persones, entre elles el jove que ens havia obsequiat amb la camisa i el collaret, ens seguien des de la plaça del cafè. Això de dissimular, la Kima no ho va fer gens bé: es va girar tot d'una per mirar-se'ls.

Per què el narrador sospita que el segueixen? Què caracteritza cada perseguidor?

* Què és una mesquita?

* A quin país podries visitar la mesquita de Santa Sofia? A quina ciutat es troba?

* Què és un xador? Quines persones solen portar-ne?

*Què significa el substantiu xiuxiueig?

I aleshores els tres perseguidors, enxampats de ple i sense esperar-s'ho, van girar cua, evidentment desconcertats, i es van ficar per un carreró lateral.

—Doncs si ens seguien, ja ho han deixat de fer —va dir la Kima.

Durant la resta del trajecte em vaig anar girant i, efectivament, no els vaig tornar a veure.

A casa, el pare, els oncles, l'àvia i els cosins es van mostrar més receptius quan els vam explicar l'episodi de la botiga. L'àvia va ser l'única que hi va posar objeccions.

—I ho heu acceptat? Què us he dit centenars de vegades? No parleu amb desconeguts. No accepteu regals —va remugar* mentre s'acostava la camisa al nas i l'ensumava—. Hi ha molta gent dolenta al món que s'aprofita de la innocència dels nens.

Per contra, els altres van celebrar la nostra sort i em van obligar a posar-me la camisa per veure com em quedava.

Aquella tarda, els meus cosins Kasim i Serdar van demanar permís als seus pares per dur-me a jugar a futbol al pati de la seva escola, que era al barri.

Quina va ser la meva sorpresa quan, palplantats a la vorera del davant de casa l'àvia, em vaig trobar amb els tres perseguidors. Els meus cosins no se'n van adonar, és clar. El fill del botiguer em va saludar amb un moviment de cap, i jo el vaig correspondre. La dona fumava un cigarret i em va somriure. El tercer home ja no duia aquell ocellot a l'espatlla. Jo vaig seguir els meus cosins carrer avall, i de seguida vaig veure que les tres persones ens seguien. Vaig estar temptat de recular, pujar al pis i dir al pare que tres paios em seguien, però no ho vaig fer. Per què? Doncs perquè no hauria sabut què dir-li. I perquè no hauria pogut respondre cap dels perquès que ell m'hauria formulat. I perquè l'àvia s'hauria atabalat i hauria aconseguit, amb el seu alarmisme habitual, que no em deixessin sortir de casa ni tan sols per a anar a l'escola dels meus cosins. A més a més, el fet que a un d'ells el conegués (el fill del botiguer, del qual podia dir, sense cap mena de dubte, qui era i on tenia l'establiment) i que un altre fos una dona em donava confiança.

Per què desapareixen els tres perseguidors?

* Què significa el verb *remugar* en aquest context? Quin sinònim d'aquest verb coneixes? Quin altre significat té?

Quina sorpresa s'endú el protagonista?

Per què el protagonista decideix no dir al seu pare que el segueixen tres persones?

Investiga
sobre l'autor i fes-ne la fitxa!

- Lloc i any de naixement.
- Professió, a més de la d'escriptor.
- Obres publicades per a un públic juvenil.
- Premis de narrativa juvenil que ha obtingut.
- Algun aspecte de la vida de l'autor que t'hagi cridat l'atenció.

COMPRENSIÓ

1 •○○ Indica, en cada cas, la resposta correcta de cada pregunta:

Qui és el narrador del fragment?

a En Kasim.
b En Serdar.
c La Kima.
d Cap dels anteriors.

Quin familiar o quins familiars no veuen amb bons ulls l'obsequi que el botiguer ha fet al protagonista i la Kima?

a El pare.
b L'àvia.
c Els oncles.
d Els cosins.

Per quin motiu principal el narrador creu que dos homes i una dona el segueixen?

a Perquè van pels mateixos carrers que ell.
b Perquè surten junts de la mesquita de Santa Sofia.
c Perquè li paguen el compte a la cafeteria.
d Perquè se'ls troba en arribar a casa.

Quina de les afirmacions següents sobre els perseguidors no és correcta?

a Un dels dos homes té més anys que l'altre.
b La dona combina peces de vestir i/o complements tradicionals i moderns.
c Un dels homes és el fill del botiguer.
d El narrador coneix les tres persones que el segueixen.

2 ••○ Digues quina de les frases següents resumeix millor el text que has llegit:

a El narrador té la sensació que el segueixen tres persones però no gosa dir-ho al seu pare.
b L'àvia renya el narrador per haver acceptat el regal d'un botiguer.
c El narrador coneix les tres persones que el segueixen.
d Tres persones segueixen el narrador en dues ocasions, però aquest no en diu res al seu pare.

3 ••○ Enumera tots els personatges de la lectura i digues quina relació hi ha entre ells.

Ara, digues quins personatges són positius i quins són negatius segons el que n'explica el narrador.

4 ••○ Ordena cronològicament les accions següents segons el fragment que has llegit:

a ☐ L'àvia es queixa que no han d'acceptar regals de desconeguts.

b ☐ El narrador protagonista sospita que el segueixen.

c ☐ Kasim i Serdar s'enduen el protagonista a jugar a futbol.

d ☐ El narrador comenta les seves sospites a la Kima.

e ☐ El narrador decideix no dir al seu pare que aquelles tres persones el tornen a seguir.

f ☐ El protagonista s'adona que el tornen a seguir les mateixes persones.

g ☐ La Kima explica a la mare i a la tieta que els han regalat una camisa i un collaret.

ANÀLISI

5 ••○ Copia els arguments que el narrador dona per a justificar:

a El seu convenciment que unes persones el segueixen.

b La decisió de no dir al seu pare que aquestes mateixes persones el tornen a seguir més tard.

6 ••○ Indica quines de les afirmacions següents poden aplicar-se al text que has llegit:

a ☐ El narrador dona arguments creïbles per defensar que unes persones l'estan seguint.

b ☐ Els arguments que aporta estan ben ordenats.

c ☐ El narrador fa servir verbs en mode imperatiu en els seus arguments.

d ☐ Els arguments serveixen per a defensar una idea amb coherència.

e ☐ El protagonista cita les paraules d'una persona coneguda i important per reforçar els seus arguments.

f ☐ Els arguments són presentats de manera esquemàtica.

7 ••○ Busca informació sobre la mesquita de Santa Sofia i contesta:

a A quina ciutat es troba? I a quin país?

b Es fa servir per al culte actualment? Per a què es fa servir avui dia?

c Quin emperador la va fer construir? A quin segle?

d A quin art o estil arquitectònic pertany?

e Quins són els seus elements artístics més destacables?

CERT O FALS?

☐ Un argument és un raonament per a convèncer que una idea o opinió és la millor.

☐ Tots els arguments són vàlids per a defensar una opinió.

☐ En una argumentació, el nombre d'arguments sempre és limitat.

☐ Es poden citar frases o idees de persones que considerem que tenen autoritat per a defensar una idea o opinió.

1

Quina paraula del primer paràgraf té els dos sons de la essa?

2

Quin és l'únic temps verbal de subjuntiu que hi ha en el darrer paràgraf del text?

3

Quins altres significats té el substantiu *compte*, a més del que té en el text?

ESTUDI DE LA LLENGUA

8 ●○○ **Busca en el text un sinònim de cada un dels mots següents:**

cercar · explicacions · malvada · quiets · amagar · atrapats

Ara, escriu un substantiu derivat de cada un d'aquests altres mots:

sorprendre · prendre · pensar · formulat · atabalat · girar

9 ●●○ **Indica la categoria gramatical dels mots destacats d'aquest fragment del text:**

> **De** tornada cap a **casa** la Kima i jo **anàvem darrere** de les dues dones. Jo feia **gronxar** la bossa de plàstic **amb** la camisa, quan **em** vaig adonar que **algú** ens seguia. Es tractava de **dos** homes i una **dona** que caminaven **darrere nostre**. Us deveu preguntar què **té això** d'especial. **Doncs** vaig pensar que ens seguien a **certa** distància.

10 ●●○ **Copia la taula següent i completa-la:**

INFINITIU		FUTUR D'INDICATIU				
	aprofito					
		seràs				
dissimular			dissimulés			
				vam anar		
					accepteu	
						continuaven

11 ●●○ **Copia les frases següents i apostrofa les paraules que calgui:**

a Daixò, sen diu tenir sort.

b No sadonava de res.

c Men vaig a dormir.

d Ten penediràs, del que mhas dit.

12 ●●○ **Indica quin és l'antecedent dels pronoms destacats d'aquestes frases de la lectura. Torna-la a llegir, si cal:**

a La Kima **els** va anunciar que un botiguer ens havia obsequiat, de franc, amb una camisa i un collaret.

b Vaig pensar que **ens** seguien a certa distància.

c **Els** vaig tornar a veure quan avançàvem pel carrer Alemdar.

d La Kima no **ho** va fer gens bé.

e Doncs perquè no hauria sabut què dir-**li**.

Els participants de les tertúlies i els debats radiofònics i televisius exposen les seves idees o opinions o rebaten les d'algú altre amb arguments.

Argumentar vol dir donar raons o arguments a favor o en contra d'alguna opinió. El text argumentatiu pretén, per tant, convèncer algú amb un discurs coherent i justificable.

Com que les persones tenim visions diferents de la realitat que ens envolta, qualsevol text argumentatiu tindrà, d'una banda, uns elements més **personals**, que busquen, mitjançant un llenguatge emotiu, la disposició favorable del receptor i, de l'altra, uns elements **demostratius**, exposats amb un rigor argumentatiu.

Podem trobar textos argumentatius, orals i escrits, en diferents àmbits:

- En la premsa escrita (a internet o en paper), com les cartes al director, els editorials i els articles d'opinió.
- En els mitjans audiovisuals, com els debats i les tertúlies.
- En altres àmbits, com ara el Parlament (discursos polítics), les nostres converses o discussions quotidianes, en fòrums, blogs...

Estructura del text argumentatiu

El text argumentatiu presenta l'estructura següent:

- Una **introducció**, que serveix per a presentar el tema que es desenvoluparà i per a intentar captar l'interès dels lectors.
- El **desenvolupament** o justificació de la idea principal; és a dir, l'exposició clara i ordenada dels arguments necessaris, a favor o en contra, per a defensar la idea o opinió presentada en la introducció.
- Una **conclusió**, que es pot reduir a una frase o a un paràgraf, que impacti els possibles receptors.

Característiques del text argumentatiu

En els textos argumentatius, es poden fer servir diferents **recursos** per a convèncer els receptors:

- Ús d'un **argument d'autoritat**, és a dir, citar textualment l'opinió de personalitats de vàlua reconeguda: escriptors, filòsofs, polítics, artistes...
- Ús de **refranys i proverbis**, que potencien la validesa de les idees plantejades perquè són idees admeses per tothom i que es van transmetent de generació en generació.

Generalment, presenten aquests **trets lingüístics i retòrics**:

- Ús de verbs **d'opinió** com, *dir*, *creure*, *pensar*, *opinar*, etc., en primera persona del singular o del plural, i de temps verbals com el present o el condicional.
- Utilització de **connectors** que serveixen per a introduir paràgrafs (*primer*, *d'una banda*, *finalment*...) o per a expressar **causa** (*ja que*, *a causa de*, *com que*...), **conseqüència** (*per tant*, *de manera que*, *doncs*, *per això*...) o **oposició** (*però*, *en canvi*, *malgrat que*, *encara que*, *tanmateix*...).
- Utilització de **figures retòriques**, com metàfores, repeticions, sinònims, antítesis, citacions, interrogacions retòriques...

COM ENS AFECTEN LES XARXES SOCIALS?

per Carme Giménez

Quins canvis han portat les noves tecnologies al nostre comportament? Han creat nous hàbits socials? L'ús d'aquestes eines, en si mateix, no és nociu, però les addiccions que generen són un mal creixent que es deu a problemes d'aïllament social i de frustració, que s'expressen amb la il·lusió d'una nova vida virtual més satisfactòria.

Les xarxes socials

Les xarxes socials han passat a ser el mitjà preferit dels adolescents i els joves per a la comunicació amb els amics i per a l'expressió ràpida d'idees i emocions. Ara bé, l'emoció és profunda? Alguns autors parlen de les emocions líquides, que s'expressen amb tanta facilitat com superficialitat en la societat d'avui.

Com que la previsió és la millor de les cures, pares i educadors comencen a prendre consciència de la importància d'una bona orientació pel que fa a l'ús de la tecnologia i de tot el que comporta, ja que la seva implantació massiva fa que, sense que ens n'adonem, conformin canvis de conducta que poden ser positius o perjudicials per a la nostra personalitat segons com les utilitzem. Seria injust etiquetar-les com a psicològicament perilloses perquè ens ofereixen grans possibilitats, però de nosaltres depèn fer-ne un bon ús o no.

Saber desconnectar

Saber controlar el correu electrònic, desconnectar-se de tant en tant, evitar la necessitat d'exhibicionisme a les xarxes socials, no refugiar-se en el món virtual, gaudir del lloc on som i de les persones amb qui estem, en lloc de voler ser en un espai diferent del que ens trobem, són algunes de les qüestions bàsiques que s'haurien d'aprendre actualment.

Riscos

Els aspectes positius de les xarxes socials són que permeten reforçar les relacions socials i ampliar la xarxa d'amics, però poden tenir seriosos inconvenients, com el fet d'acostumar la ment a passar ràpidament d'una tasca a l'altra, alternant televisió, Facebook, WhatsApp, etc. Això provoca que les connexions neuronals siguin superficials i no pas profundes, amb la qual cosa es debilita la capacitat de concentració i memòria. Aquesta generació acostumada a ser multitasques no entrena la concentració ni fomenta la profunditat del coneixement.

D'altra banda, l'ús de les xarxes socials pot donar una sensació fictícia de sociabilitat. Es pot donar el cas que una persona, tot i tenir molts amics virtuals, en la realitat no té habilitats socials per a relacionar-se ni per a expressar-se correctament.

La facilitat que donen algunes aplicacions d'enviar missatges curts i de minsa redacció empobreix la capacitat expressiva dels joves, que, encarats amb la vida real, poden tenir serioses dificultats de comunicació.

Tanmateix, en els jocs en línia és freqüent la creació d'un àlter ego digital, anomenat avatar, que és la imatge que s'utilitza per a representar-nos en el món digital. Encara que és només una identitat virtual pot afectar qui som en el món real. Investigacions fetes a la Universitat de Stanford han demostrat que mostrar-nos una versió diferent de nosaltres mateixos pot afectar el nostre comportament a la vida real.

Ciberassetjament

Un col·lectiu d'alt risc a les xarxes són els nens i els adolescents, ja que són impulsius, busquen noves relacions, satisfacció ràpida i, sovint, tenen problemes d'autoestima. Un còctel de personalitat que troba en el món virtual un entorn idoni per a interactuar. D'aquí que també s'hagi estès el fenomen del *cyberbullying* o ciberassetjament, que com a conducta d'agressió injustificada i intencionada participa de les característiques pròpies de l'entorn virtual, com ara l'anonimat i la gran audiència potencial. A més, una única agressió puntual pot convertir-se en persistent pel fet de continuar sent visible en la web i perquè no es poden controlar els efectes de la informació un cop ha estat publicada.

De moment, els joves dels nostres dies ens semblen més cultes en tot per la gran extensió dels coneixements i per una formació superior, però si no s'enforteix la formació del caràcter, augmentarà la desorientació en un ambient que es transforma dia rere dia.

[CARME GIMÉNEZ, "Com ens afecten les xarxes socials?", *Claror. La revista*, 02/10/2013 (adaptació)]

Pautes d'anàlisi
d'un text argumentatiu

FIXA'T EN els aspectes següents, pel que fa a la intencionalitat i al contingut:

- El tema de què tracta.
- Si defensa una idea o opinió.
- Si pretén rebatre l'opinió d'algú.
- Els arguments que exposa (a favor o en contra d'un tema).
- Si hi ha arguments d'autoritat i/o citacions.

FIXA'T EN l'estructura:

- Si el text consta dels tres apartats bàsics: introducció, desenvolupament i conclusió.

FIXA'T EN els aspectes lingüístics següents:

- Si hi ha verbs d'opinió (*dir*, *creure*, *pensar*, *opinar*...).
- Si es fan servir connectors i nexes per a introduir paràgrafs o expressar causa, conseqüència o oposició.
- Si hi ha figures retòriques:
  - metàfores, repeticions, antítesis, paral·lelismes, citacions, preguntes retòriques, etc.

FIXA'T EN quin tipus de text és i a quin àmbit pertany:

- Premsa: carta al director, editorial, article d'opinió.
- Mitjans audiovisuals: debat, tertúlia.
- Altres àmbits: discurs, conversa, etc.

1 ••○ Contesta aquestes preguntes sobre el text:

a Per què les xarxes socials són el mitjà de comunicació preferit dels joves?

b Són perilloses en si mateixes les noves tecnologies? Quin perill poden comportar segons l'autora?

c L'autora, quines "qüestions bàsiques" creu que haurien d'"aprendre" els usuaris de les noves tecnologies?

d Quins aspectes positius tenen les xarxes socials? Quins inconvenients presenten, per contra?

e Per què els nens i els adolescents són un col·lectiu de risc en les xarxes socials?

2 ••○ Indica on comencen i on acaben la introducció, el desenvolupament i la conclusió de l'article. Després, resumeix què s'explica en cada part.

3 ••○ Indica les característiques del text argumentatiu que poden aplicar-se a l'article.

4 ••○ Proposa tres arguments per a defensar l'ús de les xarxes socials per part dels adolescents i desenvolupa'ls per escrit.

5 ••• Busca més informació sobre els perills de les xarxes socials a internet i redacta un text argumentatiu sobre aquest tema. Per a fer-ho, pots tenir en compte aquestes preguntes:

- Coneixes tots els contactes que tens en xarxes socials com ara Facebook? Tots són "amics", realment?
- Creus que en les xarxes socials només hauries d'acceptar persones que coneixes en el món real o penses que això és una exageració? Per què?
- Els usuaris de les xarxes socials donen prou importància a la privacitat? Pot ser perillós donar informació sobre el que fem a cada moment i on ho fem? Per què?
- Què cal fer per a evitar l'assetjament en les xarxes?

Planifica i prepara

Llegeix aquest text extret del diari digital d'un institut de secundària i resol les qüestions que hi ha a continuació:

SAPS PER QUÈ ES VA FER LA VAGA D'ESTUDIANTS?

Els dies 5, 6 i 7 de febrer de 2013 els estudiants de secundària, de cicles i de les universitats van fer vaga i es van manifestar per reivindicar el següent:

1 Que no s'apliqués la reforma educativa, que els obligaria a fer un examen extern per a obtenir el títol de l'ESO.

2 Que s'eliminessin les retallades en educació que fan, per exemple, que les matrícules siguin el doble de cares a la universitat, que es disposi de menys professors i de menys recursos als instituts i que cada vegada es paguin més diners per a estudiar en la pública.

3 Que no se suprimís el dret a la vaga als estudiants de l'ESO.

LA IMPORTÀNCIA DEL COMPROMÍS

Quants companys de 4t d'ESO, de batxillerat i de cicles van anar a la manifestació? Quants coneixien els motius de la vaga? Quants es van quedar a casa ja que tenien tres dies de festa?

Les vagues es fan per a protestar contra les injustícies, i no es protesta des del sofà de casa. Es protesta al carrer. Si pensem que la vaga és un dia de festa i no sabem per què es fa vaga i ens quedem a casa, segur que no servirà de res.

Ningú no ens farà cas si no sabem per què fem les coses i no ens prenem seriosament les protestes.

https://asfdiari.wordpress.com/2013/03/13/vaga-destudiants/#more-7783 (adaptació)

- **Explica què és una vaga i amb quin objectiu es convoca.**
- **Indica les parts en què es divideix el text i comenta què s'explica en cada una.**
- **Anota cada una de les reivindicacions dels estudiants. Després, reflexioneu-hi entre tots. Per a fer-ho, podeu tenir en compte les respostes que doneu a les preguntes següents:**

A Què vol dir que l'examen de què tracta la primera reivindicació sigui "extern"?

B Qui us sembla que decidiria les preguntes d'aquest "examen extern"? Quines conseqüències creieu que tindria això? Serien positives o negatives? Per què?

C Quines conseqüències tenen les retallades en educació segons el text?

D Creieu que els estudiants d'ESO han de tenir dret a vaga? Per què?

Busca informació sobre la vaga d'estudiants del febrer del 2013 i respon les qüestions següents:

A La convocatòria de la vaga va ser un èxit o, contràriament, va fracassar?

B Quin nombre aproximat d'estudiants es va mobilitzar?

C Quina incidència va tenir als centres d'ensenyament?

D Quina repercussió va tenir la vaga?

Escriu i revisa

Escriu un text argumentatiu en què expliquis la teva opinió sobre les reivindicacions del text anterior.

1 **Anota els arguments a favor o en contra de les reivindicacions a partir del que has comentat amb els companys.**

2 **Escriu un esborrany de la introducció del teu text explicant breument els fets de la vaga d'estudiants del febrer de 2013.**

3 **Escriu l'esborrany del desenvolupament:**

- Exposa les reivindicacions del text anterior.
- Justifica-les o rebat-les amb els arguments que has anotat en el punt 1.

4 **Desenvolupa els arguments que has exposat de manera clara i ordenada. Per a fer-ho, tingues en compte els recursos següents:**

- Fes servir els connectors adequats per a organitzar els paràgrafs i per a expressar causa, conseqüència i/o oposició.
- Pots formular preguntes retòriques, és a dir, expressions interrogatives adreçades a un interlocutor de qui no n'esperes resposta.
- Pots citar les paraules d'algú que consideris que té autoritat. Recorda que, per a fer-ho, has de fer servir les cometes (“ ”).

Passa en net el text i revisa'l segons el que has après en la pàgina 179 i les pautes d'anàlisi de la pàgina 181.

- **Corregeix tot el que sigui millorable i escriu el text amb l'ordinador.**

El repte

Escriviu un text argumentatiu d'unes quinze línies sobre un dels temes següents o qualsevol altre que sigui d'actualitat:

- Com pot afectar, una crisi econòmica, els joves?
- La possibilitat de clonar animals extingits, és adequada o no? Per què?
- La importància d'exercir el dret a vot.

+ Propostes

Analitzeu conjuntament els textos argumentatius que heu escrit.

- **Llegiu els textos i analitzeu quins recursos heu fet servir.**
- **Valoreu si els arguments exposats us han convençut.**
- **Expliqueu si cada text us ha agradat i per què.**
- **Decidiu entre tots quin és el text més ben escrit i argumentat.**
- **Milloreu l'escrit que heu fet a partir dels comentaris que n'han fet els companys i companyes.**

GRAMÀTICA Els pronoms febles

1 ●●○ **Digues si els pronoms destacats d'aquestes frases són forts o febles:**

a Sempre que podem **hi** anem.
b **Ella** sempre **ho** té clar.
c **Us ho** envio per correu.
d **Li ho** vas demanar amablement.
e Volen **aquesta**.

2 ●●○ **Digues si els mots destacats de les frases següents són determinants o pronoms. Si són determinants, indica quin substantiu determinen:**

a De qui són **aquestes** claus?
b **Aquest** matí ha granissat.
c **Aquella** no m'agrada!
d Què et semblen **aquests**?
e La **teva** és vella.

3 ●●○ **Completa les frases amb el pronom feble en la forma adequada. Fixa't en l'exemple:**

M'indigna. *(1a pers. sing.)*

a ■ lleves d'hora. *(2a pers. sing.)*
b ■ conviden a dinar. *(2a pers. pl.)*
c Vol donar■ una notícia. *(1a pers. pl.)*
d ■estima. *(2a pers. sing.)*
e Explica■ el que ha passat. *(1a pers. pl.)*
f Fixeu■ en l'anunci. *(2a pers. pl.)*

1 Tipus de pronoms

El mot **pronom** significa "substitut del nom". Un pronom és un mot que té com a funció substituir un nom, bé perquè no volem repetir-lo o bé perquè ja ens és conegut. L'element substituït també pot ser un sintagma (nominal o d'altres tipus):

Aquesta amiga (SN) *és simpàtica.* ▸ *Aquesta* (Pronom) *és simpàtica.*

De pronoms, n'hi ha de dues classes:

■ Els **pronoms personals forts** (o tònics), que s'anomenen així perquè es pronuncien amb accent tònic. N'hi ha que tenen la mateixa forma que els **determinants** (demostratius, possessius, numerals, quantitatius, indefinits, interrogatius i relatius). També hi ha els **pronoms personals**, que indiquen la persona gramatical de l'acte de comunicació: la primera, que coincideix amb l'emissor (*jo, nosaltres*); la segona, que coincideix amb el receptor (*tu, vosaltres*), i la tercera, que no participa directament en la conversa (*ell, ella, ells, elles*).

■ Els **pronoms personals febles** (o àtons): s'anomenen així perquè es pronuncien juntament amb el verb, formant una unitat: *Mira la Maria*. ▸ *Mira-**la***.

2 Els pronoms personals febles

Els **pronoms personals febles** sempre van davant o darrere el verb, amb el qual formen una unitat de pronunciació. La majoria de pronoms (excepte **li**, **hi** i **ho**), segons la seva col·locació respecte del verb i d'altres pronoms, poden adoptar formes diverses:

■ **Reforçada**, davant d'un verb començat amb consonant: ***Et** mira*.

■ **Elidida**, davant d'un verb començat amb vocal o **h**: ***M'**ha mirat*.

■ **Plena**, darrere d'un verb acabat en consonant o diftong: *Mireu-**me***.

■ **Reduïda**, darrere d'un verb acabat en vocal: *Mira'**m***.

Col·locació dels pronoms

Els pronoms s'escriuen **davant** del verb (***ho** fa*, ***hi** anava*, ***ens** castiguen*), excepte si la forma verbal és un infinitiu (*fer-**ho***, *anar-**hi***), un gerundi (*dient-**li***) o un imperatiu (*fes-**te** un entrepà*), que el duen darrere. Quan és una perífrasi o està en passat perifràstic, poden anar davant (***hi** hem d'anar*, ***hi** vam anar*) o darrere (*hem d'anar-**hi***, *vam anar-**hi***).

A banda d'això, tingues en compte que un pronom feble només pot substituir un complement. Si se'n substitueixen dos, calen dos pronoms febles, que es col·loquen junts, combinant-los, davant o darrere del verb: ***te la** poses* o *posa-**te-la***.

3 Funció dels pronoms personals febles

Els pronoms febles poden substituir els diferents **complements del verb**: CD, CI, atribut, complement predicatiu, etc.

Els pronoms **em**, **ens**, **et** i **us** fan de CD (*et miren*) o de CI (*et miren el nas*). Els pronoms de tercera persona presenten formes diferents segons la funció que fan: **el**, **la**, **els**, **les**, **li**, **es**, **ho**, **hi**, **en**.

El pronom feble **en** també pot substituir:

- El **subjecte**, amb verbs com *arribar*, *sortir*, *fallar*, *quedar*, *passar*, *faltar*: *Arriba un tren.* ▸ ***N'****arriba un*; *Queda un gelat de nata.* ▸ ***En*** *queda un de nata*.
- El **complement del nom** (CN): *Té proves de l'estafa? Sí,* ***en*** *té proves.*

PRONOMINALITZACIÓ DELS COMPLEMENTS VERBALS		
Substitució del CD		
CD [definit]: precedit d'article, demostratiu o possessiu.	*el, la, els, les*	*Compra el pa: compra'l.* *Compra la fruita: compra-la.*
CD [no definit]: no precedit d'article, demostratiu o possessiu.	*en*	*Compra pa: compra'n.* *Compra una mica de pa: compra'n una mica.*
CD [neutre]: *això*, *allò* o una oració.	*ho*	*Compra això: compra-ho.* *Compra el que et digui: compra-ho.*
Substitució del CI		
li, els	*Porta el cistell a l'àvia: li porta el cistell*	
Substitució de l'atribut		
Atribut [definit]: precedit d'article, demostratiu o possessiu.	*el, la, els, les*	*En Pep és el metge del CAP: en Pep l'és.*
Atribut: adjectiu, SPrep, SN [no definit].	*ho*	*En Lluís és bo: en Lluís ho és.* *La Laura és de bona pasta: la Laura ho és.*
Atribut emfàtic.	*en*	*Si que n'és, de simpàtic, en Pep!*
Substitució del CR (complement de règim) **i del CC** (circumstancial)		
Introduït per la preposició *de*.	*en*	*Es queixen de la calor: se'n queixen.* *Surt de l'estació: en surt.*
No introduït per la preposició *de*.	*hi*	*Pensava en l'avi: hi pensava.* *Soparem a Reus: hi soparem.*
Substitució del CPred (complement predicatiu)		
Amb els verbs *fer-se* i *dir-se*.	*en*	*Es fa soci del club: se'n fa.* *Es diu Pau: se'n diu*
Amb els altres verbs.	*hi*	*El vi es torna agre: el vi s'hi torna.*

4 ●●○ **Indica quin tipus de forma (reforçada, elidida, plena o reduïda) adopten els pronoms personals febles de les oracions de l'activitat anterior.**

5 ●●○ **Torna a escriure aquestes frases utilitzant la forma reduïda o plena, segons correspongui:**

a Els van atendre amb educació.
b La va adquirir ahir.
c Hi deuen anar demà.
d Ens van dir una mentida.
e El van conèixer al cinema.
f Em vas telefonar dilluns?

6 ●●○ **Completa aquestes frases amb el pronom adequat:**

a Renta la fruita i pela____.
b Dona les gràcies. Dona____ ja.
c T'agrada la pel·lícula? Mira____.
d I les sabates? ____ has desat?
e S'ha adonat de tot. Se ____ha adonat de seguida.
f T'agrada viatjar en cotxe? Vols viatjar____?
g Ja són les cinc o encara no ____ són?
h Sempre va esverada, però avui encara ____ va més.
i Tenen proves del robatori o no ____ tenen?

ANALITZA

1 ●●○ Digues de quin tipus són els pronoms destacats d'aquestes frases i assenyala, en cada cas, a quin sintagma nominal (SN), adjectival (SAdj) o preposicional (SPrep) es refereixen:

a Els corredors estan cansats. **Ho** estan des que han començat la cursa.

b En Pau no era tímid. S'**hi** ha tornat ara.

c No va agafar les seves ulleres, sinó **les meves**.

d El mestre ha revisat els exàmens. **Alguns** estaven molt bé.

e Aquella cinta està gastada, però **aquesta** encara rutlla.

f La Laura diu que no li agrada la gramàtica. **La** troba difícil.

g Van a Sabadell, que **hi** tenen el magatzem.

h Hi ha tants jerseis, que no sé **quin** triar.

2 ●●○ Identifica el complement directe (CD) de les oracions següents:

a Els pirates van enterrar el tresor a l'illa deserta.

b Endreça això!

c La Clara agafa galetes d'amagat.

d Compreu xocolata, sisplau.

e Has fet els deures?

f Has fet el que t'han demanat?

g No posis olives a la pizza!

Ara, indica si els CD que has identificat són definits, no definits o neutres.

Finalment, reescriu les frases anteriors substituint els CD que has identificat pels pronoms adequats.

APLICA

3 ●●○ Identifica el complement indirecte (CI) de cada una de les oracions següents:

a Avui els comerços fan descomptes als clients.

b Berta, torna les maletes als seus propietaris.

c L'àvia va regalar llaminadures a tots els néts.

d Digueu al veí de l'últim pis que vagi a la reunió.

Ara, reescriu les frases anteriors substituint els CI que has identificat pels pronoms adequats.

4 ●●○ Identifica l'atribut de les oracions següents:

a La Surí i l'Anaís són les germanes de l'Aidín.

b El microones està espatllat.

c Aquestes flors de roba semblen reals.

d El Joan Garcia és aquell noi?

Ara, reescriu les frases anteriors substituint els atributs pels pronoms adequats.

5 ●●○ Identifica el complement predicatiu (CPred) de les oracions següents:

a S'ha fet soci de l'ateneu.

b Jo em dic Anna.

c Els nens escoltaven el conte embadalits.

d Aquest vi s'ha tornat agre.

Ara, reescriu les frases anteriors substituint els CPred pels pronoms adequats.

6 ●●○ Substitueix el complement de règim (CR) i el complement circumstancial (CC) de les oracions següents pel pronom adequat:

a Els nous inquilins no s'han habituat **al soroll**.

b Qui es cuidarà **del malalt**?

c Has estat **al poble dels teus avis**?

d La final s'ha jugat **espectacularment**.

7 ●●○ **Digues si els mots destacats tenen la funció de subjecte o de complement del nom (CN):**

a Em declaro seguidora **del Barça**.

b Surt **un tren** cada cinc minuts.

c Falten **quatre excursionistes**.

d Ja no té cap símptoma **de la malaltia**.

Ara, torna a escriure les oracions substituint els subjectes i els CN pels pronoms adequats.

8 ●●○ **Reescriu les oracions següents substituint els pronoms destacats per un complement adequat. Fixa't en l'exemple:**

*S'**hi** assemblen.* ▸ *S'assemblen **als pares**.*

a Canvia'**l**, que té els bolquers bruts.

b **En** vull un de maduixa.

c Endueu-vos-**el** d'aquí!

d Envia-**li** el paquet ara mateix.

e Porta'**ls-la**, que la necessiten per a fer l'arròs.

f No et preocupis, **els les** portaré ara i ja podran obrir la porta de casa.

g **L'hi** donarà demà.

h **La hi** donarà després.

9 ●●● **Torna a escriure aquestes oracions substituint els complements subratllats per la combinació de pronoms adequada. Tingues en compte els punts següents:**

- En cada frase hi ha dos complements subratllats.
- Sempre que sigui possible, escriu els pronoms davant i darrere del verb.

a Retornaràs el llibre al teu germà?

b Cedeixo la paraula al president.

c Vam portar els diners al banc.

d Tu, paga el concert a la Sílvia.

e Ingressa la manutenció en el seu compte corrent.

f Ahir va comprar medicaments per a nosaltres.

PREPARA

10 ●●○ **Llegeix bé aquest text i fes les activitats que hi ha a continuació abans que te'l dictin:**

DICTAT

Un dia, hi havia un nen que estava gronxant-se amb gran delit, cames amunt, cames avall, per donar-se embranzida [...].

Aleshores va veure venir de l'altre cantó de la plaça la figura d'una velleta. Anava tota embolicada amb un abric gris molt ample i tenia els cabells blancs, llargs i rinxolats, molt blancs, que brillaven amb la llum del sol com si fossin de plata. Però, cosa estranya, no arrossegava els peus, com fan les velles, sinó que caminava lleugera lleugera. Quan la velleta arribà prop d'ell, el noi veié que tenia la cara jove i fresca i bonica. S'aturà a prop d'ell i li somrigué.

—Saps qui soc? —li preguntà amb una veu com una música.

—No, senyora —va dir el nen.

L'aparició va obrir el seu ample abric gris i descobrí una figura esvelta vestida amb una túnica platejada.

—Soc una fada. La fada de la plaça del Segle XX. Que no hi creus, en fades?

ANNA MURIÀ, *El meravellós viatge de Nico Huehuetl a través de Mèxic i altres textos*.
Publicacions de l'Abadia de Montserrat

a Assenyala els pronoms febles del text.

b Escriu el sintagma a què es refereix cada un dels pronoms d'aquestes frases del text:

- **li** somrigué
- **li** preguntà
- Que no **hi** creus?

c Digues de quin tipus és cada un dels complements destacats d'aquestes frases i, després, substitueix-los pel pronom feble adequat.

- Estava gronxant-se **amb gran delit**.
- La velleta arribà **prop d'ell**.
- L'aparició va obrir **el seu ample abric gris**.

+ Activitats | TREBALLA LES COMPETÈNCIES BÀSIQUES

LLEGEIX

PER QUÈ FEM ESPORT?

Com bé saben alguns dels nostres lectors, més enllà de la ciència política, els membres d'El Pati compartim una altra passió: fer esport. Així, avui hem volgut saltar dels temes habituals i investigar què porta precisament les persones a endinsar-se en l'apassionant món de l'esport. Ens preguntem: quins factors individuals incrementen la probabilitat de fer esport? Què fa que la gent practiqui més o menys esport?

El CIS va realitzar l'any 2010 una enquesta que abordava aquesta qüestió. L'enquesta preguntava a les persones que no feien esport quin era el motiu per a no fer-ne. El primer argument esgrimit és el de l'edat: un 18,64% dels enquestats afirma no fer esport per aquest motiu. El segon és "perquè no li agrada" (17,55%), el tercer és per mandra (17%) i el quart, per cansament per la feina o els estudis (15,4%). Dels resultats, resulta curiós que un percentatge força elevat al·ludeix a problemes amb les instal·lacions esportives com a motiu principal per a no fer esport, sigui perquè els horaris no li agraden, no en té d'adequades o, simplement, no en té de properes. És una excusa o un motiu real?

Motius per a no fer esport

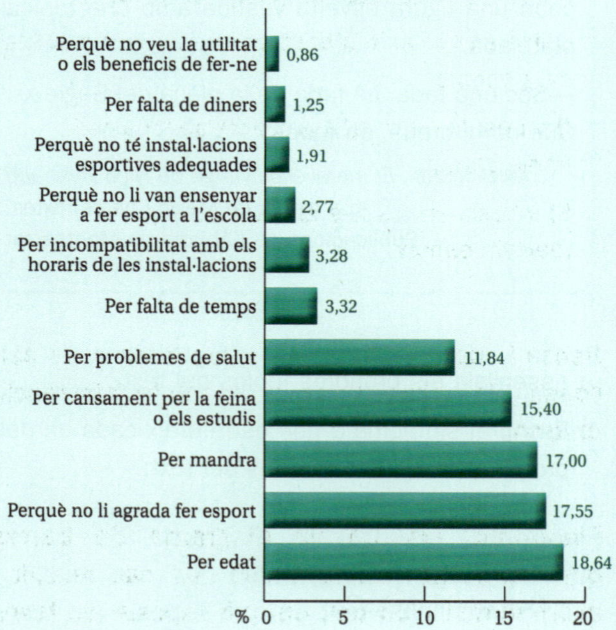

Els especialistes recomanen, però, que l'esport s'ha de practicar des dels tretze anys, aproximadament, fins al final de la vida, perquè està íntimament relacionat amb la condició física i amb la salut d'una persona.

http://blogspersonals.ara.cat/elpatidescobert/2013/06/27/per-que-fem-esport/ (fragment)

COMPRÈN

1 ●○○ Tria la resposta correcta de cada pregunta:

A qui anava adreçada l'enquesta?

a A tothom.

b A un nombre determinat de persones que practiquen esport.

c A un nombre determinat de persones que no practiquen esport.

d No es diu.

Per quin motiu no fa esport l'11,84% dels enquestats?

a Per l'edat.

b Per la falta de diners.

c Per la falta de temps.

d Per la mala salut.

Quin percentatge d'enquestats afirma no fer esport a causa de les instal·lacions esportives?

a L'1,52%.

b L'1,91%.

c El 3,28%.

Quins motius al·lega el 29,39% per a no fer esport?

a Que no els agrada i la mala salut.

b La falta de temps i les instal·lacions esportives.

c La mandra i l'edat.

d Les instal·lacions esportives i la falta de diners.

Fins a quina edat és recomanable fer esport?

a Fins als tretze anys.

b Fins que s'és adult.

c Fins a la maduresa.

d Fins al final de la vida.

2 ●●○ Completa aquestes frases segons el text:

a Menys de l'1% de la població diu que no fa esport perquè ___.

b La salut d'una persona està estretament relacionada amb la ___.

c El percentatge total dels motius que dona la gent per a no fer esport és de ___.

ANALITZA

3 ●●○ Relaciona cada una de les afirmacions següents amb el paràgraf corresponent del text anterior:

a És recomanable fer esport tota la vida.

b Hi ha gent que busca qualsevol excusa per a no fer esport.

c L'edat és l'argument que dona més gent per a no practicar esport.

d Els membres d'El Pati volen saber els motius pels quals hi ha gent que no practica esport.

e L'esport no és el tema habitual dels estudis que fa el col·lectiu El Pati.

4 ●○○ Posa un títol a cada un dels paràgrafs del text.

5 ●●○ Digues de quin tipus és el text que has llegit i justifica l'elecció:

- ☐ argumentatiu
- ☐ expositiu
- ☐ narratiu
- ☐ conversacional
- ☐ instructiu
- ☐ retòric

6 ●●○ Tria tres dels motius que els enquestats donen per a no fer esport i rebat-los amb arguments.

- Per exemple, si s'esgrimeix l'edat com a motiu per a no fer esport, es pot dir que els especialistes recomanen practicar-ne a qualsevol edat.

7 ●●○ Busca en el text un sinònim de cada una de les paraules següents:

usuals • interroguen • augmenten • ganduleria
pròxims • es refereix

8 ●●○ Busca en el text un exemple de cada un d'aquests temps verbals i copia'ls:

- ✓ present d'indicatiu
- ✓ perfet d'indicatiu
- ✓ imperfet d'indicatiu
- ✓ present de subjuntiu

REFLEXIONA

9 ●●○ Fes una llista dels valors que es poden adquirir amb la pràctica de l'esport.

Comenteu les llistes amb els companys i les companyes de classe i feu un debat. Defenseu les vostres opinions amb arguments.

APLICA

10 ●●○ Escriu un text en què argumentis per què és positiu fer esport.

11 ●●● Realitza una enquesta a persones properes d'edats diferents (amics, familiars, companys, professors, veïns...) sobre la pràctica de l'esport. Després, treu conclusions sobre les qüestions següents:

a Quin és el percentatge de persones enquestades que practica esport i quin és el percentatge de persones enquestades que no en practica.

b Quina és la franja d'edat en què la gent practica més esport.

c Quin és l'esport més practicat segons cada franja d'edat.

d Si influeix en els fills que els seus pares realitzin esport.

Pensa i anota les preguntes que faràs a les persones que enquestis per a obtenir la informació anterior.

Finalment, elabora un diagrama de barres que representi la informació que has recollit i acompanya'l d'un text en què exposis les teves conclusions segons aquestes dades.

JA HAS ACABAT?
Avalua't amb el test del quadern interactiu.

11

JOCS LINGÜÍSTICS

El text retòric

Què tenen en comú
les endevinalles,
els palíndroms, els jeroglífics...?
Quins altres textos coneixes
que juguin amb les paraules?
Creus que els poemes juguen
amb les paraules també? Per què?
En aquesta unitat, trobaràs
la resposta a totes aquestes
preguntes. Comencem!

EN EL QUADERN INTERACTIU

COMENÇA
Activitat inicial.

POTS FER-HO
Minirepte sobre els continguts de la unitat.

INFORMA'T
Recursos digitals per a treballar els continguts.

PRACTICA
Activitats interactives.

AVALUA'T
Test de la unitat.

Anna Ai, Genís, si només vols dormir, no aprendràs mai res!

Genís Oh, és quan dormo que hi veig clar.

Lola Ja m'agradaria a mi fer més jocs i menys exàmens. Ja no sé escriure, ja no sé escriure més. La tinta m'empastifa els dits.

Andrea Aprovats que dieu adeu al llagut i a la gavina...

Tens l'hàbit d'escoltar la ràdio? Quin tipus de programes escoltes?

Has participat mai en un concurs radiofònic? Si és així, explica-ho.

T'agraden les endevinalles? Per què? Acostumes a encertar-les?

LUDWIG I FRANK

David Nel·lo

Als matins, la Margaret mandrejava* una mica, ara que treballava fins tard al cinema, i quan es llevava, el Frank ja havia marxat cap a l'escola, i el seu marit, cap al taller.

És per això que aquella primera estona del matí, mentre esmorzaven plegats, el Thomas i el Frank Underwood la compartien escoltant la ràdio. El pare preparava una tetera grossa, plena de te fort, i després feia un munt de torrades amb pa de motllo.

—Estigues a l'aguait,* Frank, que em sembla que ja comença! —deia en Thomas Underwood mentre servia una tassa de te al seu fill.

La música del concurs radiofònic era una de les coses que agradava més al Frank. D'entrada se sentia una bateria, i després hi havia una melodia de xilòfon i sempre acabava amb un cop de platerets.

—Bon dia, matiners, aquí comença *L'enigma* de les vuit*, per a aquells que ja estan ben desvetllats i a qui agrada rumiar a primera hora —deia la veu elegant del locutor.

Algunes endevinalles eren d'aquelles tan clàssiques que tothom ja coneixia, per exemple: "És una capseta blanca que s'obre i no es tanca."

—Un ou! —cridava el Frank amb la boca plena.

I quan era així no valia la pena ni trucar per telèfon perquè hi havia milers de participants que trucaven tan de pressa que era impossible guanyar-los. El Thomas i el Frank preferien reservar-se per a les grans ocasions, quan *L'enigma de les vuit* era realment difícil. Aleshores sí que hi havia alguna possibilitat de guanyar el premi. El dijous solia ser el dia que les endevinalles eren més complicades.

—Avui, dijous, *L'enigma de les vuit* serà de dificultat extrema: així doncs, pareu bé l'orella i tingueu el telèfon a mà... perquè ja sabeu que el primer oient que truqui s'emporta premi assegurat! —deia el locutor de la ràdio.

El dijous el Frank s'armava amb moltes eines útils per a resoldre el concurs radiofònic. Al costat del seu plat de l'esmorzar ja hi tenia a punt una pila de diccionaris de tota mena, paper blanc i llapis per a provar d'endevinar la paraula correcta. El pare col·locava el telèfon negre i antiquat damunt la taula de la cuina i bevia una tassa de te darrere l'altra.

—Ull viu,* Frank, que avui és dijous... —va dir el Thomas Underwood aquell dia.

* Què significa el verb *mandrejar*?

* Què és un enigma?

* Per què ha d'"estar a l'aguait" el Frank? Què vol dir aquesta expressió?

A què treu cap que en Frank cridi "Un ou!"?

* Quina expressió sinònima de *ull viu* coneixes?

I el seu fill va assentir amb el cap mentre rosegava una torrada amb confitura.

—...com cada dijous, l'enigma d'avui serà difícil, fins i tot molt difícil, m'atreviria a dir —va anunciar el locutor de ràdio—. Atenció, que començo. Fa així: animal de llarga vida que fa dany o embruta la reputació d'algú amb les seves primeres quatre lletres. Però no us confongueu, eh?, perquè la paraula és de set lletres!

—Animal de llarga vida, animal de llarga vida —va remugar el pare, que de vegades, quan els enigmes eren massa enrevessats,* es posava de mal humor—. Em penso que aquest és una imbecil·litat!

—Espera't, papa, animal de llarga vida... Pot ser l'elefant... o el lloro.

—I quin mal fa a la reputació* de ningú un elefant o un lloro?

—Calla, papa, deixa'm pensar! —va dir el Frank mentre es capbussava en els seus diccionaris de sinònims–. "Fa dany", que també pot ser del verb "danyar"... A veure... "Estropellar, perjudicar, fer mal, destruir, deteriorar..." Ostres, papa, em sembla que avui han passat de la ratlla!

El Thomas Underwood no deia res, bevia te i rondinava entre dents.

De sobte, va fer un bot i la tassa de te li va anar a petar a terra, però per sort no es va trencar.

—Frank, ja ho tinc! Soc un geni! "Fa dany a un amic" també es podria dir "Fa tort* a un amic". Ho veus, Frank? Tort... tortuga! Vaig a trucar ara mateix!

—Potser ja haurà trucat algú altre, papa, pensa que hi ha gent que és molt bèstia i se sap tots els diccionaris de memòria.

—Calla, que ja sona el ring, ring!... Ah, sí, soc jo, vull dir que soc un oient del programa *L'enigma del matí*, ai, vull dir *L'enigma de les vuit*, això mateix. Sí, em dic Thomas Underwood, com les màquines d'escriure, sí. Que no m'entén o què?! Sí, això mateix, Underwood —el pare del Frank parlava molt fort per telèfon, s'havia posat vermell i s'embarbussava a cada paraula que deia—. És clar que tinc la solució, senyoreta, si no per què es pensa que truco? A mi no m'agrada fer el ridícul, entesos? Miri, ara mateix la hi dic: TORTUGA!

Per què el pare repeteix el sintagma "animal de llarga vida" que ha dit el locutor?

* Com és una cosa "enrevessada"?

* Què és la "reputació" d'una persona?

De quin altre verb són sinònims *estropellar, perjudicar, fer mal, destruir* i *deteriorar*?

* Què vol dir l'expressió *fer tort*? Coneixies aquesta expressió? L'hauries resolt, tu, l'enigma del concurs? Per què?

Investiga
sobre l'autor
i fes-ne la fitxa!

- Lloc i data de naixement.
- Títols de llibres que ha publicat.
- Premis o reconeixements que ha obtingut.
- Altres activitats que fa.
- Algun aspecte de la seva biografia que t'hagi cridat l'atenció.

COMPRENSIÓ

1 •○○ Digues si les afirmacions següents sobre la lectura són certes i corregeix les que són falses o explica per què ho són:

a ▢ La Margaret és la mare del Frank.

b ▢ El protagonista i el seu amic escolten un programa radiofònic.

c ▢ El Frank i el Thomas miren un programa de la tele que es diu *L'enigma del matí*.

d ▢ L'enigma o endevinalla del dijous sol ser més fàcil.

e ▢ El Frank aconsegueix parlar amb el locutor per donar-li la solució de l'enigma.

f ▢ Al Frank no li interessa el programa, però hi participa per no quedar malament amb el seu pare, que en gaudeix molt.

2 ••○ Contesta aquestes preguntes sobre la lectura:

a Què prenen per esmorzar el Thomas i el Frank? Per què la mare no esmorza amb ells?

b Per què de vegades el Frank i el Thomas pensaven que no valia la pena trucar al programa encara que sabessin la solució de l'enigma?

c Amb quines "eines útils" s'"armava" el Frank per a resoldre l'enigma del concurs radiofònic?

d Quins tipus de diccionaris creus que feia servir per a resoldre'l? Digue'n, com a mínim, tres.

e El Thomas, quin estat d'ànim tenia quan va trucar al programa: preocupat, calmat o tranquil, furiós...? Justifica la resposta amb paraules del text.

3 ••○ Escriu un text breu en què descriguis la manera de ser del Thomas Underwood segons el que n'has llegit.

- Pots fer servir alguns dels adjectius següents, els que siguin adequats, i altres que també et semblin convenients, així com expressions equivalents:

Entusiasta · mandrós · eixelebrat · esverat
nerviós · juganer · xerraire · maldestre · autoritari
remugaire · passiu · sapastre · malhumorat · impacient
impulsiu · pesat · serè · impassible
apassionat · efusiu

4 ••○ Troba en el text un sinònim o una expressió sinònima de cada un dels mots següents:

✓ junts	✓ desperts	✓ pensar
✓ estar atent	✓ escoltar	✓ complicats
✓ fama	✓ excedir-se	✓ saltar

ANÀLISI

5 ••• Digues quina és l'expressió clau de l'enigma del concurs. És a dir, identifica els mots gràcies als quals el Thomas resol l'enigma. Després, contesta:

a Quina categoria gramatical té aquesta expressió clau: locució verbal, verb, substantiu, adjectiu...?

b Què significa? Busca-la en el diccionari.

c Quina relació de significat té amb el verb *danyar* o la locució verbal *fer dany*?

☐ Són antònimes. ☐ Són sinònimes.

d Una tortuga pot fer dany o un tort a la reputació d'algú? Amb quines lletres comença aquest mot que és la solució de l'enigma?

e Quin personatge identifica les paraules clau de l'enigma: el Thomas o el Frank? Creus que el pare hauria pogut resoldre l'enigma sense l'ajut del seu fill?

f Et sembla enginyós l'enigma de la lectura? Per què?

Ara, escriu un enigma que es basi en els mateixos recursos que el de la lectura o en altres de semblants.

- Llegeix l'enigma als teus companys perquè l'endevinin.
- Decidiu entre tots quins són els enigmes més enginyosos.

6 ••○ Explica per escrit si el text t'ha agradat i per què.

7 ••○ Explica per què porten cometes aquestes frases del text:

a Algunes endevinalles eren d'aquelles tan clàssiques que tothom ja coneixia: "És una capseta blanca que s'obre i no es tanca."

b —Calla, papa, deixa'm pensar! —va dir el Frank [...]—. "Fa dany", que també pot ser del verb "danyar"... A veure... "Estropellar, perjudicar, fer mal, destruir, deteriorar..."

c —Frank, ja ho tinc! Soc un geni! "Fa dany a un amic" també es podria dir "Fa tort a un amic".

Justifica, ara, els punts suspensius d'aquestes altres frases:

a —Ull viu, Frank, que avui és dijous...

b —...com cada dijous, l'enigma d'avui serà difícil.

c —[...] A veure... "Estropellar, perjudicar, fer mal, destruir, deteriorar..."

d —Calla, que ja sona el ring, ring!...

CERT O FALS?

☐ Una endevinalla és un enigma.

☐ La finalitat de les endevinalles és divulgar un coneixement sobre un tema.

☐ L'entreteniment que planteja una endevinalla es basa en l'ús de recursos lingüístics com la sinonímia, l'homofonia, etc.

☐ Les endevinalles són textos retòrics.

1
Quin substantiu del text també significa "persona que va molt pintada" o "persona molt lletja"?

2
Quin substantiu del text s'escriu igual que un pronom feble de segona persona?

3
Quina locució verbal del text és sinònima de l'expressió *fer el préssec*?

ESTUDI DE LA LLENGUA

8 ●●○ **Digues de quin nom prové el verb mandrejar. Després, escriu verbs derivats de les paraules següents que tinguin el sufix -ejar:**

verd · abril · brut · seixanta · sovint · vespre

Escriu, ara, el significat que et sembla que té cada un dels mots que has format.

Finalment, busca en el diccionari el significat dels mots anteriors.

- Les definicions que has escrit són correctes? Quin significat té o què indica el sufix *-ejar*?

9 ●○○ **Escriu un adjectiu derivat de cada un dels substantius següents:**

mandra · enigma · dany · vida · bèstia

Ara, escriu un substantiu derivat d'aquests adjectius:

imbècil · possible · correcte · difícil · complicat

10 ●●○ **Digues què indiquen les interjeccions destacades d'aquestes frases de la lectura. Si dubtes, consulta el diccionari:**

a Però no us confongueu, **eh**?
b **Ah**, sí, soc jo, vull dir que soc un oient del programa.
c **Ai**, vull dir *L'enigma de les vuit*, això mateix.
d **Ostres**, papa, em sembla que avui han passat de la ratlla.

11 ●●● **Digues en quin temps verbal estan els verbs de cada una d'aquestes oracions de la lectura. Després, contesta:**

> El Thomas Underwood no deia res, bevia te i rondinava entre dents.
> De sobte, va fer un bot i la tassa de te li va anar a petar a terra i per sort no es va trencar.

- Quin dels dos temps verbals indica una acció començada i acabada?
- Quin expressa una acció començada però no acabada?
- Quin nom rep aquesta característica verbal que indica si l'acció que expressa el verb està acabada o no ho està?

12 ●○○ **Digues quina onomatopeia surt en la lectura.**

Després, indica l'onomatopeia de cada un dels objectes següents:

campaneta o picarol · campana · timbre · botzina

Les figures retòriques són una desviació de la manera més planera de parlar o d'escriure usades amb finalitats expressives.

L'objectiu del text retòric és molt ampli: convèncer i persuadir, delectar o causar plaer, commoure, entretenir. Aquesta finalitat tan àmplia fa que els textos retòrics siguin molt variats: des de jocs de paraules [endevinalles, embarbussaments, palíndroms] i textos publicitaris fins a discursos i textos literaris.

Com que la novel·la és un text narratiu, el teatre és un text conversacional i el discurs, un text argumentatiu, sovint es diu que la poesia és el text retòric per excel·lència.

- L'estructura dels textos retòrics és, doncs, molt diversa: alguns són escrits en prosa i altres, en vers. La **poesia**, per exemple, que sol estar escrita en vers, acostuma a estar organitzada en **estrofes** d'un determinat nombre de **versos**: els apariats o rodolins, els tercets, els quartets, les lires, les sextines, les octaves, les dècimes...

En algunes composicions poètiques, les estrofes poden combinar-se d'una manera fixa, com en el sonet (que té catorze versos distribuïts en dos quartets i dos tercets). Els versos es mesuren pel nombre de síl·labes que tenen i poden ser d'**art menor** (monosíl·labs, bisíl·labs, trisíl·labs... fins a octosíl·labs) o d'**art major** (de nou síl·labes o més). L'estructura d'una endevinalla o d'un jeroglífic, en canvi, és completament diferent.

- Els principals recursos dels textos retòrics són **la rima** i les **figures retòriques**. La rima és molt freqüent en la poesia (també en les endevinalles i les cançons). Hi ha la rima consonant o perfecta (per exemple, *plena* – *carena*) i l'assonant o imperfecta (*ingrata* – *gàbia*). La rima també pot ser femenina, si es fan rimar paraules planes o esdrúixoles, o masculina, si els mots que es fan rimar són aguts. Segons com es combinin la rima i els versos, es parla de rima encadenada (*abab*) i de rima encreuada (*abba*).

Les **figures retòriques** són una desviació de la manera més planera o habitual de parlar o d'escriure usades amb finalitats expressives (produir gaudi o bellesa, entretenir, convèncer...). N'hi ha de molts tipus, segons si afecten la fonètica, la sintaxi, la semàntica... Per exemple, l'al·literació i la paronomàsia, que són figures retòriques del pla fonètic, són el recurs principal dels embarbussaments. Altres figures retòriques, com les sintàctiques (hipèrbaton, anàfora, paral·lelisme) i les semàntiques (metàfora, metonímia, paradoxa, personificació...), predominen en la poesia, però no en són exclusives: podem trobar figures retòriques en tota mena de textos, en vers o en prosa (cançons, poemes, discursos polítics i/o religiosos, novel·les i textos teatrals, textos publicitaris...). Així, diem que els textos que se serveixen de les figures retòriques per a donar més ritme o més expressió al llenguatge són **retòrics**.

JOCS LINGÜÍSTICS

EMBARBUSSAMENTS

A En cap cap cap el que cap en aquest cap.

B Duc pa sec al sac, m'assec on soc
i el suco amb suc.

C Obre la porta i fa rac,
d'un *brinco* ha saltat al rec,
més ben mudat que cap ric,
en Pau li ha tirat un roc
i l'han fet caure del ruc.

D —Vinc de part de la senyora a veure si la senyora s'enyora.
—Senyora, digui a la senyora que la senyora no s'enyora.

E A pi alt escala hi cal,
a pi xic escala no hi cal,
si cal, du-la-hi.

EL CATALÀ, MARE DE TOTES LES LLENGÜES

Llatí: Avis murris porten els nuvis a Gràcia amb òmnibus gratis i l'àvia sua.

Àrab: En Sanabre té una cabra a sota cada arbre.

Alemany: Elàstics blaus fan fàstic si es mullen i es taquen.

Xinès: Tinc tanta sang que a les cinc tinc son.

Anglès: En aquest got no hi pot haver hagut mai vi.

PALÍNDROMS

Català, a l'atac!

El bo plau al poble.

Sé on no és.

S'és o no s'és.

Tramaran anar a Mart.

A Vilassar, a pèl, lleparàs saliva.

VICEVERSA DE PARAULES

No és el mateix mort de pena que pena de mort.

Ni una costella a la brasa que una brasa a la costella.

Ni un joc de taula que una taula de joc.

Ni un all sec que un secall.

Ni un pessic de pa que un pa de pessic.

Ni una gran dona que una dona gran.

JEROGLÍFICS per Jordi Esteve i Calm

Quina infusió t'agrada més?

DEPLORA

Què estàs llegint?

NO

Tinc molts
i molts anys

Pautes d'anàlisi
d'un text retòric

FIXA'T EN la intenció del text:

- Distreure el públic.
- Sorprendre el públic.
- Convèncer i/o persuadir.
- Commoure el públic.
- Delectar el públic.

FIXA'T EN el tipus de llenguatge:

- Si és formal o informal; si és senzill, planer o elaborat.
- Si és emotiu o racional.
- Si s'utilitzen figures retòriques dels tipus següents:
  - Fonètiques (afecten el so dels mots).
  - Sintàctiques (afecten l'ordre dels mots).
  - Semàntiques (afecten el significat de les paraules).

FIXA'T, a més, en aquests altres aspectes si el text és un poema:

- El tema de què tracta.
- Els versos:
  - El nombre de síl·labes de cada un.
  - Si són d'art menor o major.
- El tipus d'estrofa i de composició.
- Si hi ha rima i, si n'hi ha, com és:
  - Consonant o assonant.
  - Femenina o masculina.
  - Encadenada o encreuada.
- La relació entre el tema i la forma del poema.

1 ●●○ Llegeix els embarbussaments i contesta les preguntes:

a Què vol dir el verb *embarbussar-se*? Què és un embarbussament? Quins altres embarbussaments coneixes?

b En quin dels embarbussaments hi ha una enumeració?

c En quins hi ha paronomàsies? Assenyala-les.

d Quin està basat en l'ús de mots formalment idèntics que es pronuncien igual, però que tenen significats diferents? Quina categoria gramatical té cada un d'aquests homònims?

e Quin embarbussament es basa en l'ús de dos mots homòfons, és a dir, que es pronuncien igual però que s'escriuen diferent?

f Quants "senyores" diferents es mencionen en l'embarbussament *D*?

2 ●●○ Comenta el títol del segon grup de jocs lingüístics. Explica per què són humorístics.

3 ●●● Llegeix els palíndroms i fixa-t'hi bé.

- Què els caracteritza? És a dir, què és un palíndrom?
- Si no hi caus, busca'n la definició.

Ara, busca més palíndroms a internet i comparteix-los amb els teus companys.

4 ●●○ Escriu textos d'unes cinc línies fent servir aquests sintagmes:

a all sec	A secall
b mort de pena	B pena de mort
c costella a la brasa	C brasa a la costella
d pessic de pa	D pa de pessic
e gran dona	E dona gran

5 ●●● Resol els jeroglífics anteriors.

Planifica i prepara

Llegeix aquests tres poemes de Pere Quart i relaciona'ls amb el títol corresponent.

Després, resol les activitats que hi ha a continuació:

A Gargall de sirena!
(Àdhuc tapadora
té per higiene
cada escopidora.)

B Pel desert corre la brama
que no et saps treure el pijama.

C Amant de la mullena,
amb gregarisme rar,
com nosaltres emplena
les ribes de la mar.

Conserva tanmateix
el decòrum que ens manca
i neda com un peix
amb frac i armilla blanca.

VACA

TIGRE

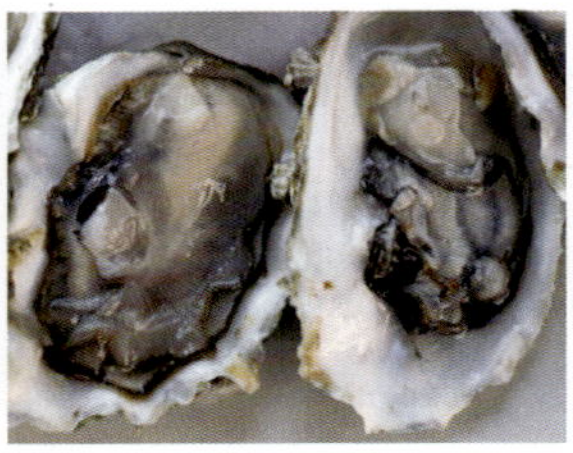
OSTRA

PINGÜÍ

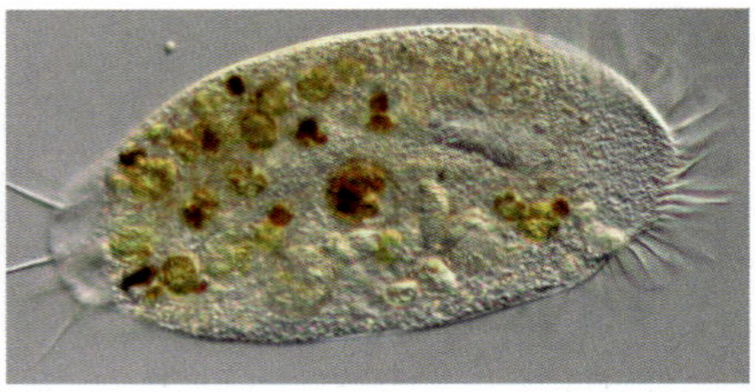
AMEBA

GIRAFA

OS PANDA

ZEBRA

- **Fes el recompte sil·làbic dels versos de cada un dels poemes.**
  - Són d'art menor o d'art major?
- **Assenyala els versos que rimen i indica'n el tipus de rima.**
  - És assonant o consonant?
- **Contesta:**

A Quins mots de cada poema t'han permès endevinar-ne el títol?
B En quin tipus de joc lingüístic et fan pensar aquests poemes? Per què?
C T'han agradat? Quin t'ha semblat més enginyós? Justifica les respostes.

Prepara un poema endevinalla segons els models anteriors. Segueix aquests passos:

- **Tria l'animal que donarà títol al teu poema.**
  - Recorda que no pots dir-ne el nom en els versos.
- **Anota quin és el seu hàbitat i les característiques que el fan únic:**
  - Quant al seu físic, el seu comportament, els seus costums, la fama que pugui tenir, etc.
- **Tria les dues o tres característiques anteriors que siguin més significatives.**
  - Seran les pistes a partir de les quals el lector podrà endevinar de quin animal es tracta si no llegeix el títol del poema.

Escriu i revisa

Escriu un esborrany del poema:

1 **Tingues en compte aquests aspectes pel que fa a l'estructura:**

A Els versos han de ser d'art menor.

B Cada vers ha de tenir el mateix nombre de síl·labes.

- Recorda que el nombre de síl·labes de cada vers es compta fins a l'última síl·laba tònica.

C Els versos han de rimar segons un d'aquests esquemes:

- *abab*, com en el poema "Ostra"
- *abab cdcd*, com en el poema "Pingüí"
- *aabbcc*...

2 **Fes servir figures retòriques per a referir-te a les característiques de l'animal que has triat. Per exemple:**

- Metàfores ("Gargall de sirena").
- Comparacions ("Com nosaltres emplena / les ribes de la mar"; "neda com un peix").
- Personificacions ("no et saps treure el pijama"; "Conserva tanmateix / el decòrum que ens manca").

3 **Escriu el poema i no t'oblidis del títol.**

Passa en net el poema i revisa'l a partir del que has après en la pàgina 197:

- **Assegura't que el nom de l'animal no surt en cap vers. Si el poema no tingués títol, podries dir de quin animal tracta?**
- **Tots els versos tenen el mateix nombre de síl·labes?**
- **Les rimes són correctes i adequades?**
- **Hi ha figures retòriques? Quines?**
- **El poema és coherent? L'ortografia és correcta?**

El repte

Posa a prova el teu poema!

1 **Recita el teu poema davant la resta de la classe sense dir-ne el títol.**

- Els teus companys han endevinat de quin animal tracta?

2 **Decidiu entre tots quin poema o quins poemes són els millors segons aquests criteris:**

- L'**originalitat** i la **creativitat**: si les metàfores, les comparacions o les imatges són enginyoses, impactants...
- La **correcció formal**: si les rimes són adequades o correctes, si els versos tenen un nombre de síl·labes regular.
- La **correcció ortogràfica** i **gramatical**: si les frases estan ben construïdes, si l'ortografia és correcta, si el poema s'entén i és coherent...

+ Propostes

Elaboreu un recull de jocs lingüístics.

- **Inventeu-vos:**
  - palíndroms
  - jeroglífics
  - embarbussaments
  - viceverses de paraules
  - endevinalles
- **Després, divulgueu-los en el blog o la revista de la classe.**

1 ●●○ **Classifica els mots següents segons si són substantius, adjectius, determinants, verbs, adverbis o preposicions:**

gat · suau · bones · la
des de · malament · a
bastants · fort · darrere · dia
molts · canteu · taula · aquest
aviat · moix · de · avui · per

2 ●●○ **Indica si els mots destacats d'aquestes frases són determinants o adverbis:**

a No queda **gens** d'aigua.
b Ha nevat **molt**.
c Això no m'interessa **gaire**.
d Tens **gaire** calor?
e Ho repeteix **molts** cops.
f La batedora no funciona **gens**.

3 ●●○ **Forma adverbis de manera a partir dels adjectius següents:**

elegant · poruc · dòcil · pobre
viu · savi · insistent · fix · tebi

4 ●●○ **Identifica les preposicions i la locució prepositiva que hi ha en aquestes frases:**

a Tret d'això, és bona gent.
b No hi ha res a fer.
c La vols amb gas o sense gas?
d Jo treballo per ell i amb ell.
e Ho faran durant aquests dies.

1 Els mots invariables

A diferència dels substantius, els adjectius, els determinants i els verbs, que admeten diferents morfemes, hi ha mots, com els adverbis i els connectors (preposicions i conjuncions), que no presenten cap tipus de morfema; per això diem que són **invariables**.

L'adverbi i la locució adverbial

L'**adverbi** és una categoria gramatical invariable que pot modificar mots de les categories gramaticals següents:

- Un **verb**: *ve* ***avui***, *corre* ***ràpid***, *escriu* ***sovint***.
- Un **adjectiu**: *és* ***ben*** *amable*, *és* ***bastant*** *alt*.
- Un altre **adverbi**: *viu* ***molt*** *bé*, *no ho posis* ***tan*** *endarrere*.

La **locució adverbial** és un grup de mots que té la mateixa funció que un adverbi: *de dia*, *de nit*, *de vegades*, *tot seguit*...

Tant els adverbis com les locucions poden ser de diverses classes segons les **circumstàncies** que indiquen (de temps, lloc, manera, quantitat, afirmació, negació i dubte). Fixa-t'hi:

TIPUS	ADVERBIS	LOCUCIONS ADVERBIALS
temps	*ahir, avui, demà, sempre, mai, abans, després, quan, llavors, aleshores, aviat, tard, encara, sovint, mentrestant, ara, ja, enguany...*	*d'hora, de matí, de dia, de nit, de vegades, tot seguit, de seguida, a trenc d'alba, cap al tard, al capvespre...*
lloc	*aquí, allà, on, pertot, arreu, enlloc, lluny, prop, dalt, baix, amunt, avall, enlaire, dins, fora, endavant, enrere...*	*a baix, a dalt, a la vora, a la dreta, al voltant, al capdamunt, al capdavall...*
manera	*bé, malament, així, com, debades, corrents, sobretot, tranquil·lament...*	*a correcuita, de pressa, a poc a poc, a dojo, a deshora, de sobte, en va, a tort i a dret...*
quantitat	*molt, poc, massa, gens, quant, tant, gaire, bastant, prou, força, més, menys, gairebé, quasi, només, almenys...*	*un xic, una mica, ben bé, a més (a més), més o menys, sobre manera...*
afirmació	*sí, també, prou*	*fins i tot, sens dubte, en efecte, de debò, de veritat...*
negació	*no, tampoc, no pas*	*de cap manera*
dubte	*potser*	*tal vegada, tal volta, si molt convé...*

Els connectors

Els mots o grups de mots que relacionen diferents elements entre si són els connectors. S'anomenen així perquè relacionen, connecten o enllacen mots o sintagmes dins una mateixa oració o bé connecten dues oracions per a formar oracions compostes. Hi ha diferents tipus de connectors:

- La **preposició**, una categoria gramatical invariable que serveix per a enllaçar dos elements dins una oració. N'hi ha de dues classes: les **àtones** (*a*, *de*, *amb*, *en*, *per*, *per a*) i les **tòniques** (*cap*, *contra*, *des de*, *entre*, *envers*, *fins*, *malgrat*, *mitjançant*, *segons*, *sense*, *sota*, *ultra*, *vers*, *vora*). Les que són formades per dos o més mots i tenen la mateixa funció que una preposició reben el nom de **locucions prepositives**: *abans de*, *enmig de*, *fora de*, *lluny de*, *a causa de*, *a favor de*, *en contra de*, *en lloc de*...

- La **conjunció**, una categoria gramatical invariable que serveix per a enllaçar dos mots de la mateixa categoria o dos sintagmes dins d'una mateixa oració (*Vindran la Rosa **i** la Txell*) o, també, per a connectar oracions i formar-ne una altra de composta (*Vindrà la Rosa **i** trucarà a la Txell*). En una oració composta, les conjuncions i les locucions conjuntives poden classificar-se segons si són coordinants o subordinants. Una **locució conjuntiva** és un grup de mots que té la mateixa funció que una conjunció.

D'altra banda, hi ha els anomenats **connectors** o **marcadors textuals**, que ordenen la informació d'un text i n'indiquen la distribució de les idees. Cal tenir en compte que un text no és un seguit d'oracions escrites les unes darrere de les altres sense mantenir cap mena de lligam; al contrari, les oracions i els paràgrafs que conformen un text s'enllacen mitjançant una sèrie de mecanismes, com, per exemple, els connectors. Aquests connectors, que engloben mots de diferents categories gramaticals, poden indicar **ordre** (*per començar*, *d'una banda, de l'altra*, *per acabar*...), **causa** (*ja que*, *perquè*, *com que*, *atès que*...), **conseqüència** (*doncs*, *en conseqüència*, *per consegüent*...), **comparació** (*de manera semblant*, *així mateix*, *paral·lelament*...), etc.

Recorda

- Els **adverbis**, les **preposicions** i les **conjuncions** són mots invariables.
- Els **connectors** són paraules o grups de paraules que fan la funció d'enllaçar mots i sintagmes dins d'una oració o frases o paràgrafs dins d'un text. Les **preposicions** i les **conjuncions** són un tipus de connectors.

5 ●●○ **Explica què és una locució i posa'n exemples dels diferents tipus que has estudiat.**

6 ●●○ **Completa les frases amb els connectors adients:**

en concret • però • a més
ras i curt • així • per tant

a Hem netejat el menjador. ____, hem escombrat el balcó.
b És un noi tímid, ____ molt amable.
c L'examen ha estat llarg. ____, ha durat tres hores.
d ____, ha estat un mal dia.
e Hem acabat; ____, ja podeu marxar.
f ____, no vindreu?

7 ●●○ **Uneix les oracions de cada grup amb connectors de causa i conseqüència (no els repeteixis):**

1 Tinc molta gana.
2 El mestre ha faltat a classe.
3 Juga molt bé a bàsquet.
4 Avui és dia festiu.
5 En Pol no ha estudiat.

a No tenim classe.
b Suspendrà l'examen.
c Està malalt.
d Em compraré un entrepà.
e És molt alt.

+ Activitats | TREBALLA LES COMPETÈNCIES BÀSIQUES

ANALITZA

1 ●●○ Identifica els adverbis i les locucions adverbials de les frases següents i, després, classifica'ls en una taula com la que hi ha a continuació:

a Inesperadament, han tancat la botiga per sempre.

b No ho sabia ningú. Només ho va endevinar el teu germà i també la seva dona.

c Potser hi aniré. Almenys, una estona.

d La mare té mal de cap sovint, però a penes va al metge.

e Sí, enguany viatjarem molt.

f Ja hem treballat massa.

g Vindrem després. Mentrestant, aprofiteu per a descansar força.

h Tal vegada seria millor fer l'excursió l'endemà.

i Allà ha nevat bastant avui.

TEMPS	LLOC	MANERA	QUANTITAT	AFIRMACIÓ	NEGACIÓ	DUBTE

2 ●●● Relaciona cada una de les locucions adverbials de l'esquerra amb l'adverbi de manera de la dreta que té el mateix significat:

a a correcuita	1 indirectament
b de franc	2 esbojarradament
c a dojo	3 suficientment
d de soca-rel	4 desordenadament
e a bastament	5 enterament
f a cau d'orella	6 ràpidament
g d'esma	7 secretament
h damunt davall	8 gratuïtament
i a la babalà	9 abundantment
j de retruc	10 instintivament

3 ●●● Completa el text que hi ha a continuació amb els connectors següents:

en primer lloc · en general · a continuació
ja que · a més · no obstant això · i · finalment
a propòsit de · en segon lloc · és a dir

TV3 va ser la televisió que millor va cobrir l'accident de l'avió de Germanwings, ___ va ser la cadena que va utilitzar menys recursos d'espectacularització i de dramatització. [...]

L'estudi del CAC ha analitzat la cobertura de les primeres 72 hores posteriors a l'accident. Les cadenes analitzades han estat TV3, 8tv, TVE Catalunya, La 1, Antena 3 TV ___ Telecinco. També ha analitzat els canals públics d'informació contínua —___, 3/24 i Canal 24h— durant les tres primeres hores posteriors al sinistre.

L'informe té dos objectius: ___, avaluar l'atenció quantitativa que cada canal va dedicar a l'accident i, ___, avaluar el compliment de les recomanacions del CAC sobre el tractament informatiu de les tragèdies personals. ___ la capacitat de reacció, ___ les cadenes analitzades van donar la notícia amb immediatesa; la primera va ser Antena 3 TV (a les 11.41 hores), seguida de la resta en un període de 15 minuts. [...]

___, un altre aspecte que recullen les recomanacions del CAC fa referència a la conveniència que les persones consultades siguin expertes o professionals. Totes les cadenes van dedicar més temps a les veus especialitzades que als actors ocasionals, que intervenen en funció de la seva vivència personal.

___, s'observen diferències importants en el pes que cada canal va atorgar als actors ocasionals: TV3 va atorgar un 9,9% del temps de paraula als actors ocasionals. ___ apareix Antena 3 TV, amb un 11,5%. [...]

___, pel que fa a les recomanacions sobre el respecte a la privadesa de les persones afectades, l'informe indica que totes les televisions van aportar elements que permeten identificar persones adultes afectades. [...]

"Un estudi del Consell de l'Audiovisual sobre l'accident de Germanwings...". www.cac.cat (adaptació)

APLICA

4 ●●○ Escriu una oració en què quedi clar el significat de cada una de les locucions adverbials següents. Si et cal, consulta el diccionari:

a a collibè
b fil per randa
c a tort i a dret
d de tota manera
e pel cap baix
f per descomptat
g de bon grat
h en un tres i no res

Ara, fes el mateix amb aquestes locucions prepositives. Si dubtes, consulta el diccionari:

a a causa de
b a força de
c en comptes de
d a desgrat de
e a favor de
f per comparació a
g fora de
h pel que fa a

5 ●●○ Completa aquestes frases amb les preposicions i les conjuncions adients:

- **Preposicions:** cap a · des de · entre · envers per a
- **Conjuncions:** i · ni · però · sinó · a fi que en comptes de

a Té una actitud tibant ___ els seus superiors.
b Compra sabó ___ la roba delicada.
c Ara ha marxat ___ Blanes.
d No en vull cap, ___ ganes.
e Agafa l'anorac, la gorra ___ els guants.
f És un científic molt jove, ___ prometedor.
g No ho ha fet ell, ___ el seu amic.
h M'he equivocat. He comprat pa integral ___ pa sense sal.
i Quin xivarri! ___ la televisió a tot drap i els nens jugant, no puc concentrar-me.
j T'ho dic ___ li ho facis saber.
k ___ aquí, les vistes són extraordinàries.

6 ●○○ Digues què tenen en comú els adverbis, les preposicions i les conjuncions.

PREPARA

7 ●●○ Llegeix bé aquest text i fes les activitats que hi ha a continuació abans que te'l dictin:

DICTAT

Hi havia dues coses que unien els grecs: la religió **i** els esports. Curiosament **no** es tractava **pas** de dues coses diferents, **sinó que** anaven **estretament** lligades. Per exemple, cada quatre anys se celebraven **en honor d**el déu pare, Zeus, grans competicions al seu santuari. Aquest santuari s'anomenava Olímpia. Hi havia grans temples i un camp **d'**esports, i tots els grecs hi anaven per demostrar la seva força en les curses, en el llançament de disc i de javelina, **en** la lluita i en les curses de carros. Vèncer en aquests jocs era el màxim honor que podia experimentar un home en la seva vida. El premi era una simple branca d'olivera, **però** els vencedors eren aplaudits d'allò més: els més grans poetes en cantaven les victòries en poemes magnífics, els més grans escultors n'esculpien les estàtues **per a** Olímpia, estàtues en què es veien els vencedors conduint un carro, llançant un disc **o** untant-se el cos d'oli **abans de** la lluita.

E. H. GOMBRICH, *Breu història del món*. Empúries

a Digues la categoria gramatical dels mots destacats del text.
b Troba en el text un connector o marcador textual que indica exemplificació i copia'l.
c Copia totes les formes verbals personals del text i digues en quin temps estan.
d Copia totes les formes verbals no personals i digues de quin tipus són.
e Copia totes les paraules que duen accent i explica per què en porten.

LLEGEIX

CARNAVAL

Hi ha una nit concreta
en què tot s'hi val;
fotem una festa,
muntem un sidral.
Avui les paraules
també ens disfressem
i per un sol dia tot és diferent.

Mireu la Tertúlia
com entra, triomfant.
Ens va de conversa.
El Punt, elegant.
Al mig de la pista,
la paraula "Bell"
que avui va amb *b* alta
i tots estan per ell.
Fixeu-vos en Coco,
es fa dir Cocó.
Les coses a França
sonen molt millor.
Mireu quina alegria,
n'hi ha un que va de cap.
Visca la polisèmia i els significats.
Parelles estables:
Para-sol, Aiguardent,
Celobert, Trencaclosques,
també l'Espantaocells.
Avui són Promíscues
espantasols, celardent,
paratemps, obreclosques
i mil *aiguaocells,*
paratemps, obreclosques
i mil *aiguaocells.*

Perquè avui és Carnaval,
tenim dret a fer l'animal.
A anar contra corrent,
a significar coses que ens facin els dies més dolços,
no tan transcendents.

Quina pena! A en Parche
no el deixen entrar.
"Ets un barbarisme,
et fots i a callar."
Passeja per fora,
veu quatre pegats,
es fa una disfressa i s'intenta colar.
El company palíndrom
fa un any va destacar
per dur una disfressa
estranya a matar:
"Em dic Cita'l a l'àtic,
no veieu que bo que és?"
Però aquest any no es complica
i tots l'hem entès.
Vesteix monosíl·lab,
avui es diu Pep.
Com balla la Porta:
topar, tropa, patró.
El Pany, que ho intenta...
però quin nyap, Déu n'hi do.
Carai la Llumeta, s'abraça amb el Pal.
No em digueu Llumeta, avui soc un fanal.
No em digueu Llumeta, avui soc un fanal.

Perquè avui és Carnaval,
tenim dret a fer l'animal.
A anar contra corrent,
a significar coses que ens facin els dies més dolços,
no tan transcendents.

L'endemà t'aixeques
cansat, però content.
Un diumenge s'afronta
a poc a poc i anar fent.
Et mires al diccionari i tornes a ser tu.
I creus que és injust, però no ho dius a ningú.
I creus que és injust, però no ho dius a ningú.
I creus que és injust, però no ho dius a ningú.
I creus que és injust, però no ho dius a ningú.

ELS AMICS DE LES ARTS, "Carnaval", de l'àlbum *Espècies per catalogar*, DiscMedi, 2012

COMPRÈN

1 ●●○ Busca aquestes paraules de la cançó anterior i copia'n el significat segons el context en què apareixen:

sidral · promiscu · anar contra corrent
barbarisme · transcendent · nyap
fanal · pegat

2 ●●○ Contesta les preguntes següents:

a De quina nit de l'any tracta la cançó?

b Quines paraules participen en la festa? De què van disfressades algunes?

c Quin mot és al mig de la pista? Per què avui "tots estan per ell"?

d Quina paraula s'ha afrancesat? Per què ho ha fet?

e Quines "parelles estables" hi ha a la festa? Per què són qualificades d'"estables"?

f Què significa que "les parelles estables" s'han tornat "promíscues"? Quina conseqüència té aquest fet? Quins mots queden desaparellats?

g Existeixen, en català, els mots "promiscus" de la cançó? Si dubtes, comprova-ho en el diccionari.

h Per què no deixen entrar en Parche a la festa? Què fa per poder-hi entrar?

i Qui és el "company palíndrom"? Per què se l'anomena així? De què va vestit a la festa d'aquest any? I a la de l'any anterior?

j Per què la "Llumeta" és un "fanal" la nit de la festa?

k Per què es volen disfressar les paraules? Què els passarà l'endemà?

3 ●●○ Explica el significat d'aquests versos de la cançó:

Com balla la Porta:
topar, tropa, patró.
El Pany, que ho intenta...
però quin nyap, Déu n'hi do.

ANALITZA

4 ●○○ Digues si aquesta cançó té tornada. Si és així, assenyala-la.

5 ●●○ Digues qui és o què és la veu narradora de la cançó. Justifica la resposta.

· En quins mots o frases del text t'has fixat per a contestar?

6 ●●● Explica per què la veu narradora, immediatament després d'esmentar el mot que "va de cap", és a dir, vestit o disfressat de cap, diu el següent:

"Visca la polisèmia i els significats"

Ara, escriu frases en què quedin clars els diferents significats de la paraula cap que coneguis.

7 ●●○ Copia les paraules de la cançó que rimen i digues si la rima és assonant o consonant.

8 ●●○ Troba en el text mots que et serveixin per a justificar que el registre de la cançó és col·loquial.

CREA

9 ●●○ Proposa exemples de paraules a les quals, com en Parche, no es permetria d'entrar a la festa i indica de què s'haurien de disfressar o com haurien d'anar vestides per a entrar-hi.

10 ●○○ Inventa't un altre títol que pugui substituir el de la cançó que has llegit.

JA HAS ACABAT?
Avalua't amb el test del quadern interactiu.

12

RECAPITULEM!

Repàs de tipologia textual

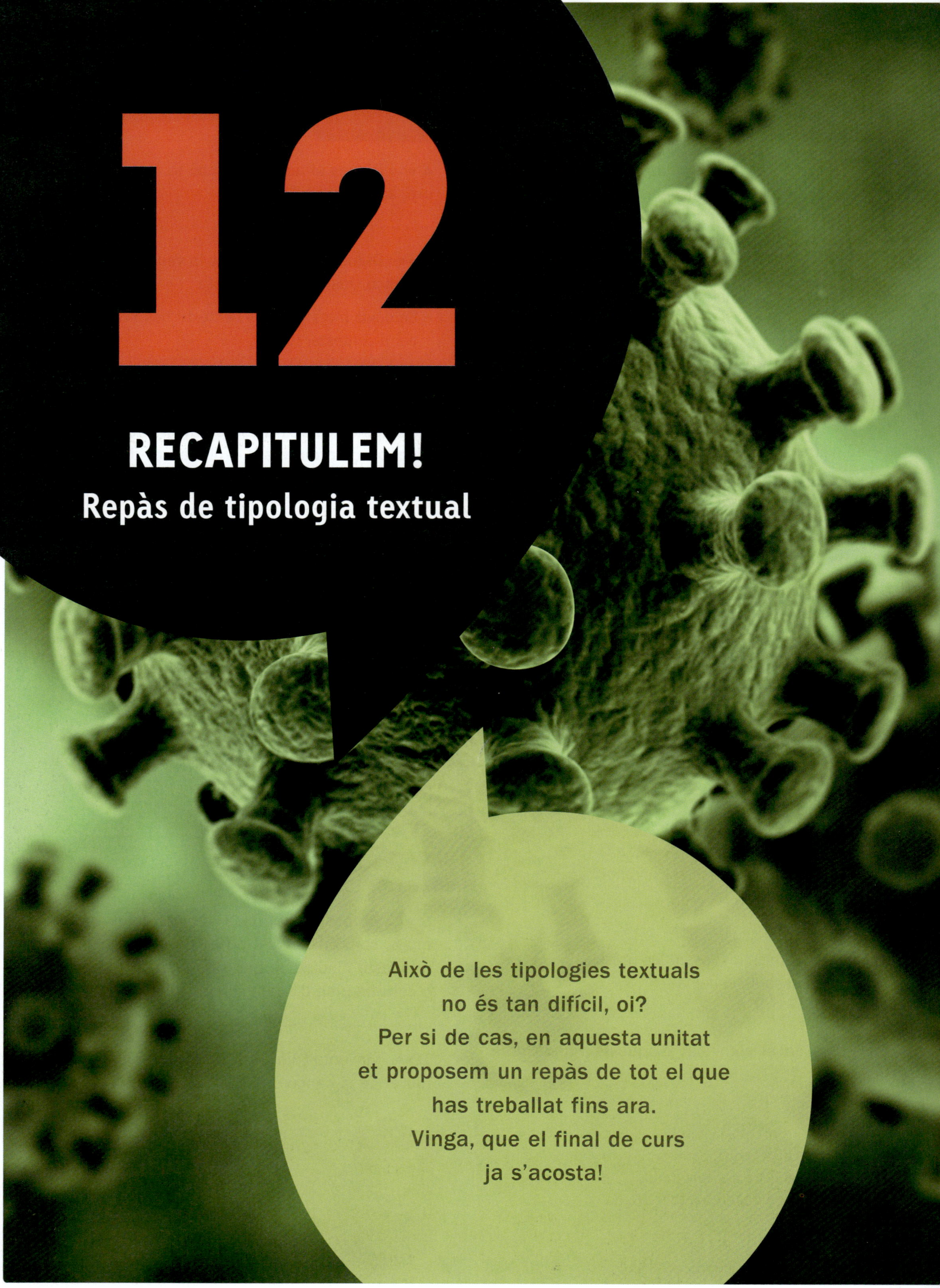

Això de les tipologies textuals
no és tan difícil, oi?
Per si de cas, en aquesta unitat
et proposem un repàs de tot el que
has treballat fins ara.
Vinga, que el final de curs
ja s'acosta!

EN EL QUADERN INTERACTIU

? COMENÇA
Activitat inicial.

POTS FER-HO
Minirepte sobre els continguts de la unitat.

INFORMA'T
Recursos digitals per a treballar els continguts.

A PRACTICA
Activitats interactives.

AVALUA'T
Test de la unitat.

Anna Ja ho veig que no estem sols. Quin munt de microbis!

Lluís Sabeu que hi ha més de 50.000 espècies de bacteris coneguts?

Andrea Quin fàstic. No em vull ni imaginar quants n'hi ha de desconeguts...

Lluís La protagonista de la lectura em sembla que tampoc no s'ho imaginava.

T'agraden les ciències naturals? Per què?

Et consideres una persona observadora?

Quines aptituds creus que ha de tenir un bon científic?

L'EVOLUCIÓ DE LA CALPURNIA TATE

Jacqueline Kelly

Ser l'única noia de set fills al Texas del final del segle XIX no és gens fàcil, però a la Calpurnia li agrada observar la natura. És la seva manera d'allunyar-se del brogit de casa seva i del futur que li té preparat la seva mare. L'unic que li fa cas és l'avi, que se l'endú a les seves excursions per a fer observacions científiques.

Quin "aparell" va estar a punt de tirar la narradora? Per a què l'estava utilitzant?

* Què és l'astorament?

* Què és un visor? Què són "les coses" que la noia veu a través del visor? Per què li semblen sorprenents?

* Com eren les maces medievals? Què s'assembla a una maça medieval, segons la protagonista?

* Si una persona taral·leja, què està fent? Qui era Antonio Vivaldi?

* Per a què creus que feia servir el colador, l'avi?

Aleshores va succeir. Un món bellugadís i agitat de criatures enormes i ondulants va aparèixer davant dels meus ulls i em va clavar un esglai de mort.

—Ecs! —vaig cridar, i vaig fer un salt enrere que va estar a punt de tirar l'aparell—. Uiiii! —vaig fer, sostenint el microscopi.

Vaig aixecar els ulls cap a l'avi.

—Entenc que acabes de veure les teves primeres criatures microscòpiques —va afegir, somrient—. Plató va dir que tota ciència comença amb l'astorament.*

—Mare meva! —vaig exclamar.

Vaig tornar a mirar pel visor.* Una cosa amb molts pelets minúsculs va passar a tota velocitat; un altra cosa amb una cua semblant a un fuet va passar d'una revolada; una esfera amb punxes, com una maça medieval,* va passar rodolant; unes ombres delicades, transparents i fantasmals entraven en el camp de visió i en sortien. Era caòtic, era salvatge, era... el més sorprenent que havia vist mai.

—En això em banyo? —vaig preguntar, desitjant no haver-ho sabut—. Què són aquestes coses?

—Ja ho esbrinarem. Potser n'hauries de dibuixar unes quantes perquè les puguem identificar després amb els llibres.

—Dibuixar-les? Però si es mouen massa de pressa...

—En veritat, és un repte. Té un llapis.

Em vaig asseure a l'abast del microscopi i vaig mirar i dibuixar i mirar i dibuixar tan bé com vaig poder. Al cap d'una estona em vaig fixar que algunes criatures començaven a reaparèixer, la qual cosa em facilitava de dibuixar-les. L'avi taral·lejava* Vivaldi* i s'entretenia per allí a prop amb el seu colador.* Vaig rosegar el llapis i vaig contemplar amb les celles arrufades la meva obra d'art, que consistia en unes formes maldestres i grumolloses escampades per la pàgina.

—Em sap greu, però em sembla que no són gaire bons —vaig dir mentre li ensenyava la pàgina a l'avi.

—Des del punt de vista artístic, tens tota la raó. Però l'aspecte més important és aquest: són aquestes representacions prou fidels per a poder-les comparar amb els exemples de l'atles quan tornem a la biblioteca? Si és així, hauràs fet una tasca acceptable.

—Crec que seria capaç de distingir-los —vaig respondre—, però no sé si podré tornar a banyar-me al riu.

—Totes aquestes criatures són del tot inofensives, Calpurnia, i han gaudit d'aquest riu molts més eons* que tu. A més, consola't pensant que tu et banyes al riu pròpiament dit, mentre que a aquests animals no els agrada l'aigua corrent.

—Entesos —vaig fer.

Tot i així...

Els arbusts van remorejar i l'Ajax, el gos del pare, va aparèixer trotant, satisfet de si mateix per haver-nos trobat. Sens dubte, havia estat fent la cort a la Matilda, la gossa de caça del senyor Gates, la que emetia un crit tirolès que es podia sentir arreu del poble. Ens va saludar l'un darrere l'altre, tot demanant una moixaina amb el morro, i després va xipollejar a l'aigua soma* i la va xarrupar sorollosament. Una tortuga de la mida d'un puny es va deixar caure d'un tronc podrit i l'Ajax la va empaitar amb malaptesa.* Li agradava jugar a encalçar tortugues i altres animals petits de riu, però en realitat no li havia vist mai caçar res aquàtic. Era més aviat un especialista en l'estudi de les aus. Però aquesta vegada em va sorprendre quan va submergir el cap sencer dins l'aigua i el va treure, sobresaltat, amb una tortuga tan sobresaltada com ell a la boca.

—Què fas, Ajax? —li vaig dir—. Para. Deixa-la on l'has trobat.

Va tornar saltant cap a nosaltres, content de si mateix, i deixà obedientment la tortuga als nostres peus abans d'espolsar-se l'aigua i esquitxar-nos. Es va asseure i em va mirar amb expectació.

—Ell creu que fa la seva feina —va observar l'avi—. Val més que el lloïs o tot l'ensinistrament del teu pare serà endebades.

—Oh, Ajax. Molt bé, bon xicot. —El vaig amanyagar—. Què en farem, de la teva tortuga? En Travis ja en té una a la seva habitació, i dubto que la mare en suporti una altra. Potser vostè l'hauria de subjectar pel collar mentre jo la deixo anar.

* Què és un eó: una porció enorme de temps, de terra, d'aigua...?

* Com és l'aigua "soma": de molta fondària o de poca fondària?

* Què significa fer una cosa amb "malaptesa" o de manera maldestra?

Investiga
sobre l'autora i fes-ne la fitxa!

- Lloc i any de naixement.
- Professió, a més de la d'escriptora.
- Premis que ha obtingut.
- Algun aspecte de la vida o de la seva obra que t'hagi cridat l'atenció.

COMPRENSIÓ

1 ●●○ Contesta les preguntes següents sobre el text que has llegit:

a La Calpurnia, què mirava a través del microscopi? Com reacciona en veure-ho? Per què reacciona així?

b L'avi, quin repte proposa a la Calpurnia? Amb quina finalitat l'hi proposa?

c Què et sembla que van fer la Calpurnia i el seu avi abans del que s'explica en el text?

d La protagonista, què ha après durant l'excursió científica amb el seu avi?

2 ●○○ Digues si les afirmacions següents són certes i corregeix les que són falses o explica per què ho són:

a La Calpurnia no acostuma a banyar-se al riu.

b Després del seu descobriment, la Calpurnia dubta si es tornarà a banyar al riu.

c La Calpurnia és molt destra dibuixant del natural.

d No és important que la representació dels organismes microscòpics sigui fidel als reals.

e La mostra d'aigua amb les criatures microscòpiques prové d'una part del riu en què hi ha molt corrent d'aigua.

f L'Ajax fa cas de les ordres que li donen.

g El gos acostuma a caçar animals petits de riu.

3 ●●○ Escriu la paraula del text que correspon a cada una de les definicions següents:

a ▭ Acció de rebre un gran espant.

b ▭ Contreure alguna part de la cara fins a arrugar-se la pell.

c ▭ Mil milions d'anys. Unitat cronològica de rang superior a l'era usada en geologia.

d ▭ Mancat de destresa, d'habilitat.

e ▭ Corretja o corda prima, fixada a un mànec, amb què es colpegen els cavalls, els muls i altres bèsties.

4 ●●● Busca informació sobre Plató i explica breument qui va ser.

Ara, comenteu entre tots què significa aquesta frase de Plató que cita l'avi de la Calpurnia:

"Tota ciència comença amb l'astorament."

5 ●●○ Busca informació sobre Antonio Vivaldi i escriu-ne una biografia breu.

ANÀLISI

6 ••○ Digues de quin tipus és el narrador del fragment que has llegit.

7 ••○ Indica quins tipus de text es poden trobar en la lectura.

Ara, digues quines són les característiques principals de cada una de les tipologies textuals que hi has identificat.

8 ••• Escriu un text expositiu en què expliquis:

- Què és un microscopi i per a què serveix.
- El segle en què van aparèixer els primers microscopis.
- El segle en què els milloraments òptics van fer que el microscopi tingués un paper decisiu en el desenvolupament de diverses ciències, especialment en el de la biologia.
- Els principals elements òptics del microscopi.
- Els tipus de microscopi.
- Les diferències que hi ha entre un microscopi i un telescopi.

9 ••○ Llegeix el text següent i contesta les preguntes:

La literatura juvenil sol anar en dues direccions: una d'entreteniment de cap a peus i una altra de valors de cap a peus i, com a tal, destinada a convertir-se en una obra recomanada més que gaudida. Calpurnia Tate va ser una gran i deliciosa sorpresa quan va arribar a les prestatgeries: la nena que va evolucionar com una criatura de Darwin en futura científica ens va robar el cor, ens va provocar més d'un somriure amb les seves aventures pel bosc i ens va deixar clar, als adults que vam tenir un bon encert a llegir-la, però també als preadolescents i adolescents, als quals va dirigida, que nois i noies, homes i dones neixen iguals i han de tenir les mateixes oportunitats. Per repetir-ho que no quedi.

El curiós món de la Calpurnia Tate no té res a envejar a l'anterior, *L'evolució de Calpurnia Tate*. L'autora, Jacqueline Kelly, manté la frescor de la seva protagonista, una joveneta de tretze anys gens interessada a preparar-se per a aconseguir un bon matrimoni i sí, i molt, a aprendre tot el que pugui sobre el món que l'envolta. [...]

ISABEL GÓMEZ, *La Vanguardia*, 26 de setembre de 2015

a De quin tipus de text diries que es tracta? Què t'ho fa pensar?

b L'opinió que l'autora dona sobre les novel·les de Jacqueline Kelly és positiva o negativa?

c *L'evolució de Calpurnia Tate* és un obra destinada exclusivament al públic juvenil? Com es titula el llibre que continua aquesta història?

d Quin és el missatge de *L'evolució de Calpurnia Tate* segons l'autora del text?

CERT O FALS?

- ☐ Els textos narratius poden incloure passatges conversacionals.
- ☐ En els textos narratius mai no trobem fragments conversacionals.
- ☐ En un text narratiu, el guió llarg serveix per a introduir el que diu un personatge.

1

Quina paraula del text és sinònima de *sedàs* o de *sedasset*?

2

Quin mot del text és una interjecció que es fa servir per a expressar fàstic o repugnància?

3

La Calpurnia, quin tractament fa servir per a adreçar-se al seu avi?

ESTUDI DE LA LLENGUA

10 ••○ Fixa't en els verbs del text que has llegit i contesta:

- Quin temps verbal hi predomina?
- Per què s'hi fa servir aquest temps verbal? Argumenta-ho.

11 ••○ Escriu el significat d'aquestes paraules de la lectura i digues de quin mot deriven:

remorejar · tirolès · bellugadís · grumolloses · espolsar-se

Ara, digues sinònims d'aquests altres mots del text:

criatures · amanyagar · malaptesa · xipollejar

12 •○○ Identifica els adjectius del sisè paràgraf de la lectura (des de "Vaig tornar a mirar pel visor" fins a "que havia vist mai"). Després, canvia'ls el nombre.

13 ••○ Identifica el subjecte i el predicat de cada una de les oracions següents:

a Una cosa amb molts pelets minúsculs va passar a tota velocitat.
b Vaig tornar a mirar pel visor.
c Unes ombres delicades, transparents i fantasmals, entraven i sortien del camp de visió.
d Era el més sorprenent que havia vist mai.
e Què són aquestes coses?

14 ••○ Analitza aquests sintagmes nominals:

a Una cosa amb molts pelets minúsculs
b Unes ombres delicades, transparents i fantasmals
c Un món bellugadís i agitat de criatures enormes i ondulants
d La meva obra d'art

15 ••• Digues quina funció fan els sintagmes destacats de les oracions següents i substitueix-los pel pronom feble adequat:

a Potser hauries de dibuixar **unes quantes criatures**.
b Li agradava jugar a encalçar **tortugues**.
c Era especialista **en l'estudi de les aus**.
d En Travis ja té **una tortuga** a la seva habitació.

16 ••○ Copia totes les paraules del text que pertanyin al camp semàntic de les ciències naturals.

Sovint, en un text, s'hi barregen diverses tipologies. Per a identificar la tipologia concreta d'un text, cal fixar-se amb quina finalitat s'ha escrit.

La utilització o tria, per part d'un emissor, d'una tipologia textual o d'una altra respon a una intenció comunicativa determinada. És a dir, no ens expressem de la mateixa manera si, per exemple, narrem uns fets o unes accions o conversem relaxadament amb algú que si volem expressar una opinió i convèncer algú sobre un tema o si donem instruccions.

A més a més, el **context** en què es desenvolupa la comunicació condiciona unes determinades característiques textuals: una conversa quotidiana, per exemple, no requereix el mateix grau de formalitat que una conversa que té lloc en un àmbit acadèmic. Igualment, un text científic requereix un vocabulari més específic i ple de tecnicismes que un altre de quotidià i un text oral fa servir uns recursos diferents dels d'un text escrit, etc.

En les unitats anteriors, has estudiat les característiques pròpies de cada tipologia textual: el text narratiu, el conversacional, l'explicatiu, l'argumentatiu... De ben segur que t'hauràs adonat, però, que en molts d'aquests tipus de text hi pots trobar característiques d'altres tipologies. Per exemple:

- En un **text narratiu** hi pots trobar passatges descriptius (dels personatges, dels espais o ambients on transcorren els fets, etc.), conversacionals i, fins i tot, explicatius, argumentatius, etc.
- D'altra banda, un **text expositiu**, que informa un públic sobre un tema i l'aprofundeix, pot incloure fragments descriptius i argumentatius.
- El **text conversacional** pot estar al servei de molts objectius: per exemple, una argumentació es pot presentar en forma de diàleg o una conversa pot incloure explicacions i narracions de fets o esdeveniments viscuts (l'explicació de l'argument d'una pel·lícula o d'un acudit, etc.).
- Passa el mateix amb els **textos descriptius**. Les guies de viatge, per exemple, a més de descripcions, poden incloure instruccions sobre com cal comportar-se en un lloc o com es pot accedir a un indret i narracions de fets històrics o llegendes dels llocs que recomanen visitar.

El més important és que es tinguin clares les característiques de cada tipologia textual per a treure'n el màxim profit, tant a l'hora d'entendre els textos com de produir-los.

"Si desapareguessin les abelles, només ens quedarien quatre anys de vida"

19/04/2015

Albert Einstein va dir una vegada que "si les abelles desapareguessin del planeta a l'home només li quedarien quatre anys de vida". Bilions d'abelles a escala mundial abandonen els seus ruscs sense deixar rastre, per no tornar mai.

El Festival Novum presenta al Disseny Hub Barcelona *More than Honey*, del director Markus Imhoof, un documental multipremiat que ens alerta sobre el perill que suposa per a la humanitat l'extinció de les abelles. Una mirada en profunditat a les colònies d'abelles de Califòrnia, Suïssa, la Xina i Austràlia.

Durant els últims 15 anys, nombroses colònies d'abelles han disminuït a escala mundial, però les causes d'aquest desastre segueixen sent desconegudes. Depenent de la regió, entre el 50% i el 90% de totes les abelles autòctones han desaparegut, i aquesta epidèmia encara s'està propagant de rusc en rusc a tot el planeta. A tot arreu, es repeteix el mateix escenari: bilions d'abelles abandonen els seus ruscs, per no tornar mai més, i els seus cossos no es localitzen en l'entorn immediat.

Els científics han trobat un nom per a un fenomen d'aquesta magnitud, "desordre del col·lapse de les colònies", i tenen bones raons per a estar preocupats: el 80% de les espècies de plantes necessiten les abelles per a ser pollinitzades. Hauríem de culpar els pesticides o, fins i tot, la medicació utilitzada per a combatre'ls? Nous virus? L'estrès fruit de viatjar? La multiplicació d'ones electromagnètiques que pertorben les nanopartícules de magnetita que es troben a l'abdomen de les abelles? Fins ara, sembla que la combinació de tots aquests agents ha estat la responsable del debilitament de les defenses immunitàries de les abelles.

Fa cinquanta anys, Einstein ja havia insistit en la relació entre aquests recol·lectors de pol·len i la humanitat: "Si les abelles desapareguessin del món", va predir, "a la humanitat li quedarien només quatre anys de vida."

["Si desapareguessin les abelles, només ens quedarien quatre anys de vida", *Núvol*, 19/04/2015 (adaptació)]

Pautes d'anàlisi
d'un text

FIXA'T EN els aspectes següents quan hagis d'analitzar un text:

- Quina intenció comunicativa té:
  - Informar
  - Relatar
  - Representar una conversa, per escrit o oralment.
  - Donar instruccions o indicar un procediment.
  - Explicar un tema o uns coneixements per a fer-lo entendre.
  - Expressar opinions per a convèncer el receptor o influir-hi.
- De quin tema tracta.
- Quin registre lingüístic fa servir.
- Quines són les seves característiques més rellevants.
- A quina tipologia textual pertany i quin tipus de text és.

FIXA'T EN aquests altres aspectes del text, quan hagis determinat de quin tipus és:

- L'estructura: en quines parts es divideix, si està organitzat mitjançant títols i subtítols, etc.
- Els elements lingüístics que el caracteritzen: els connectors textuals, si hi predominen mots d'una categoria gramatical determinada...

1 ●●○ Respon les preguntes següents sobre el text que has llegit:

a De quin tema tracta?

b Quin objectiu o quina intenció comunicativa té?

c On va ser publicat?

d Quants paràgrafs té? Per què el primer paràgraf està destacat d'una manera diferent de la resta?

2 ●●○ Resol aquestes altres qüestions sobre el documental More than honey:

a Qui n'és el director? De quin any és? De què tracta?

b A quin lloc de Barcelona es pot veure?

c Tradueix-ne el títol. Què et sembla que vol donar a entendre o quin missatge vol transmetre?

Ara, explica en què consisteix el fenomen del "desordre del col·lapse de les colònies" i per què és tan preocupant.

3 ●●○ Explica breument qui era Albert Einstein i justifica per què se'l cita en el text.

Ara, fixa't en el títol del text i justifica per què està escrit entre cometes.

4 ●●○ Digues de quin tipus és el text. Indica almenys tres característiques d'aquesta tipologia textual presents en el text.

5 ●●○ Copia les preguntes retòriques del text i explica per a què creus que es fa servir aquest recurs.

6 ●●● Per parelles, busqueu informació a internet sobre les causes que expliquen l'elevada mortalitat de les abelles i resumiu les principals.

- Per a fer-ho, escriviu en el cercador d'internet les paraules "síndrome de despoblament dels ruscos".

Planifica i prepara

Escriu un text que pertanyi a una de les tipologies textuals que has treballat al llarg del curs:

	TIPOLOGIA TEXTUAL	MODELS O TIPUS DE TEXT
A	Narratiu	Una notícia, una biografia, un dietari, unes memòries, textos d'història, una carta; un conte, una novel·la, una llegenda, una llegenda urbana, un còmic, una tira còmica, etc.
B	Conversacional	Diàlegs de novel·les i contes, una conversa telefònica, una peça teatral, una entrevista, un qüestionari, el diàleg d'un xat, un intercanvi de correus electrònics o de SMS, etc.
C	Descriptiu	La descripció d'un espai en un llibre de viatges, una guia turística, una definició del diccionari, l'anunci d'un pis o d'una casa en venda, la descripció d'un personatge de ficció o del lloc en què tenen lloc els fets d'una novel·la o d'un conte, etc.
D	Expositiu	Un article divulgatiu, un treball de curs o d'investigació, una exposició oral o una conferència, continguts de manuals o llibres de text, etc.
E	Instructiu	Una recepta de cuina, les instruccions per a muntar un objecte o un aparell, les normes o instruccions per a jugar a un joc, el reglament d'un esport, d'una associació o d'un club; un text que expliqui unes normes de comportament o com s'ha de procedir en determinades circumstàncies.
F	Argumentatiu	Un article d'opinió, la carta al director d'un diari, un discurs o les intervencions dels participants en un debat o en una tertúlia dels mitjans de comunicació, un text en què s'exposi una opinió argumentada sobre un tema d'interès general, una crítica (literària, cinematogràfica, etc.).
G	Retòric	Un text literari (poema, prosa poètica), un joc lingüístic (endevinalla, palíndrom...), una cançó, un discurs, un eslògan publicitari, etc.

- **Tria el tema del teu text. És a dir, pensa de què tractarà.**
- **Determina'n la intenció comunicativa:**

A Relatar o narrar fets reals o inventats, ficticis.

B Representar per escrit converses o missatges orals.

C Informar sobre com és un paisatge, un personatge, una persona, un lloc, un ambient, un objecte, un animal...

D Explicar i fer entendre un tema o uns coneixements.

E Donar instruccions, indicar un procediment o recomanar maneres de procedir.

F Expressar opinions per a convèncer o influir el receptor mitjançant arguments.

G Impactar, delectar o entretenir el receptor.

- **Repassa la unitat o les unitats del llibre en què es treballa la tipologia textual que has triat. Consulta les pàgines en què s'exposa:**
  - La informació o teoria sobre la tipologia textual.
  - El text model i les pautes d'anàlisi.
  - El taller d'expressió.

Escriu i revisa

Escriu el teu text segons la tipologia triada:

1 **Organitza'n el contingut segons l'estructura corresponent:**

A Principi, nus i desenllaç. Si es tracta d'una notícia, ha de donar resposta a les preguntes "Què ha passat?", "A qui ha passat?" "On ha passat?", "Quan ha passat?", etc.

B Salutació, presentació del tema, desenvolupament del tema i, si escau, comiat.

C Variada: del general al particular, o viceversa; de dins a fora, de dalt a baix...

D Presentació o introducció del tema, desenvolupament del tema i els subtemes, conclusió o resum.

E Explicació dels objectius i exposició de les instruccions seguint un ordre lògic o cronològic.

F Plantejament o introducció d'un tema o problema, formulació d'una tesi o idea central a l'entorn de la qual es reflexiona, exposició dels arguments que defensen la tesi i conclusió final.

G Lliure i/o variada segons el model triat, en vers o en prosa.

2 **Determina si el text pot ser objectiu, subjectiu o dels dos tipus alhora.**

3 **Determina'n el registre lingüístic:**

– Estàndard, culte, col·loquial, cientificotècnic...

4 **Posa-hi un títol adequat.**

5 **Recorda:**

– Segons la tipologia, has de dividir el text en títols i subtítols i/o en els paràgrafs necessaris.

– Fes servir els connectors adequats.

– Puntua'l correctament.

Repassa el teu text i passa'l en net.

El repte

Posa a prova el teu text!

- **Reparteix una còpia del teu treball a cada un dels teus companys.**
- **Classifiqueu els textos que heu escrit segons la seva tipologia.**
- **Valoreu entre tots si els vostres treballs s'ajusten o no a l'estructura, les característiques i la intenció comunicativa de la tipologia textual triada.**
- **Valoreu-los també segons aquests altres criteris:**
  - La **presentació**.
  - La **correcció** ortogràfica i gramatical.
  - La **cohesió**, és a dir, si són clars i s'entenen i si heu fet servir els connectors adequats.

+ Propostes

Busqueu a la biblioteca o a internet textos de diferents tipus i llegiu-los.

- **Classifiqueu-los segons la tipologia a la qual pertanyen.**
- **Analitzeu entre tots un text de cada tipologia.**

1 Relacions entre mots segons el significat

Les paraules d'una llengua no es presenten aïllades, sinó que mantenen relacions entre si. Aquestes relacions poden ser entre el significat dels mots (sinonímia, antonímia, polisèmia...) o entre la forma que tenen (homonímia, composició, derivació).

Els sinònims

La **sinonímia** és la relació que s'estableix entre mots diferents d'una mateixa categoria gramatical, però que comparteixen un mateix significat o un de molt semblant. Així, es poden intercanviar en un context determinat sense que se n'alteri el sentit. En són exemples *arena* i *sorra*. Hi ha dos tipus de sinònims:

- Els sinònims **totals**, que signifiquen el mateix i, per tant, es poden intercanviar en tots els contextos, com *gat* i *moix*. D'aquest tipus de sinònims, n'hi ha molt pocs.
- Els sinònims **parcials**, que només comparteixen algun dels significats entre totes dues paraules i, per tant, només es poden intercanviar en contextos determinats. En són exemples *crisma* i *closca*.

Saber utilitzar els sinònims adequats en cada situació és una mostra de domini del llenguatge, per això, a l'hora de produir un text, és important fer servir el diccionari de sinònims; s'evitaran repeticions. Ara bé, no tots els sinònims d'un mot són igualment vàlids per a tots els contextos, ja que cal tenir en compte el **registre lingüístic**. Per exemple: *irritar-se* es fa servir en el registre culte, *enfadar-se* en l'estàndard i *emprenyar-se* en el col·loquial.

Una altra qüestió que cal tenir en compte és que hi ha mots que poden semblar sinònims però que en realitat no ho són. Són els **falsos sinònims**, com *taula* i *mesa* o *espelma* i *vela*. Aquests falsos sinònims s'originen en la relació de significat equivocada que s'estableix per la semblança d'un dels mots amb un mot d'una altra llengua.

Els antònims

L'**antonímia** és la relació de significat que s'estableix entre paraules d'una mateixa categoria gramatical que tenen significats oposats o contraris.

Els antònims poden ser de tres tipus:

- Els antònims **complementaris**: el significat d'un dels mots s'oposa totalment al de l'altre, sense que hi hagi la possibilitat d'un mot que n'indiqui un grau intermedi: *senar* i *parell*, *mort* i *viu*, etc.
- Els antònims **inversos**: l'existència d'un terme implica la d'un altre. Fixa-t'hi: *pare* i *fill*, *comprar* i *vendre*, *entrar* i *sortir*.
- Els antònims **graduals**: els dos mots antònims s'oposen, però entre aquests hi ha graus intermedis: *fred* i *calent* (però *tebi*).

1 ●○○ Emparella els mots sinònims:

dansa · afable · minyona
desig · decaure · anhel
defallir · criada · ball
debatre · discutir · amable

2 ●○○ Emparella els mots antònims:

inserir · feble · dolça · fosc
hàbil · magne · petit
maldestre · amarga
enèrgic · extreure · lluminós

3 ●●○ Proposeu, entre tots, parelles de sinònims parcials. Per exemple:

- *guanyar* i *cobrar*

4 ●●○ Digues si aquests antònims són complementaris, inversos o graduals:

a *comprar* i *vendre*
b *mascle* i *femella*
c *blanc* i *negre*
d *viu* i *mort*

5 ●○○ Busca en el diccionari aquestes paraules i digues si són monosèmiques o polisèmiques:

infrasò · tro · plaça · micra
mona · set · cangur · cerebel

La polisèmia

Hi ha paraules que tenen més d'un significat. Si les busquem en el diccionari, veiem que tenen més d'una accepció. Són les paraules polisèmiques. La **polisèmia**, doncs, és una propietat de la llengua per la qual un mot té més d'un significat. Els diferents conceptes o coses que designa una paraula polisèmica tenen entre si una relació de significat que pot estar basada en la semblança entre els termes. Per exemple: les afilades dents d'una serra (l'eina) tenen una certa semblança amb les muntanyes d'una serra (alineació muntanyosa).

La major part dels mots d'una llengua són polisèmics, la qual cosa fa que aquesta tingui una gran riquesa. Pensa, per exemple, en les paraules que designen parts del cos (*coll*, *cap*, *mà*...). En canvi, els mots científics o especialitzats i els tecnicismes (*hidrologia*, *laringe*, *corxera*) solen tenir un únic significat per a referir-se d'una manera objectiva a una realitat concreta.

Els camps semàntics

Des del punt de vista del significat, les paraules es poden agrupar en **camps semàntics**. Un camp semàntic és format per un grup de paraules de categories gramaticals diferents que designen conceptes diversos que es refereixen a un mateix àmbit de la realitat. Per exemple, els mots *cassola*, *sofregir*, *cuiner*, *cuit*, *setrill*, etc. pertanyen al camp semàntic de la cuina.

El sentit figurat

Una paraula o expressió té **sentit figurat** quan adquireix un significat diferent del propi, que s'obté quan s'estableix una relació de semblança entre dos elements. Quan diem que anem a un lloc *volant*, per exemple, no volem dir que ens enlairem del terra, sinó que hi anem corrents, molt de pressa.

Les frases fetes

La llengua popular s'ha enriquit al llarg dels segles gràcies a la fixació de determinades expressions d'ús corrent que apareixen en gairebé tots els tipus de textos, orals i escrits: periodístics, literaris, familiars, etc.

Les **frases fetes** (*no badar boca*, *tenir morro*, *jugar-s'hi el coll*, *tocar ferro*, *fer els ulls grossos*...) són expressions que funcionen com un bloc, com una unitat lèxica, ja que tenen un significat fixat que no podem deduir component per component. És a dir, no tenen significat literal, sinó que han passat per un procés de **lexicalització**. Per això no es poden traduir mot per mot d'una llengua a una altra.

La característica de les frases fetes respecte a altres expressions lexicalitzades (com les locucions i els refranys) és que **equivalen a una oració** perquè contenen un verb i poden tenir subjecte i complements.

6 ●●○ Digues si les paraules destacades de les frases següents tenen un sentit propi o un sentit figurat:

A Quina **llauna** de discurs!

a Les **llaunes** de cola costaven un euro.

B L'Anaís té quinze **primaveres**.

b A la **primavera** no fa ni fred ni calor.

C En aquell castell hi ha un **fantasma**.

c És un **fantasma**: sempre presumeix.

D Aquest **bleda** no és gens espavilat.

d Les **bledes** són bones amb patates.

7 ●○○ Relaciona cada una de les frases fetes del primer grup amb el significat corresponent del segon.

a caure-hi de quatre **potes**

b **arribar** i moldre

c fer la **guitza**

d tenir la **butxaca** foradada

e tenir les **dents** llargues

1 destorbar

2 ser malgastador

3 caure en un engany

4 tenir molta gana

5 enllestir una cosa ràpid

2 Relacions entre mots segons la forma

Les paraules també es poden relacionar segons la seva forma. Fixa't en aquestes dues entrades de diccionari:

dur[1] v* tr Portar.

dur[2] **-a**

1 *adj* Molt resistent a ésser penetrat, ratllat, que no cedeix fàcilment a la pressió. *El roure és més dur que el poll. Dur com un os.*

Les dues paraules coincideixen en la forma, en la manera com s'escriuen i en la manera com es pronuncien, però tenen significats diferents.

Els mots homònims

Tot i tenir la mateixa forma, el significat dels mots anteriors no s'assembla en res. Aquests mots s'anomenen **homònims**.

Cal diferenciar bé les paraules homònimes de les paraules polisèmiques, les quals es relacionen pel significat i comparteixen entrada en els diccionaris. En canvi, els mots homònims hi tenen entrades diferents.

Dins del grup dels **homònims**, cal distingir entre:

- Els **homògrafs**, que són dos mots que s'escriuen igual —tenen les mateixes grafies—, però que es pronuncien diferent: *moc* (forma del verb *moure*) i *moc* (mucositat).
- Els **homòfons**, que són dos mots que es pronuncien igual, però que s'escriuen diferent: *cub* (poliedre) i *cup* (recipient on el most es transforma en vi); *bé* (adverbi) i *ve* (forma del verb *venir*).

La composició

La composició és el procés de formació o creació de paraules noves mitjançant la unió de dos o més mots cadascun dels quals perd el significat d'origen per a adquirir-ne un de nou: *filferro* (de *fil* + *ferro*).

La **composició** es pot dur a terme per mitjà de tres procediments:

- Per **juxtaposició**, quan els mots s'uneixen sense que s'hi produeixin canvis morfològics. En aquest cas, la unió es fa amb la conjunció **i** (*all**i**oli, vint-**i**-tres, col**i**flor*) o sense afegir-hi cap partícula (*agredolç, blaugrana*).
- Per **el·lipsi**, quan, en unir-se, els mots perden alguns dels elements que els formaven originàriament: *fotocòpia* (de *fotografia* i *còpia*), *ferrocarril* (de *carril de ferro*).
- Per l'**ús de partícules**, és a dir, quan el primer mot és una preposició, un adverbi o un prefix i el segon mot, un substantiu, un adjectiu o un verb: *contraindicar*, *benvinguda*, *preveure*, *menysprear*, etc.

8 ●●○ **Digues si els mots destacats de cada parell de frases són homònims, homòfons o homògrafs:**

A Té una **bena** als ulls; no veu la realitat.
a La sang torna al cor per la **vena** cava.

B En aquella fàbrica **exploten** els treballadors.
b Les mines antipersones **exploten** quan es trepitgen.

C Té un **físic** impressionant.
c És **físic** de professió.

D **Ah**, no vindràs?
d **Ha** volgut venir.

E Aquest gos és **seu**.
e La **seu** del ministeri és en aquest carrer.

F El guisat s'ha de **coure** vint minuts més.
f El **coure** és un metall noble.

9 ●●○ **Indica per quin procediment compositiu s'ha format cada un d'aquests mots compostos:**

sobretaula · capgròs · colltòrcer
obrecartes · benvolgut · nounat
contrasentit · gairebé

La derivació

La derivació és el procés de formació de mots a partir d'un altre de ja existent (el **mot primitiu**) o d'un **lexema** o **arrel**, que és la part invariable d'una paraula que n'indica el significat: ***alt**ell*, ***alt**ura*, ***alt**itud*, ***alt**ejar*, ***alt**iu*, etc.

La **derivació** es pot dur a terme per mitjà de tres procediments:

- La **sufixació**, que consisteix a crear un mot afegint una partícula anomenada **sufix** darrere un mot primitiu o un lexema als quals proporciona un nou significat. Per exemple, el sufix **-isme** aporta el significat de "corrent, doctrina" (*social* ▸ *social**isme***); el sufix **-dor**, el de "lloc o objecte d'acció" (menja ▸ *menja**dor***) o el de "gent o professió" (*caça* ▸ *ça**dor***), etc.
- La **infixació**, que consisteix a crear un mot nou afegint una partícula anomenada **infix** entre un mot primitiu o un lexema i un sufix. Per exemple: *pell* ▸ *pell-**et**-er*; *carn* ▸ *carn-**iss**-er*; *herba* ▸ *herb-**ol**-ari*. L'infix atorga un nou significat a cada mot.
- La **prefixació**, finalment, és el procediment mitjançant el qual la paraula es forma afegint una partícula anomenada **prefix** al davant d'un mot primitiu o d'un lexema, als quals proporciona un nou significat. Per exemple, el prefix **infra-** significa "sota" (***infra**sò*, ***infra**axillar*) o indica inferioritat (***infra**humà*) i el prefix **pre-** significa "davant", "abans" (***pre**cristià*, ***pre**història*, ***pre**inscripció*).

Les famílies de paraules

Les paraules, a més d'agrupar-se en camps semàntics, com hem vist abans, també es poden aplegar en famílies. Les anomenades **famílies de paraules** són conjunts de mots que tenen la mateixa arrel o lexema. Molts d'aquests mots s'han format per sufixació, infixació o prefixació: *pas*, *passa*, *passar*, *passador*, *passadís*, *traspassar*; *fort*, *enfortir*, *fortificar*, *fortalesa*...

Recorda

- Entre les paraules s'estableixen **relacions** que poden ser **lèxiques** (d'igualtat de significat, de semblança o d'oposició) o **formals** (s'escriuen o es pronuncien igual, però volen dir coses diferents).
- Per a denominar objectes o conceptes nous que van sorgint al llarg del temps, la llengua no s'inventa mots nous, sinó que recorre als ja existents i els atorga nous significats (**derivació**) o els combina per a crear noves unitats lèxiques (**composició i lexicalització**).

10 ●●○ **Escriu el mot primitiu de cada una d'aquestes famílies de paraules:**

a carretó · carreta · carretam carretejar · carretel·la

b fornal · forner · fornada forneria · fornejar

c somniador · somnífer somniar · somnífug

11 ●●○ **Identifica el prefix i el lexema de cada un dels mots següents:**

endinsar · besavi
macroeconomia · protohistòria
transportar · vicerector
semidesnatat · postoperatori

12 ●○○ **Forma derivats dels mots següents amb els sufixos -à, -ària, -ejar, -ada, -ós:**

lluny · llarg · pluja

13 ●●○ **Identifica l'infix de cada un dels mots següents. Assenyala'n també el prefix, si en tenen:**

ferreter · carnisser · pobrissó
ceballut · juganer · cridaner
flamarada · esprimatxat
enjogassat · allargassat
casolà · fredolic · blanquinós
emblanquinar

ANALITZA

1 ●●○ Relaciona cada un dels mots de la primera columna amb el sinònim corresponent de la segona:

a dinyar-la	1 passar davant
b paio	2 anar-se'n
c pirar	3 cortejar
d lligar	4 grup
e penya	5 noi
f a sac	6 bruscament
g colar-se	7 morir

Digues en quin registre faries servir les paraules de cada columna.

2 ●●○ Relaciona cada mot de la primera columna amb l'antònim corresponent de la segona. Després, escriu frases en què quedin clars els significats dels mots de la segona columna:

a errada	1 encert
b enfonsar	2 connexió
c esverar	3 emergir
d esvalotat	4 adquirit
e dret	5 serè
f aïllament	6 deure
g innat	7 tranquil·litzar

3 ●●○ Identifica, amb l'ajut del diccionari, els mots polisèmics d'aquestes oracions:

a No tenia prou agulles per a estendre la roba.

b Han fet volar una grua.

c Mesura deu peus d'alçada.

d Els agents de canvi treballen a la borsa.

e Al restaurant de la platja fan unes navalles a la planxa exquisides.

f S'ha aprovat recuperar els interiors d'illa de l'Eixample de Barcelona.

g Tens el coll de la camisa brut.

APLICA

4 ●●○ Escriu famílies de paraules i subratlla el lexema de cada un dels mots derivats.

5 ●●○ Identifica en cada una d'aquestes oracions una parella d'homònims i indica de quin tipus és (homònim, homòfon o homògraf):

a Els lladres que van atracar la sucursal van retenir un ostatge, però la policia va rescatar-lo poc després de l'hostatge on l'havien reclòs.

b Està en coma. Es va desmaiar mentre portava el ramat a pasturar a la coma.

c Massa vegades li he dit que agafi bé el morter amb una mà i la maça amb l'altra.

d Son pare tenia molta son ahir.

6 ●●○ Copia els verbs següents i encercla'n els infixos. Classifica'ls segons si aporten al verb un matís diminutiu, augmentatiu o pejoratiu:

escridassar · ploviscar · allargassar · enamoriscar
parlotejar · cantussar

7 ●●○ Escriu un derivat d'aquests mots que correspongui a cada definició:

a **aigua** ▸ ___: *Ploguda forta.*

b **veí** ▸ ___: *Conjunt de veïns.*

c **gota** ▸ ___: *Ploure a gotes petites.*

d **captar** ▸ ___: *Persona que viu de demanar almoina.*

8 ●●○ Forma antònims d'aquests mots fent servir els prefixos a-, in- i des-:

confessional · polític · ordre · naturalitzar
muntar · humà · suportable · simetria

DEFINEIX

9 ●●○ Resol aquests mots encreuats. Tots els mots són compostos.

1 Retrat d'algú fet per ell mateix.
2 Persona encarregada de recollir les pilotes de tenis.
3 Aparell que transforma un senyal elèctric en so.
4 Joc interactiu en suport electrònic.
5 Serra accionada per un motor.

Ara, indica per quin tipus de procediment compositiu ha estat creat cada un dels mots.

Finalment, escriu un text breu en què apareguin els mots anteriors.

REFLEXIONA

10 ●●● Llegeix aquest text i completa'l amb més exemples:

Els mots homòfons són els que es pronuncien igual que un altre mot, però que s'escriuen diferent: *cub* (poliedre) i *cup* (recipient on el most es transforma en vi); *bé* (adverbi) i *ve* (forma del verb *venir*); ___ i ___.

Els casos d'homofonia són més freqüents en català oriental, a causa del nombre més petit de vocals àtones existents en aquest parlar. Així, per exemple, *teulada* i *taulada* són paraules homòfones en català oriental, però no ho són en català occidental. Passa el mateix amb els mots *habitar* i ___; ___ i ___, etc.

PREPARA

11 ●●○ Llegeix bé aquest text i fes les activitats que hi ha a continuació abans que te'l dictin:

DICTAT

El llenguatge del futbol, avui dia, s'ha convertit en tot un marc de referència. Una llengua necessita regenerar-se constantment a través del lèxic i la fraseologia, els quals, sovint, pouen en l'àmbit social, econòmic i comunicativament dominant per buscar en els seus ingredients les maneres de coure nous significats.

Una d'aquestes expressions és un bon exemple de caiguda en desús i del relleu que protagonitza el llenguatge del futbol com a font de referents comuns que tots compartim. Si abans, d'una parella d'enamorats que cedien a les temptacions i acabaven jaient i concebent —i, en conseqüència, els costums obligaven que s'havien de casar—, en dèiem que *feien Pasqua abans de Rams*, ara el risc que la gent no ens entengui ("Pasqua abans de què?") ha fet que encunyem un claríssim i inequívoc *casar-se de penal.*

N'hi ha més, d'aquestes expressions en la llengua general. Tot d'una podem trobar-nos *fora de joc* i *algú pot llançar pilotes fora*.

RUDOLF ORTEGA, "L'autogol d'Artur Mas, o el president traient-se un ull", www.elpais.com

a Identifica les frases fetes del text i explica'n el significat.

b Digues si la paraula *coure* (en el primer paràgraf) és homònima o polisèmica i si és usada en sentit propi o en sentit figurat.

c Busca en el text dos exemples de cada un d'aquests tipus de mots:

- mots polisèmics
- mots primitius
- mots formats per prefixació

LLEGEIX

JAN PLATA

Qui som? Què ens passarà demà? I d'aquí a un any? Ningú no pot respondre amb certesa aquestes preguntes senzilles. Sabem com és la flor d'avui, però i quan hagin passat tres dies? Potser continuarà dalt de l'arbre com una flameta blanca o potser haurà caigut a terra i s'haurà confós en el gran riu de fang. Tal vegada s'haurà convertit en una fruita daurada o, enduta pel vent com una gavina, haurà volat mar endins.

Aquesta és la història del Jan Plata. Encara era un nen, però va aprendre que cada vegada que surt el sol el món pot convertir-se en una meravella nova, acabada de fer com un pa tret del forn.

Era el primer dia de primavera de l'any dos mil... El sol es ponia i el Jan Plata, de cara al mar, es feia preguntes que no tenien resposta: "Quins núvols més bonics... On deuen anar?"

Aviat seria fosc del tot. La Lluna, en forma d'àncora, solcava el cel. Al seu costat brillaven Venus i Júpiter. El Jan Plata mirava l'horitzó; aviat desapareixeria. S'imaginava que un dia arribava un vaixell esportiu, una petita llanxa motora o un rai de nàufrag. Que en baixava un home somrient, l'abraçava i li deia: "Hola, soc el teu pare! Perdona'm per haver tardat tant!" No calia que fos un home alt o fort, ni tan sols divertit. Podia fins i tot ser panxut i lent de moviments, només calia que fos el seu pare, i que es quedés a viure amb ells.

El Jan Plata vivia amb la seva mare en una petita casa que havia estat de pescadors. Situada als afores del poble, en un petit pujol de pedra, pins i atzavares, la caseta mirava al mar. Era blanca, tenia les finestres pintades de blau i, a dalt de tot, algú hi havia construït una petita torre. Dins la torre només hi cabia una persona ajupida, i s'hi podia contemplar la llunyania del mar. Potser havia estat una torreta de vigilància del segle en què existien els atacs de pirates al petit poble. Encara conservava una campana, una curiosa campana daurada que la mare cuidava molt i que el Jan Plata tenia prohibit tocar. "Per què no puc tocar-la?", preguntava de vegades el nen. La mare sempre responia: "Quan arribi el moment ho sabràs", que era una manera de no contestar.

JOSEP L. BADAL, *Jan Plata. La crida dels pirates*. La Galera

COMPRÈN

1 ●○○ Contesta aquestes preguntes sobre el text que has llegit:

a On té lloc l'acció?

b Quan té lloc?

c Què succeeix?

d Qui és el protagonista? Què desitja? Descriu-lo breument.

e Quin altre personatge apareix en el fragment?

2 ●○○ Digues si les afirmacions següents són certes o falses:

a La torreta de vigilància servia perquè els pirates es defensessin.

b És negra nit i hi ha lluna plena.

c L'horitzó desapareixerà aviat perquè està a punt de fer-se de nit.

d El Jan no coneix el seu pare.

e La casa del Jan és senzilla.

3 ●●○ Explica amb les teves paraules el significat del primer paràgraf del text.

- Quin tema planteja?

4 ●●○ Explica per què algunes oracions del text estan escrites entre cometes (" ").

INVESTIGA

5 ●●● Busca informació sobre els pirates i escriu-ne un text expositiu. Pots desenvolupar els punts següents:

- A què es dedicaven.
- Quins van ser els pirates més cèlebres i a quin segle van viure.
- Quines diferències hi ha entre un pirata i un corsari.
- A quina època n'hi va haver molts a la costa catalana.

ANALITZA

6 ●●○ El text que has llegit és el fragment d'una novel·la. Contesta les preguntes següents i justifica les respostes amb paraules i frases del fragment:

- De quin tipus és el narrador: intern o extern?
- Quin tipus de text hi predomina, a més del narratiu? Assenyala'n els passatges.
- A quin tipus d'indret diries que està situada la llar del Jan Plata?

7 ●●○ Identifica les figures retòriques d'aquest fragment del text:

metàfora · comparació · pregunta retòrica

Qui som? Què ens passarà demà? I d'aquí a un any? Ningú no pot respondre amb certesa aquestes preguntes senzilles. Sabem com és la flor d'avui, però i quan hagin passat tres dies? Potser continuarà dalt de l'arbre com una flameta blanca o potser haurà caigut a terra i s'haurà confós en el gran riu de fang. Tal vegada s'haurà convertit en una fruita daurada o, enduta pel vent com una gavina, haurà volat mar endins.

Ara, troba més comparacions en la resta del text.

8 ●●○ Assenyala les intervencions del narrador en aquest diàleg:

Mentre parava taula, el Jan, que ja sabia la resposta que rebria, va preguntar:

—Vindrà, aquest any, "ell", al concurs de pares?

—Però com vols que vingui, fill meu? —va dir bruscament la mare.

El Jan va sospirar i va mirar per la finestra. Ja era negra nit i la lluna semblava allunyar-se de la terra. Li va caure un tovalló de les mans: ploc!, va fer l'argolla de fusta.

La mare li va passar la mà pels cabells.

—El teu pare no vindrà al concurs, Jan, ja ho saps. Em sap greu. Algun dia... el teu pare...

—Quan m'ho explicaràs? Només que em diguessis si és mort... O si us vau separar!

La mare també mirava per la finestra. Però ella mirava avall, cap al mar, cap als fanals de les barques [...].

APLICA

9 ●●○ Reescriu el diàleg de l'activitat anterior i transforma'l en un text narratiu.

10 ●●○ Fixa't en la frase següent del text i digues en quina fase et sembla que estava la lluna:

- La Lluna, **en forma d'àncora**, solcava el cel.

Ara, inventa't més maneres poètiques d'anomenar la lluna segons la fase en què es troba.

CREA

11 ●●○ Imagina't quina història hi ha darrere de la campana i per què la mare l'ha mantinguda en secret.

Ara, escriu el diàleg en què la mare explica aquesta història al Jan.

12 ●●○ Imagina què poden tenir a veure els pirates amb la història del Jan Plata.

13 ●●○ Escriu un text que narri la trobada entre el Jan i el seu pare i que també expliqui per què ha trigat tant a tornar a casa.

JA HAS ACABAT?
Avalua't amb el test del quadern interactiu.

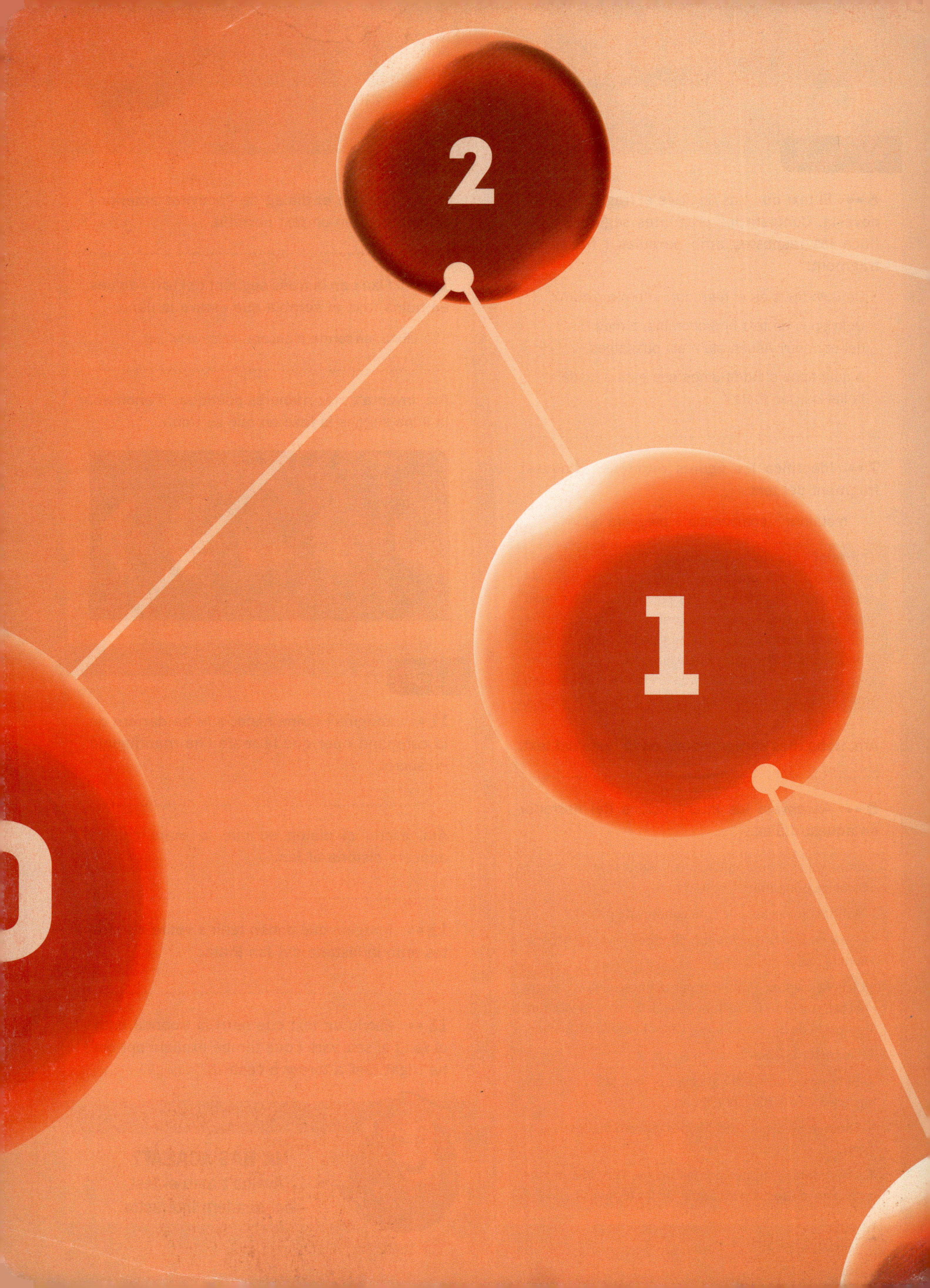
2
1

4

Programació de continguts

Programació de continguts

1 NI CABÒRIES NI HISTÒRIES... MEMÒRIES

2 MENYS XERRAMECA I MÉS CONVERSA!

3 MENYS ÉS MÉS

4 ÉS QÜESTIÓ DE DIÀLEG

Programació de continguts

9 COM ES FA...

Dimensió comunicativa i literària 156

LECTURA

- *Xènia, tens un WhatsApp*, Gemma Pasqual i Escrivà.

EL TEXT INSTRUCTIU

- Característiques del text instructiu.
- Recepta de "Fricandó amb moixernons", Narcís Comadira.
- Pautes per a analitzar un text instructiu.

TALLER D'EXPRESSIÓ

- Elaboració d'una recepta.

Coneixement de la llengua 166

GRAMÀTICA

- L'estructura del sintagma verbal.
- Els complements verbals: el complement directe, el complement indirecte, l'atribut, el complement predicatiu, el complement de règim, el complement circumstancial.

10 AMB CAP I PEUS

Dimensió comunicativa i literària 174

LECTURA

- *Kamal i els alfabetistes*, Àngel Burgas.

EL TEXT ARGUMENTATIU

- Estructura i característiques del text argumentatiu.
- "Com ens afecten les xarxes socials?", Carme Giménez.
- Pautes per a analitzar un text argumentatiu.

TALLER D'EXPRESSIÓ

- Redacció d'un text argumentatiu.

Coneixement de la llengua 184

GRAMÀTICA

- Els tipus de pronoms.
- Els pronoms personals febles.
- Funció dels pronoms personals febles.

11 JOCS LINGÜÍSTICS

Dimensió comunicativa i literària 192

LECTURA

- *Ludwig i Frank*, David Nel·lo.

EL TEXT RETÒRIC

- L'estructura i els recursos del text retòric, les figures retòriques.
- "Jocs lingüístics i jeroglífics", Jordi Esteve i Calm.
- Pautes per a analitzar un text retòric.

TALLER D'EXPRESSIÓ

- Elaboració d'un poema endevinalla.

Coneixement de la llengua 202

GRAMÀTICA

- Els mots invariables: l'adverbi i la locució adverbial, els connectors.

12 RECAPITULEM!

Dimensió comunicativa i literària 210

LECTURA

- *L'evolució de la Calpurnia Tate*, Jacqueline Kelly.

REPÀS DE TIPOLOGIA TEXTUAL

- Tipus de text: narratiu, expositiu, conversacional, descriptiu.
- "Si desapareguessin les abelles, només ens quedarien quatre anys de vida", Núvol.
- Pautes per a analitzar un text.

TALLER D'EXPRESSIÓ

- Redacció d'un text d'una tipologia triada.

Coneixement de la llengua 220

LÈXIC

- Relacions entre mots segons el significat: sinònims, antònims, polisèmia, camps semàntics, sentit figurat, frases fetes.
- Relacions entre mots segons la forma: mots homònims, composició, derivació, famílies de paraules.